O TRABALHO EM MOVIMENTO

Estudos críticos de Direito do Trabalho

Carlos Eduardo Oliveira Dias

O TRABALHO EM MOVIMENTO

ESTUDOS CRÍTICOS DE DIREITO DO TRABALHO

2021

EDITORA JusPODIVM

www.editorajuspodivm.com.br

EDITORA
*Jus*PODIVM
www.editorajuspodivm.com.br

Rua Território Rio Branco, 87 – Pituba – CEP: 41830-530 – Salvador – Bahia
Tel: (71) 3045.9051
• Contato: https://www.editorajuspodivm.com.br/sac

Capa: Rodrigo Lippi

D541t Dias, Carlos Eduardo Oliveira.
O Trabalho em Movimento - Estudos Críticos de Direito do Trabalho / Carlos Eduardo Oliveira Dias– Salvador: Editora JusPodivm, 2021.
320 p.

Inclui bibliografia
ISBN 978-65-5680-165-0

1. Direito do Trabalho. I. Dias, Carlos Eduardo Oliveira. II. Título.

CDD 342.6

Aos meus filhos.

APRESENTAÇÃO

Estes estudos foram escritos e reescritos ao longo dos últimos dez ou doze anos. Talvez um pouco mais. Parte dos textos, elaborei quando cursava o Programa de Mestrado em Relações Sociais na PUC de São Paulo; parte, quando fiz o Programa de Doutoramento na Faculdade de Direito da Universidade de São Paulo. Outros foram escritos para compor obras coletivas; alguns jamais publiquei. E houve aqueles que escrevi especialmente para este livro.

Faziam parte de um antigo projeto, de reunir meus escritos aleatórios para externar um pouco das coisas que colhi nesses anos de estudo. Vários fatores não permitiram que o projeto se concluísse. Nesse período, alegrias, decepções, glórias e tristezas se alternaram, como ocorre na vida de todos nós. Olhando pelo retrovisor, acho que amadureci o suficiente para considerá-lo concluído. Arrisco dizer que foi bom ter demorado tanto a terminar o trabalho, pois é natural que nossas percepções mudem com o passar dos anos. Os leitores atentos vão perceber traços pueris em algumas escritas, mas procurei preservar o máximo das minhas percepções originais, justamente para ser fiel ao sentimento expresso no momento em que escrevi. Haverá, portanto, ao longo da obra, não apenas um Carlos Eduardo, mas vários deles.

A esse propósito, outro alerta importante: o Brasil de hoje é muito diferente daquele Brasil de quando este trabalho começou. A exemplo do escriba, são vários Brasis que percorrem o lapso em que foram produzidos os escritos que ora compartilho. Em minha ingenuidade, cheguei um dia a acreditar que tudo era pra sempre, sem saber que o "pra sempre", sempre acaba, nos dizeres de Renato Russo. O país que vislumbrava uma esperança de romper o dogma histórico da desigualdade aprofundou o discurso do ódio e da irracionalidade. No momento em que escrevo esta apresentação, o pouco do que se construiu ao longo de décadas vai se esvaindo pelo ralo da intolerância, da ignorância, do preconceito e da estupidez. É como se tivéssemos voltado às origens. Ou como se nunca tivéssemos saído daquele estado original, marcado pela aristocracia política, pelo escravismo e pela exclusão.

Talvez nunca tenhamos mudado. Talvez o que tivemos foi apenas uma generosa "trégua" do destino, como no romance de Mario Benedetti. E que como aquela, foi efêmera, nos dando a ilusão de que poderíamos ser melhores do que éramos.

Esse percurso exigiu a revisão criteriosa dos textos antes escritos, de modo a ajustá-los à nova realidade. Outros foram modificados sensivelmente e, como dito, produzi alguns especialmente para integrar essa coletânea. Procurei apresentar um trabalho organizado, de certa forma, de maneira cronológica, para permitir a eventuais leitores uma compreensão global dos caminhos trilhados pelo Direito do Trabalho no mundo e, especialmente, no Brasil.

Espero, de forma sincera, que possa contribuir para a formação de um espírito crítico, além de compartilhar um pouco do que andei lendo nessa década e meia.

Sem nominar, para não causar injustiças, agradeço a todas e todos os que cruzaram meu caminho nestes anos. Para o bem ou para o mal, todos ajudaram um pouco naquilo que ora se expressa.

Campinas, outono de 2020.

PRÓLOGO – O TRABALHO EM MOVIMENTO: DA CONSTRUÇÃO À BARBÁRIE

O céu já foi azul
Mas agora é cinza
E o que era verde
Já não existe mais...
Legião Urbana, Fábrica.

É difícil saber se este livro estará suficientemente atualizado quando chegar ao leitor. O Brasil passa por profundas modificações e, para nossa tristeza, são mudanças que nos levam a um cenário de retrocesso há muito tempo não vislumbrado. O que era esperança há alguns anos, hoje não passa de nostalgia.

Estamos em meio à maior pandemia desta geração, e o Estado brasileiro não foi capaz de oferecer uma resposta eficiente às necessidades da sociedade. Vivemos em uma imensa crise sanitária, à qual se somam a crise econômica e uma crise política inédita. Um governo que flerta com o fascismo e ameaça diariamente a Democracia, abre espaços cada vez maiores para o desmonte dos direitos sociais, tendo a frente o Direito do Trabalho.

Mais uma vez, a "crise" é o mote para justificar a retirada de direitos daqueles que pouco ou nada têm. Mas o que não se fala é que o Direito do Trabalho jamais esteve em crise. A crise é do capitalismo, que em mais de dois séculos não foi capaz de encontrar soluções para a redução da desigualdade, para a concentração da riqueza e para combater crises de grandes proporções, como a que hoje vivenciamos. A cada episódio que abala suas estruturas, o mesmo capitalismo que demoniza o Estado procura dele se socorrer para satisfazer suas demandas. Mas sua memória é curta, ou seletiva. Finda a crise, ele encontra meios de aumentar os lucros de seus agentes, e volta a atacar o papel do Estado perante a sociedade.

Esse é um ciclo infindável, que conseguimos enxergar ao longo da história do trabalho no Brasil e no mundo. Os escritos que ora apresentamos são digressões feitas ao longo da minha vida profissional e acadêmica, e que agora são compartilhadas com os que tiverem paciência.

Começamos com um texto panorâmico sobre a evolução da regulação do mercado de trabalho no mundo, desde os tempos da "pré-história do Direito do Trabalho" até chegar aos nossos dias, em que se anunciou a mais grave "crise" desse ramo do Direito.

Os textos a seguir se dedicam aos estudos da realidade brasileira. Começamos com a estruturação do mercado de trabalho no Brasil, logo após a abolição do trabalho escravizado, como pressuposto para compreender aquele que, sem dúvida, é o período mais importante desse processo: o que surge no início do século XX, e que fomentou a formação do Estado Social brasileiro e deu sustentação à nossa industrialização.

A seguir analisamos o contexto da redemocratização no país e o desenvolvimento interditado pelo regime militar, mas que nos legou um sindicalismo combativo, tendente a provocar uma ruptura no sistema corporativo fundado nos anos 1930. Na sequência, nos dedicamos a formular uma ampla digressão sobre a negociação coletiva, e o complexo papel que ela exerceu no contexto do neoliberalismo brasileiro, que foi hegemônico até o início dos anos 2000.

Por fim, nossas considerações sobre a destruição que começa a ser arquitetada com o Golpe de 2016 e que redunda na "reforma" trabalhista, cujos efeitos já se mostram deletérios não somente para os trabalhadores, como também para a própria economia.

A proposta do livro é falar do trabalho em movimento, e isso se mostra apropriado, porque a destruição do Direito do Trabalho no Brasil é uma obra inacabada, mas em plena execução. Ousamos fechar este trabalho com um breve epílogo que enuncia apenas alguns dos ataques mais recentes, mas não nos sentimos autorizados a fechar esse ciclo, pois esse processo ainda parece muito distante de ter seu termo.

Encerramos esse prólogo com um alerta importante: tudo o que está aqui escrito representa uma síntese das nossas convicções e não é nosso objetivo convencer o leitor sobre sua pertinência ou correção. Estaremos satisfeitos se cada palavra aqui colocada servir com o propósito de fomentar a consciência crítica, tão essencial nos dias de hoje.

Carlos Eduardo Oliveira Dias

Juiz Titular da 1ª. Vara do Trabalho de Campinas.

Doutor pela Faculdade de Direito da Universidade de São Paulo e Mestre em Direito pela Pontifícia Universidade Católica de São Paulo-SP.

Conselheiro do Conselho Nacional de Justiça (2015-2017).

Juiz Auxiliar da Corregedoria-Geral da Justiça do Trabalho (2018-2020).

Membro da Associação Juízes para a Democracia (AJD), da Associação Brasileira de Juristas para a Democracia (ABJD) e do IPEATRA.

SUMÁRIO

PROSPECÇÕES HISTÓRICAS SOBRE O TRABALHO NO MUNDO 15

História e periodização 15

A juridicização do trabalho e a periodização do Direito do Trabalho 19

Escravidão, servidão e corporações de ofício: elementos da Pré-História do Direito do Trabalho 24

Liberdade, subordinação e precariedade: a fase das incipientes manifestações 31

Sistematização, consolidação e institucionalização: retratos da construção de um direito 40

Os paradigmas de produção capitalista do século XX e a "crise" do Direito do Trabalho 52

AS FUNDAÇÕES DO MERCADO DE TRABALHO NO BRASIL 67

O Brasil no panorama capitalista mundial 67

Heranças pré-republicanas e as raízes do trabalho no Brasil 87

AS RELAÇÕES DE TRABALHO NO BRASIL INDUSTRIALIZADO: O TERRENO PAVIMENTADO 109

Os primórdios da organização operária e sua influência na regulação do mercado de trabalho 109

O estabelecimento do paradigma corporativo 125

Redemocratização, ruptura e continuidade: o surgimento do novo sindicalismo e sua repercussão na estrutura sindical 141

ERGUENDO AS PAREDES: DA RECONSTITUCIONALIZAÇÃO À FORMAÇÃO DO NEOCORPORATIVISMO SINDICAL 153

A ditadura agonizante e o novo sindicalismo 153

Redemocratização e reencontro com o Constitucionalismo Social 159

Contradições do modelo sindical brasileiro e as dificuldades na sua superação 174

SUBINDO NO PRÓPRIO TELHADO: A NEGOCIAÇÃO COLETIVA OU FLEXIBILIZAÇÃO À BRASILEIRA........ 193

Contextualizando a autonomia coletiva e o poder negocial dos sindicatos........ 193

A negociação como instrumento de precarização: as idas e vindas da jurisprudência........ 205

O papel e os limites da negociação coletiva segundo o modelo constitucional brasileiro........ 219

GOLPE E "REFORMA": A RUPTURA DEMOCRÁTICA E O PRINCÍPIO DA DESTRUIÇÃO........ 227

Os contextos de uma "reforma" ilegítima 227

"Reforma trabalhista": modernização ou precariedade? 235

Suas definições foram atualizadas: surgem o "Direito do Trabalho do Inimigo" e o "lawfare trabalhista"........ 250

A "reforma" e a negociação coletiva: um desarranjo particular........ 264

EPÍLOGO........ 287

Um espectro paira sobre o Brasil........ 287

E o mundo não é plano mesmo........ 294

Com Supremo, com tudo… 299

BIBLIOGRAFIA 307

PROSPECÇÕES HISTÓRICAS SOBRE O TRABALHO NO MUNDO

"Os homens fazem a sua própria história,
mas não o fazem como querem...
a tradição de todas as gerações mortas
oprime como um pesadelo
o cérebro dos vivos."
Karl Marx

HISTÓRIA E PERIODIZAÇÃO

O objeto da *história* é o estudo da vida humana através do tempo, tendo como foco de sua pesquisa os homens e mulheres de todas as classes e idades e as suas relações interpessoais, bem assim a correspondente correlação destes com os meios em que viveram. Por meio da análise desses fenômenos, permite-se a compreensão sobre a forma de vida em cada momento da Humanidade, avaliando-se a influência que a multiplicidade de fenômenos foi capaz de exercer nos caminhos de cada povo. Elementos sociais, políticos, jurídicos, econômicos e até sanitários são os demarcadores que, a cada momento, influenciam o curso dos acontecimentos, e o seu estudo e a devida correlação com os fatos contemporâneos são fundamentais para a evolução de cada sociedade. Não por outro motivo que, etimologicamente, história vem do grego antigo *Historien,* cujo significado é "procurar saber" ou "informar-se"; assim, história significa "procura" ou "busca".[1]

1. Cf. Le Goff, Jacques, *História e memória,* Campinas, 1996, p. 17.

Para tanto, os historiadores se socorrem de fontes históricas interessantes para sua pesquisa, consoantes ao corte epistemológico que cada um estabelece no seu mister. No entanto, duas características fundamentais cercam o trabalho do historiador. Por primeiro, a compreensão dos fatos históricos quase nunca é possível ser apreendida imediatamente, de forma simultânea com os acontecimentos, ainda que o estudioso os presencie. Em regra, há a necessidade de se contextualizar cada ocorrência com a dinâmica de outros fatos paralelos, pois a sua repercussão e influência na conformação de determinado fenômeno pode depender de elementos exógenos que se prolongam no curso do tempo. Nesse sentido, o conceito de "tempo", em termos históricos, tem uma dimensão muito distinta de sua representação vivencial de cada pessoa. Enquanto o decurso de um período de vinte anos representa cerca de 25% da sua estimativa média de vida, historicamente é considerado um ínfimo período, cuja compreensão pode demandar mais algumas décadas à frente.

Por isso, o historiador sempre atua com os olhos no passado, tentando formular uma leitura dos acontecimentos, naturalmente influenciado pelo tempo presente em que vive. Como explica Gilberto Cotrim, "*o historiador investiga e interpreta as ações humanas que, ao longo do tempo, provocaram mudanças e continuidades em vários aspectos da vida pública ou privada. (...). O trabalho do historiador consiste em perceber e compreender esse processo histórico.*"[2]

De outra parte, e pelas mesmas razões, o estudo da história representa uma atividade contínua do pesquisador, não apenas porque os acontecimentos não cessam, como também porque há frequentemente a necessidade de releitura dos fatos anteriores, pois novos elementos surgidos em cada momento que se sucede podem afetar a compreensão do que já ocorrera e sobre o que já se formularam juízos estruturais. Por isso é que nenhum fato ou fenômeno histórico tem dimensão absoluta: o que se tem são os *estudos feitos até o momento da pesquisa que conduzem a percepção e a formulação de determinados conceitos sobre esses fatos*. No

2. Cotrim, Gilberto. *História global. Brasil e Geral*. São Paulo: Saraiva, 2008, p. 10.

entanto, novos acontecimentos ou a descoberta de novas fontes históricas serão sempre razões mais do que suficientes para que a análise do passado constitua um processo permanente dentro das ciências sociais.

Dessas assertivas resulta que o estudo da história é, a um lado, imprescindível para a devida captação da dimensão dos fenômenos que ocorrem em cada meio social, mas, de outra parte, resultado direto da concepção que se tem no momento da sua sistematização. Por essa razão, a forma como se promove o estudo da história relaciona-se sobremaneira com o grau de influência de certos acontecimentos ou características vigentes por ocasião da pesquisa. Um dos aspectos que se revela com essa análise diz respeito à própria *periodização da história*, que se considera um dos pontos de partida para qualquer investigação de fatos históricos.

Nesse sentido, no decorrer do século XIX, alguns historiadores europeus decidiram dividir a história em diversos períodos, tentando neles identificar traços que os pudessem qualificar como *eras históricas independentes*. Por certo que, do ponto de vista metodológico, essa periodização mostrou-se fundamental, constituindo o "*principal instrumento de inteligibilidade das mudanças significativas.*"[3] Para tanto, foram selecionados fatos considerados mais significativos ou representativos, segundo os critérios e pontos de vista de quem assim procedeu, sendo eleitos aqueles fatores que, no juízo de tais historiadores, poderiam ser considerados marcos divisores das diversas eras da Humanidade.

É dessa atividade que surge a classificação periódica mais conhecida da história, que a divide em cinco grandes períodos:

- ***Pré-história****: que vai do surgimento do ser humano até o aparecimento da escrita (por volta de 4.000 a.C);*
- ***Idade Antiga ou Antiguidade****: que se estende desde o aparecimento da escrita até a queda do Império Romano do Ocidente (476 d.C);*

3. Le Goff, *op.cit.*, p. 47.

- ***Idade Média**: que ocorre desde a queda do Império Romano até a tomada de Constantinopla pelos turcos (1453);*
- ***Idade Moderna**: vai da tomada de Constantinopla até a tomada da Bastilha, durante a Revolução Francesa (1789); e*
- ***Idade Contemporânea**: desde a Revolução Francesa até nossos dias.*

Como se nota, essa periodização valoriza as fontes históricas escritas e, por essa razão, o período anterior ao conhecimento da escrita pelo homem é chamado de Pré-História, como se fosse um período fora da história. De outra parte, usa como referências temporais apenas os fatos ocorridos na Europa, em uma clara concepção eurocentrista, em um momento em que já eram conhecidos os demais continentes, inclusive as "distantes" América e Oceania. Assim, tal periodização é objeto de críticas de historiadores mais recentes, exatamente por valorizar acontecimentos que podem não ter qualquer significado para alguns povos, desprezando outros extremamente relevantes em contextos de fora da Europa[4]. Além disso, como dito, pouco se valoriza as fontes não escritas, que hoje já são compreendidas como elementos fundamentais no estudo da Humanidade.

É certo, no entanto, que essa periodização vem sendo ainda largamente no estudo da história, e apesar das críticas que recebe continua a ser um referencial bastante apropriado para a compreensão da evolução da sociedade.[5] Por outra parte, embora seja apresentada uma divisão de eras relacionando-as a fatos determinados, não se pode conceber que as mudanças indicadas ocorreram de forma abrupta. Na realidade, como todo processo histórico, cada modificação foi sendo realizada de maneira lenta e gradual, sendo certo que somente depois de muito tempo – e de muitos fatores

4. Na realidade, com mais justiça, devemos reconhecer que também foram considerados, nesse contexto, fatos ocorridos em parte do Oriente Médio e no norte da África, mas isso não invalida as críticas ante à desconsideração de tantas outras realidades.
5. Cabe registrar, todavia, que já se considera, pacificamente, que o chamado período pré-histórico é parte integrante da história, como todos os demais.

concatenados - é que se identificou naquele fenômeno algo que seria considerado um marco temporal em cada uma das eras.

A JURIDICIZAÇÃO DO TRABALHO E A PERIODIZAÇÃO DO DIREITO DO TRABALHO

De acordo com o modelo criado a partir da consolidação do capitalismo, temos que a evolução científica do que hoje nominamos Direito do Trabalho e o seu próprio reconhecimento como ramo autônomo da ciência jurídica permitiram que fossem estabelecidos parâmetros estruturais de investigação, sobretudo na fixação do que seria o objeto essencial do direito laboral: a relação de emprego.[6] As manifestações históricas que resultaram do Direito do Trabalho surgiram justamente a partir de um novo contexto socioeconômico trazido pela Revolução Industrial, cujos modelos de produção formataram as relações de trabalho. Por isso, é tradicional a assertiva no sentido de que o Direito do Trabalho foi concebido para regular as forças conflitantes dentro do capitalismo, integrantes das duas grandes classes antagônicas que se estruturaram na chamada "sociedade burguesa"- o proletariado e a burguesia.[7]

Logo, desde sua conformação histórica, a regulação pública das relações de trabalho surgiu como forma de ***atenuar os efeitos***

6. Segundo Maurício Godinho Delgado, "*A caracterização da relação empregatícia é, portanto, procedimento essencial ao Direito do Trabalho, na medida em que propiciará o encontro da relação jurídica básica que deu origem e assegura desenvolvimento aos princípios, regras e institutos justrabalhistas e que é regulada por esse ramo jurídico especial.*" (*Curso de Direito do Trabalho*. 6ª. ed., São Paulo: LTr, 2007, p. 281).

7. A expressão é de Marx e Engels, que dizem: "*a sociedade burguesa de nossos dias, que emergiu dos escombros do feudalismo, não eliminou os conflitos de classes. O que fez foi apenas substituir as antigas formas de luta por outras novas, com novas classes sociais e novos meios de opressão. O que, porém, caracteriza a nossa sociedade burguesa é a simplificação dos antagonismos sociais. A Sociedade toda vai se reduzindo paulatinamente a apenas dois grandes campos opostos, a duas grandes classes antagônicas: a burguesia e o proletariado.*" (*Manifesto do Partido Comunista*. 6ª. ed . São Paulo: Global, 1986, p. 20).

do capitalismo nas relações de trabalho,[8] devendo ser compreendido como um produto direto dos desajustes causados pelo modelo econômico.[9] Essa compreensão é fundamental para que se possam entender as justificativas teóricas de alguns de seus conceitos mais relevantes, pois o Direito do Trabalho é *"um produto cultural do século XIX e das transformações econômico-sociais e políticas ali vivenciadas. Transformações todas que colocam a relação de trabalho subordinado como núcleo motor do processo produtivo característico daquela sociedade."*[10] Essa é a motivação fundamental para que a doutrina tradicionalmente associe o surgimento do Direito do Trabalho ao desenvolvimento do capitalismo: a conformação de uma relação jurídica, com características peculiares, pela qual o trabalhador seria livre para prestar seu trabalho a quem quisesse, mas que também o obrigava a fazê-lo **segundo as diretrizes do capital**. A partir desse momento, nos dizeres de Delgado, é que o trabalhador *"seria reconectado, de modo permanente, ao sistema produtivo, através de uma relação de produção inovadora, hábil a combinar liberdade (ou melhor, separação em face dos meios de produção e seu titular) e subordinação."*[11]

---

8. Não foi outra a lógica seguida pelo Papa Leão XIII em sua Encíclica *Rerum Novarum*, tida pela doutrina como um dos marcos teóricos de criação do Direito do Trabalho. O Pontífice clamava, ali, pela união das classes proletária e burguesa – em contraponto à defesa da luta de classes, de Marx e Engels – em benefício do desenvolvimento econômico, mas preservando-se a dignidade do trabalhador.
9. Por absoluta sinceridade intelectual, temos que assinalar que esse pensamento não é hegemônico. Há autores como Bernard Edelman, p.ex., que faz uma acentuada crítica ao direito e ao direito do trabalho, por considerá-los como instrumentos de aprisionamentos das lutas da classe operária, o que compromete sua emancipação. Não deixamos de concordar com sua análise, mas adotamos o postulado antes enunciado como diretriz. metodológica para nortear nosso trabalho. Fica, no entanto, a sugestão aos que querem percorrer outros caminhos (*A legalização da classe operária,* São Paulo: Boitempo, 2016).
10. Delgado, Mauricio Godinho, Direitos fundamentais na relação de trabalho. (Alessandro da Silva, et al. Org.) *Direitos humanos: essência do Direito do Trabalho.* São Paulo: LTr, 2007, p. 82.
11. *Idem*, p. 81. Desse contexto que decorre o excedente que acumula e concentra cada vez mais sua riqueza: o trabalhador pensa que o salário que recebe é um pagamento justo pela sua jornada de trabalho, mas não compreende

Com isso, o foco epistemológico central para a identificação do trabalho regulado e protegido pelo Estado passa, invariavelmente, pelo reconhecimento de que a *permanência do trabalho* é o pressuposto essencial de uma relação empregatícia, tendo como foco a condição de fator atenuante dos efeitos do capitalismo que o Direito do Trabalho traz geneticamente consigo. É por essas razões que afirmamos que as dimensões históricas da construção de um Direito do Trabalho estão atreladas ao desenvolvimento do capitalismo, já que a universalização do trabalho livre se configurou como fator fundamental da produção capitalista.

Partindo dessa constatação, temos que a relevância científica do que hoje chamamos do Direito do Trabalho só surgirá na Idade Contemporânea, eis que um dos referenciais políticos do seu surgimento é exatamente a Revolução Francesa. Nesse contexto, a doutrina justrabalhista tem se esforçado para estabelecer uma periodização da evolução do Direito do Trabalho, envolvendo as diversas fases pelas quais trafegaram as relações laborais em sua conformação jurídica.

Uma dessas classificações é aquela feita por Martin L. Granizo e M. Gonzalez Rothvoss, que divide o Direito do Trabalho em quatro fases: *Formação, Intensificação, Consolidação e Autonomia*. A primeira teria ocorrido desde a manifestação normativa original de regulação do trabalho (o *Peel's Act*, do qual falaremos adiante) até a publicação do Manifesto do Partido Comunista, de Marx e Engels (1848). A fase de *Intensificação* se deu até 1890 - um ano anos da publicação da Encíclica *Rerum Novarum* -, período de progressiva regulação estatal por intermédio de normas pontuais sobre diversas questões laborais. O terceiro período - Consolidação - teria ocorrido entre 1890 e 1919, exatamente por coincidir

---

que isso representa apenas uma pequena parte, sendo que a maior parcela é apropriada pelo dono do capital. Aqui faz todo o sentido o conceito de *mais-trabalho*, que é a parcela trabalhada além do necessário, cujo valor representa a mais-valia.

com o período de maior sistematização normativa nos principais países de capitalismo central. Já o último, que se estenderia até nossos dias, seria o da *Autonomia*, cujo início coincide com o ano da fundação da Organização Internacional do Trabalho.[12]

Tal classificação, no entanto, tem merecido abalizadas críticas da doutrina. Apesar de ser bastante descritiva dos importantes eventos da História do Direito do Trabalho, foi elaborada há muito tempo (1935), e *"tem o inconveniente de não permitir nenhuma compreensão mais sistemática sobre o padrão de organização do mercado de trabalho e de sua normatização jurídica nos países desenvolvidos ocidentais."*[13] Assim, não se explica a substância do Direito do Trabalho, mas apenas descreve alguns fenômenos históricos de maior relevância. Porém, mostra-se fundamental a compreensão os substratos sociais e materiais que levaram à construção do Direito do Trabalho, sendo os referenciais históricos de apenas mediana importância. Por esses motivos, preferimos tomar como base a classificação feita por Delgado, que tem como principal qualidade a de ser analítica dos elementos componentes das relações de trabalho bem assim de formular sobre esses elementos um juízo crítico substancial. Segundo o autor, as fases do Direito do Trabalho seriam assim estabelecidas:

- ***Fase das Manifestações Incipientes ou Esparsas****: desde a instituição do Peel's Act (1802) até o Manifesto do Partido Comunista (1848);*

- ***Fase de Sistematização e Consolidação****: que vai desde 1848 até 1919;*

- ***Fase de Institucionalização****: se estende desde a criação da OIT (1919) até os anos 1979/1980;*

12. Essas informações constam da obra *Derecho Social,* Madrid: Reus, 1935, *apud* Delgado, Mauricio Godinho, *Curso de Direito do Trabalho,* p. 88.
13. Delgado, *op.cit.,* p. 89.

- ***Fase da "Crise" e transição do Direito do Trabalho:*** *inicia no final do Século XX (anos 1980) e se estende pelo início do Século XXI.*

A despeito de adotarmos essa classificação, tendo como base critérios similares aos usados pelos historiadores na periodização histórica, entendemos relevante a inserção de uma fase antecedente a todas essas, a que chamamos de **Pré-História do Direito do Trabalho**. Isso se deve ao fato de que, como dito, somente com o advento do capitalismo industrial é que a disseminação do trabalho, em vertente subordinada, passa a ter relevância sob o aspecto jurídico, como derivação de sua relevância econômica e social. No entanto, não há como se desconsiderar que, antes disso, o trabalho sempre existiu como fenômeno humano, sendo que a ausência de sua regulação normativa ou institucional não nos permite ignorar a importância que as relações sobre ele estabelecidas tiveram na própria construção do que chamamos Direito do Trabalho.[14]

Dito isto, temos que, se há justificativas para se afirmar que a "história" do Direito do Trabalho começa a partir das Revoluções burguesas e da Revolução Industrial, enxergamos nos antecedentes históricos desses fatos elementos fundamentais para a sua formação e evolução. Assim, em nosso juízo, é pertinente nos referirmos à forma de apropriação do trabalho antes de sua conformação jurídica, como fenômeno de sua Pré-História, eivada de significações sociais e econômicas que até hoje são capazes de gerar repercussões.

---

14. Nesse sentido, vale situar a obra de Pistori, que rechaça a tradicional postura conforme a qual a história do Direito do Trabalho se inicia a partir do oitocentismo e do capitalismo industrial, afirmando que isso representa "um ranço positivista" e uma visão compartimentada, atribuindo, inclusive, a um ranço do nosso passado escravagista. Por isso, ele defende que "*a História do Direito do Trabalho não pode se situar isoladamente, utilizando-se apenas dos paradigmas do período após a Revolução Industrial. Toda a tradição da forma de tratamento dada pelas classes dominantes (econômica e política) das sociedades ocidentais pesa historicamente sobre a cultura nas relações do trabalho, assim como as formas de postura, subordinação e relacionamento perante a classe dominante daqueles que trabalham, quer pelo uso das mãos, quer pelo uso do intelecto, desde a Idade Média.*" (Pistori, Gerson Lacerda. *História do Direito do Trabalho*. São Paulo: LTr, 2007, p. 125).

Portanto, entendemos que a classificação histórica das fases do Direito do Trabalho deve ser assim considerada:

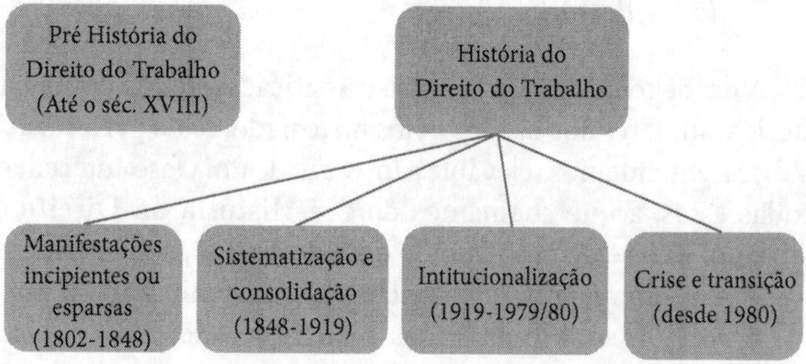

ESCRAVIDÃO, SERVIDÃO E CORPORAÇÕES DE OFÍCIO: ELEMENTOS DA PRÉ-HISTÓRIA DO DIREITO DO TRABALHO

A necessidade do trabalho como meio de subsistência é tradicionalmente associada à ideia de sofrimento, o que se expressa como fundamento desde as manifestações bíblicas na chamada "maldição do Gênesis". Daí porque não se estranha que a disseminação da apropriação escravista do trabalho remonte a Antiguidade Clássica, defendida até mesmo por célebres pensadores.[15] Afinal, reconhecida a existência de seres que "*desde o primeiro instante do nascimento, são, por assim dizer, marcados pela natureza, uns para comandar, outros para obedecer*", por certo não seria legítimo exigir que todos se dedicassem ao fastio do trabalho, naturalmente designado apenas àqueles cujo destino estava na subordinação aos senhores.[16] Com isso, o traço elementar do escravismo é o reconhecimento de que aquele que trabalhava era uma propriedade privada de seu senhor, a quem cabia fazer-lhe uso e exigir-lhe o retorno do investimento em sua aquisição e manutenção. Por essa razão, no

---

15. Para Aristóteles, p.ex., "*em toda parte onde se observa a mesma distância que há entre a alma e o corpo, entre o homem e o animal, existem as mesmas relações; isto é, todos os que não têm nada melhor para nos oferecer do que o uso de seus corpos e de seus membros são condenados pela natureza à escravidão*" (*A política*. São Paulo: Martins Fontes, 2006, p. 13).
16. *Idem*, p. 12.

regime escravagista, o processo de produção permite ao dono do escravo que dele exija o máximo possível de trabalho possível.[17]

Na Europa, essas relações escravagistas foram sucedidas por outro modelo, tipicamente medieval, marcado por relações servis de trabalho e que predominou durante cerca de mil anos. Esse regime, genericamente identificado como *feudalismo*, "*é o resultado de adaptações espontâneas, inconscientes, diante das novas necessidades, todas elas da mesma natureza e com um fim semelhante*"[18], e teve como ponto de partida a destruição do Estado escravista, sobretudo com a derrocada do Império Romano.[19]

A instauração do regime feudal estabeleceu uma importante marca no padrão das relações de produção, que foi muito além da mera substituição do trabalho escravo pelo trabalho livre. Com efeito, os escravos eram aqueles designados por "*razões naturais ou convencionais*"[20] mas, além deles, havia também um grande

---

17. Aristóteles define o escravo como uma "*propriedade instrumental animada*", cuja função é facilitar o uso dos demais instrumentos de propriedade de seu senhor: *"O senhor não é senão proprietário de seu escravo, mas não lhe pertence; o escravo, pelo contrário, não somente é destinado ao uso do senhor, como também dele é parte. Isto basta para dar uma ideia da escravidão e para fazer conhecer esta condição."* E relaciona a "utilidade" dos escravos com a dos animais domésticos: *"ademais, o uso dos escravos e dos animais é mais ou menos o mesmo e tiram-se deles os mesmos serviços para as necessidades da vida"* (*Ibidem*, p. passim).
18. Parain, Charles. *A evolução do sistema feudal europeu.* Theo Santiago (org.) *Do feudalismo ao capitalismo - uma discussão histórica.* 9ª. São Paulo: Contexto, 2003, Vol. 2, p. 20).
19. Embora agrupadas sob um mesmo conceito, as manifestações de organização feudal tiveram um desenvolvimento muito distinto de um país para outro. Em alguns, como é o caso de França, o feudalismo se expandiu de forma mais completa entre os séculos X e XII, perdendo seu vigor no século XIII; já na maior parte da Alemanha, o pleno desenvolvimento do feudalismo ocorreu do fim do século XII ao século XIV (Gillissen, John. *Introdução Histórica ao Direito.* Lisboa: Fundação Calouste Gulbenkian, 1979, p. 188).
20. Segundo Aristóteles (*op.cit.*, p. 13), "*a natureza ainda subordinou um dos dois animais ao outro*". Daí porque ele defende que "*é naturalmente escravo aquele que tem tão pouca alma e poucos meios que resolve depender de outrem*". De outra parte, afirma que, *"além da servidão natural, existe aquela que chamamos de servidão estabelecida pela lei; esta lei é uma espécie de convenção geral, segundo a qual a presa tomada na guerra pertence ao vencedor"*. (*Idem*, pp. 14-15).

número de camponeses livres, que trabalhavam, sobretudo, para sua própria subsistência. Todavia, as constantes guerras internas e de conquistas arruinaram o povo camponês,[21] levando-o a procurar abrigo junto à nova nobreza ou junto à Igreja; em troca da proteção, os camponeses se viram obrigados a transferir suas propriedades para os seus protetores. Isso conferiu a esses camponeses, outrora livres, um *status* de servidão, suprimindo as distinções substanciais que lhes eram antes outorgadas e que permitiam uma franca diferenciação dos escravos.

Embora aparentemente isolado em centenas de anos de regime feudal, esse fato traz um elemento fundamental para a compreensão das relações de produção que permaneceram durante tal período e o sucederam com a ascensão do capitalismo. Com efeito, há historiadores que consideram que o *elemento constitutivo do regime* feudal foi justamente o *desenvolvimento da servidão*, que se conformou de duas maneiras: pela substituição da escravidão e pela generalização da subordinação camponesa.[22] Dessa forma, mesmo buscando se afastar do regime escravocrata, o feudalismo trouxe consigo uma amplificação da mão-de-obra juridicamente dependente[23], e com relação clara de dominação: a estrutura social feudal era fundada em relações de dependência pessoal, e que abrangiam desde o rei até o servo, havendo associação direta entre a autoridade do senhor e a posse da terra. Não por outro motivo que a base das relações de produção do feudalismo era assentada

---

21. Cf. Parain (*op.cit.*, p. 22), essa ruína se deu em razão do confisco de bens por ocasião das guerras ou pela devastação por elas causada; além disso, segundo o autor, a exigência aos camponeses livres de que se submetessem ao serviço militar prejudicou o trabalho que desenvolviam em seus campos, causando-lhe os prejuízos relacionados.

22. *Idem.*

23. Gilissen (*op. cit.*, 189) acentua que o direito feudal fica *"restringido às relações feudo-vassálicas e às relações dos senhores com os servos dos seus domínios, ou seja, laços de dependência de homem para homem."* Sua constatação deriva do fato de que, segundo ele, toda a organização estatal desapareceu, inclusive toda a atividade legislativa, de maneira que *"o costume é a única fonte do direito laico"*. (*idem*, p. 190). Dessa forma, usamos a expressão "dependência jurídica" para tratar da condição do servo em face do senhor diante dos liames consuetudinários estabelecidos no regime feudal.

na propriedade plena do senhor sobre a terra e na sua propriedade *limitada* sobre o servo: em troca de proteção que envolvia a estrutura do feudo, os camponeses dependentes eram os responsáveis por toda a sua atividade produtiva, já que, além de produzir para seu próprio sustento, estavam obrigados a prestar o trabalho em parte de sua semana no cultivo da produção do senhor (*corveia*) e eram obrigados a entregar-lhe parte de sua própria produção a título de tributo.[24]

Mas o trabalho medieval não se resumia àquele decorrente da estrutura feudal descrita embora também recaísse sobre outra relação fundada no binômio *fidelidade-proteção*. Falamos do regime das corporações de ofício, nas quais as relações entre aprendiz e mestre tinham como caracteres fundamentais o fato deste último ter amplos poderes sobre aquele, outorgados pelos seus próprios pais, com a finalidade de fazê-lo aprender o ofício e de ser protegido pelo mestre. O surgimento das corporações decorreu da concentração das massas nas cidades, inclusive de camponeses que fugiam do meio rural e de mercadores ambulantes que foram se fixando em polos estratégicos para seus negócios. A ampliação da atividade desses mercadores permitiu que eles passassem a integrar uma elite urbana, juntamente com clérigos e nobres, condutora de um movimento comercial e artesanal importante para a vida comum, como explica *Pistori*.[25] Esses mesmos comerciantes, que já se organizavam em associações profissionais que facilitavam sua fixação em certas cidades,

24. Cf. Parain (*op.cit.*, p. 29). *Parain* ainda registra que essa renda em trabalho, paga pelo servo ao senhor, era a forma mais primitiva da mais-valia. Ainda assim, pondera que o fato de a propriedade sobre a pessoa do servo ser limitada estabelecia um modo de produção bastante distinto do escravismo. Mas, por certo, essas características é que levam *Márcio Tulio Viana* a afirmar que "*de um modo geral, porém, talvez se possa dizer que o servo mesclava um trabalho meio-livre com um trabalho meio-escravo. Se arava a própria terra, também plantava para o senhor*" (*Poder diretivo e sindicato: entre a opressão e a resistência.* Cristiano Paixão, Douglas Alencar Rodrigues e Roberto Figueiredo Caldas (org.). *Os novos horizontes do direito do trabalho.* São Paulo: LTr, 2005, p. 390).

25. *Op.cit.*, p. 86.

estabeleceram formas de ajuda mútua a partir do crescimento das suas atividades, nominadas *guildas* ou *hansas.*[26]

Ao lado disso, o substrato produtivo dessa intensa atividade comercial era a ***manufatura***, desenvolvida pelos artesãos que produziam os bens e os produtos essenciais para a vida urbana. Com o tempo, e a partir das necessidades locais, houve a gradual especialização dos produtos e dos serviços, e essa divisão natural acabou por permitir o agrupamento dos profissionais a partir das respectivas atividades. Essa identidade de profissões ou de ofícios conduzia à reunião dos artesãos em torno dos propósitos comuns e, para verem assegurados seus direitos e prerrogativas, estruturaram as chamadas *corporações de ofício.*

O trabalho desenvolvido nas corporações de ofício era, portanto, distinto daquele realizado no contexto da relação feudal, pois os artesãos passaram a exercer sua atividade de maneira disciplinada e organizada, dentro de um processo produtivo coordenado, ainda que manufatureiro, mas ainda sem se poder falar propriamente em trabalho livre. O mestre, a quem cabia a coordenação das atividades nas corporações, também disciplinava os aprendizes e os trabalhadores, inclusive em questões de natureza pessoal, já que era o proprietário das ferramentas e da matéria-prima. Além disso, as normas próprias de cada corporação e os privilégios a elas conferidos pela nobreza asseguravam aos mestres e às Jurandas o poder imperativo sobre a força de trabalho. Em outro plano, a própria conformação do *mercado de trabalho* era limitativa, pois as restrições institucionais estabeleciam que só poderiam exercer a profissão os trabalhadores que estivessem inscritos nas corporações e, que, portanto, se sujeitassem às suas regras e à sua hierarquia. Por outro lado, o número de ofícios em cada comunidade era fixo, não podendo ser ampliado, e a progressão entre os cargos dentro

---

26. Pistori explica que *"tais entidades se formaram tendo em conta necessidades específicas, como, por exemplo, a ordem jurídica, pois era necessário sair da influência dos tribunais senhoriais, cuja estrutura era por demais inflexível e inaplicável pelo desconhecimento factual das realidades comerciais e da vida mercantil; também se fazia importante, na esfera política, atender uma sociedade de negociantes ricos em seus problemas urbanos com necessidades próprias, bem diferentes da vida rural."* (Idem, p. 88).

da corporação era rigorosamente limitada, em regra só se permitindo que houvesse a ascensão de um posto para outro em caso de vacância e, por isso mesmo, a própria admissão de aprendizes era restrita.

Dessa forma, toda a evolução da organização corporativa do trabalho levou a um panorama claramente *limitativo da liberdade de trabalho* e afetou atributos essenciais da dignidade dos trabalhadores, a ponto de se registrarem, desde então, diversos episódios de lutas empreendidas por aprendizes e por oficiais de corporações para minimizar as más condições de trabalho.[27] É por isso que há autores que consideram que "*o sistema não passava, entretanto, de uma fórmula mais branda de escravização do trabalhador*", situação que determinou, inclusive, a progressiva intervenção de certos estados no direito regulamentar das corporações.[28]

Essas marcas características dos modelos de trabalho existentes por toda a Idade Média e pela Idade Moderna permitiram a criação e a disseminação de ideais utópicos que preconizavam uma sociedade organizada sob a égide do interesse coletivo, de cunho socialista, cujo ponto de partida seria a abolição da servidão. Muitas revoltas populares foram inspiradas nessas ideias, mas elas foram invariavelmente derrotadas, tanto as de origem camponesa como aquelas de iniciativa de fazendeiros e artesãos[29]. No entanto,

---

27. *"A luta contra as péssimas condições de trabalho existentes desde o século XIX foi analisada pela História do Direito do Trabalho; as mesmas condições também foram o objeto da luta dos menos aquinhoados das corporações e dos excluídos delas nos episódios das revoltas relativas às condições de trabalho, jornadas e salários, como aquelas dos trabalhadores dos tecidos de lã em Flandres e nas cidades italianas (...)"* (Pistori, *op. cit.*, p. 124).

28. É o caso de Sussekind, *et al.* citam a fixação de jornada de trabalho *"de sol a sol com períodos de descanso para alimentação"* e a liberdade de qualquer pessoa ensinar o ofício a quem quisesse, estabelecidas pelas Cortes de Valladolid (1351) e decisões das Cortes de Toro que legitimaram todo e qualquer ofício, proibiram o penhor de instrumentos de trabalho e eliminaram a prisão do trabalhador por dívida, ambas na Espanha (*Instituições de Direito do Trabalho*. 16ª. ed. São Paulo: LTr, 1997, p; 31).

29. Um célebre exemplo de revolução dessa natureza foi a dos *levellers* e dos *diggers* que propugnavam principalmente pela igualdade na propriedade, mas distinguiam-se porque o primeiro grupo rejeitava as ideias coletivistas, deixando à margem de suas reivindicações as classes desfavorecidas, como

contribuíram para acentuar a desagregação da sociedade feudal dando espaço para a consolidação de uma nova classe social, que seria consagrada como a responsável por outras revoluções que, efetivamente, modificaram o panorama político e econômico mundial: a burguesia.[30] Ao lado disso, já no século XVI, viam-se iniciativas em prol da abolição das corporações de ofício, como é o caso da Inglaterra, o que acabou por se consumar no século XVIII.

Todavia, em que pese tenha a burguesia inscrito na história a condução dos processos revolucionários que mudaram o panorama político vigente, não se pode desconsiderar que a continuidade desses processos, que permitiu a sua efetiva vitória, só foi possível graças à mobilização das massas camponesas e urbanas, que refrearam qualquer possibilidade de retorno à antiga ordem, já que a tradicional tendência burguesa seria de conciliação com a classe dominante. Na essência, portanto, as revoltas populares que se insurgiram contra a servidão abriram um importante espaço para a eclosão das revoluções burguesas que, por sua vez, só tiveram pleno êxito pela ativa participação das massas obreiras. As mudanças operadas no mundo de então, a partir dessas revoluções, sedimentaram os caminhos para as revoluções proletárias que se seguiram entre os séculos XIX e XX.[31]

É desse contexto de mudança nos paradigmas político-institucionais, inaugurados com revoluções como a Francesa que se instaura um clima apropriado para a conformação de um novo ramo jurídico, voltado ao trato específico das relações de traba-

---

os criados, os trabalhadores e os que não eram economicamente livres. Já o segundo pregava a ocupação, pela força, das terras desocupadas e das terras comuns, pelos pobres sem propriedades.

30. As chamadas Revoluções Burguesas, cujos modelos clássicos são a Revolução Inglesa (1640) e a Francesa (1789).

31. Parain (*op. cit.*, p. 33) afirma que *"a verdadeira revolução social viria de outros fenômenos, de outras classes, de outro tipo de revoluções. Contudo, não devemos minimizar o papelo dos camponeses nessa transformação futura, já que são eles que proporcionarão a masa de trabalhadores proletarizados necessária para a construção do capitalismo"*. Marx e Engels também constatam essa relação de causalidade, ao declararem que a maior reprovação dos líderes do feudalismo à burguesia *"não é o fato de ter produzido um proletariado, mas de ter criado um proletariado revolucionário"* (*Op. cit.*,p. 36).

lho que viriam a suceder os vínculos servis, encerrando-se a fase pré-histórica do Direito do Trabalho.

LIBERDADE, SUBORDINAÇÃO E PRECARIEDADE: A FASE DAS INCIPIENTES MANIFESTAÇÕES

Depois do ciclo das já citadas revoluções burguesas, que instituíram a hegemonia de um novo paradigma político – fundado na liberdade e na propriedade – as principais correntes de pensamento dominantes viram-se diante da necessidade de estruturação de uma ideologia própria para a sua justificação. Os principais ideólogos desse modelo foram John Locke (*Dois tratados sobre o governo civil*, 1689-1690) e Adam Smith (*A riqueza das nações*, 1776), que estabeleceram as pilastras constitutivas da nova ordem econômica, de cunho capitalista, chamada de *liberalismo.* Seus fundamentos estão no postulado do livre uso da propriedade por cada indivíduo ou membro de uma sociedade, não havendo qualquer relevância no fato dc que apenas algumas pessoas são proprietárias dos meios de produção, sendo a maioria possuidora somente de sua força de trabalho. Essa ideologia foi completamente assimilada pela incipiente sociedade burguesa, vez que consagra também a lógica da igualdade, mas em seu sentido estritamente formal: todos os homens são iguais perante a lei, não importando que essa igualdade não se concretize no plano substancial, da emancipação social, política e econômica dos desfavorecidos. Se, de um lado, o êxito revolucionário assegurava a liberdade empresarial, de comércio, de obtenção do lucro, e ainda ***liberdade*** para contratar força de trabalho, não se falava em liberdade para os remanescentes escravizados ou para as mulheres e para os povos oprimidos das colônias europeias. O máximo que convinha era o fim da servidão dos camponeses à gleba feudal, para que pudessem "livremente" alugar seu corpo e sua alma, em condições de perfeita "igualdade contratual" aos empregadores urbanos.

Assim, na esteira da desintegração do feudalismo, essas revoluções liberais resultaram na progressiva liberação dos servos dos vínculos de servidão e da terra de onde tiravam seu sustento: para eles, liberdade passava a significar a possibilidade de venderem livremente sua força de trabalho para os detentores dos meios de produção, recebendo por esse trabalho; já para os donos das terras, liberdade era dispor de sua propriedade como bem entendessem. Com isso, a nova organização socioeconômica era fundada em um duplo conceito de liberdade: a *liberdade do trabalho e o livre uso da propriedade dos meios de produção.* Essas foram as marcas estruturais do novo modelo econômico que, embora presente desde as primeiras crises do sistema feudal, tiveram um crescimento gradual durante a Idade Média, mas somente se estabeleceram de forma verdadeira após a Revolução Industrial iniciada no século XVIII na Inglaterra.[32]

De outra parte, a subsistência do modo de trabalho das corporações, com seus caracteres limitativos do próprio desenvolvimento de qualquer atividade econômica, era francamente inconsonante com os fundamentos liberais advindos, sobretudo, da Revolução Francesa. Bem por isso, em 1791, a Assembleia da Revolução aprovou a *Lei Chapelier*, que estabelecia que todo homem seria livre para se dedicar ao trabalho, à arte, ao ofício ou à profissão que achasse conveniente.[33] Esse parâmetro foi seguido por muitos países, no desenrolar dos séculos XVIII e XIX, como foi o caso da Inglaterra, pelos *Combination Acts,* de 1799/1800.

---

32. Cita Delgado (*Direitos fundamentais nas relações de trabalho, cit.*, p. 85) "*De fato, apenas a partir de fins da Idade Média e alvorecer da Idade Moderna verificaram-se processos crescentes de expulsão do servo da gleba, rompendo-se as formas servis de utilização da força de trabalho. Esse quadro lançaria ao meio social o trabalhador juridicamente livre dos meios de produção e do proprietário desses meios*".

33. Mesma diretriz está presente na Constituição francesa que, além de exaltar a liberdade individual em seu preâmbulo, nele ainda registra a eliminação das corporações e assegura, no artigo 1º do Título I, o direito de acesso a qualquer emprego e profissão: Preâmbulo da Constituição de 1791: *"A Assembléia Nacional, desejando estabelecer a Constituição francesa sobre a base dos princípios que ela acaba de reconhecer e declarar, abole irrevogavelmente as instituições que ferem a liberdade e a igualdade dos direitos. (...) Não há mais corporações profissionais, de artes e de ofícios."* Art. 1º. das Disposições Fundamentais: "*Todos os cidadãos são admissíveis aos cargos e aos empregos sem outra distinção senão aquela decorrente das suas virtudes e das suas aptidões*". Originais obtidos em [http://www.legifrance.gouv.fr/]. Tradução livre do autor.

A eliminação do modelo feudal e das corporações de ofício consagrou o ideário de liberdade do trabalho, pontificando o reconhecimento do direito do trabalhador de prestar a sua força de trabalho a quem bem entendesse, sem o vínculo de natureza servil até então predominante. Desse novo modelo de atividade econômica eclodiu, em pouco tempo, a generalização do sistema industrial, não apenas na Europa, mas também expandindo-se para os Estados Unidos da América. Dito isso, temos que, como fenômeno sociojurídico, somente com o desenvolvimento do capitalismo é que o trabalho é visto com maior relevância já que as suas manifestações incipientes remetiam a relações de inequívoca apropriação da mão-de-obra, mas ainda sob um prisma eminentemente restritivo da liberdade dos trabalhadores.

Já no sistema capitalista, o trabalhador está livre das amarras de dependência pessoal presentes na escravidão e na servidão, mas também não tem os meios de produção que detinha no regime feudal: ele é "duplamente livre", despossuído e sem posses; não pertence a ninguém e nada lhe pertence, como explica Marx.[34] Sem posses, o destino dado ao trabalhador era colocar-se a serviço de outrem, trabalhando exclusivamente *por conta alheia*, em uma das atividades fragmentadas colocadas sob sua responsabilidade. O contexto produtivo coloca o trabalhador "no mercado" para oferecer sua força de trabalho, mas passa a sujeitá-lo às leis próprias daquele, movidas pelo binômio *oferta-procura*, de maneira que o trabalho se torna mercadoria, sujeitando seu preço às oscilações naturais, decorrentes do propósito capitalista de restrição dos custos de produção.[35]

Assim, o novo modelo econômico fez surgir o que hoje chamamos de *contrato de trabalho*, instrumento que permitiria aos trabalhadores, ao menos *teoricamente*, trabalhar onde quisessem e para quem quisessem, possibilitando que eles ganhassem o salário que lhes permitiria comprar o que quisessem. É aqui, propriamente, que se nota o delineamento de um modelo que se transformará

34. *O capital - Crítica da economia política*. São Paulo: Nova Cultural, 1985, p. 262.

35. *"O valor da força de trabalho, como o de qualquer outra mercadoria, é determinado pelo tempo de trabalho necessário à produção, portanto, também reprodução, desse artigo específico"* (Marx, *op. cit.*, p. 141).

no núcleo central das relações trabalhistas, qual seja, o *trabalho subordinado*. Dessa maneira, se para o capitalismo o trabalhador é livre para vender sua força de trabalho ao dono do capital, recebendo em troca um salário para sobreviver, o desenvolvimento desse trabalho se faz de maneira subordinada, dependente. *"trabalhar por conta alheia"*, diz Viana, *"significava ser dirigido passo a passo, corpo a corpo, minuto a minuto"*.[36]

A sequência histórica que se desenhou (*trabalho escravo, trabalho escravo-servil, trabalho servil e trabalho livre*) desembocou no *trabalho livre dependente*, com a formação do proletariado clássico, o que se intensificou no fim do século XVIII. Revela-se, com isso, uma contradição conceitual, que estabelece, assimetricamente, que o trabalho livre do seio do capitalismo é francamente subordinado aos interesses do capital. É a *subsumtion*[37] formal do trabalho ao capital, identificada por Marx, quando afirma que o trabalho antes independente cai, como fator do processo produtivo, sob a sujeição do capitalista que o dirige, e sua própria ocupação depende de um contrato que estipula previamente com o capitalista, que é o possuidor do dinheiro.[38]

Contrapondo-se ao regime escravista – no qual a mercadoria era o próprio escravo – e à servidão – em que o servo comprava

36. Márcio Túlio Viana, *op. cit.*, p. 392.

37. Segundo os editores da versão consultada, as expressões alemãs do original (*subsumtion* e *subsumieren*) teriam correspondentes em inglês, mas não em línguas latinas. No sentido originário, significam subordinação, mas também inclusão, revelando uma relação característica do sistema capitalista, qual seja, a subordinação ao capital do trabalho vivo, que vai ao ponto de o trabalho ser absorvido pelo capital (Marx, *Capítulo VI Inédito de O Capital – Resultados do processo de produção imediata*. São Paulo: Moraes, s/d, p. 11). Por isso, no texto examinado foi feita a tradução para *subsunção*, conforme se observará a seguir. Além disso, no português, a definição do verbo *subsumir* situa-se como *"conceber (um indivíduo) como compreendido numa espécie"* ou *"Conceber (uma espécie) como compreendida em um gênero"*. Por isso, apesar da proximidade gráfica e fonética, preferimos preservar a ideia de subordinação na explicitação do conceito mesmo porque se trata de expressão mais usada no Brasil, e o conteúdo do verbo utilizado na tradução não revela completamente a ideia defendida por Marx em seu texto.

38. Marx, *Capítulo VI Inédito de O Capital – Resultados do processo de produção imediata*, p. 88.

o uso da terra pela paga feita em trabalho – o *trabalho livre* advindo com o capitalismo traz explícita a ideia do próprio trabalho como *mercadoria*. Mesmo nas corporações, não havia meramente a locação do trabalho, pois a própria condição de aprendiz ou de oficial os colocava em situação de sujeição ao mestre. Mas, na perspectiva do próprio capitalismo originário, existe uma inequívoca vinculação da força de trabalho do operário com os fins da atividade empresarial. A destinação da força de trabalho na produção da mercadoria, que será objeto de comercialização pelo capitalista, é elemento essencial dessa forma de atividade econômica, porque dessa mercadoria é que resultará o lucro do capitalista, e dela será retirada a remuneração do trabalhador. É nesse contexto que o resultado trabalho e a vinculação de quem o realiza têm essencial importância, ainda que o trabalhador não se beneficie desse resultado.

Sendo o trabalho visto como mercadoria, as relações que dele provinham interditavam qualquer tipo de proteção advinda do Estado liberal, por sua própria definição: em nome da *liberdade* e da prevalência da *autonomia da vontade*, o legislador se abstinha de adotar qualquer medida regulatória a fim de tentar conferir um mínimo de igualdade substancial, diante da desigualdade econômica latente. A dinâmica do mercado de trabalho era a mesma adotada na condução das atividades capitalistas, pautada pela oferta e pela procura: sendo pequena a oferta e grande a procura, "*os salários, que não tinham, como hoje, a barreira dos mínimos vitais, baixavam até onde a concorrência do mercado de braços permitia que eles se aviltassem*".[39] Além disso, o próprio desenvolvimento do processo de produção nas origens da industrialização forçava o uso permanente da máquina, que suprimia a necessidade da força de trabalho, criando um grande contingente de reserva.[40] Essa foi a

39. Sussekind, *et alii*, *op. cit.*, p. 34.

40. Daí porque as primeiras formas de manifestação foram justamente a destruição das máquinas, como instrumento aterrorizador que visava ao regresso dos métodos tradicionais de produção e de venda. O movimento dessa natureza que se tornou mais célebre foi o dos *luddites* (ludistas), cujas origens remontam o ano de 1811, sobretudo nas indústrias de meias na Inglaterra. A técnica dos ludistas era simples: grupos de cerca de cinquenta

condição social trazida pelo capitalismo, de absoluta precariedade e de intensa exploração do trabalho, que não distinguia idade ou gênero: mulheres e crianças trabalhavam tanto quanto os homens, que já suportavam uma carga excessiva para seus parâmetros físicos. Como o trabalho se dava por conta alheia, era o interesse do capital que estabelecia as diretrizes de produtividade, segundo a divisão do trabalho estabelecida com o advento da industrialização.

De outra parte, todo o poder político se concentrava nas mãos da burguesia que, desde a década de 1830, o havia tomado à aristocracia em quase toda a Europa Ocidental. Desde então, e até o fim do século XIX, a classe governante era a dos banqueiros e a dos grandes industriais, não incomodadas pelo sufrágio universal, que não existia na maior parte dos sistemas.[41] Com esse panorama de organização política nas principais nações europeias e também nos Estados Unidos[42], o Direito vigente à época tinha cunho tipicamente liberal-individualista, não oferecendo respostas jurídicas adequadas ao fato novo do trabalho livre sob o regime capitalista. Não se demonstrava interessante nem viável para o Estado burguês e liberal a quebra de seus preceitos fundantes para intervir em uma relação vista como eminentemente contratual. Por isso, o hegemônico Estado liberal se posicionava como simples observador dos acontecimentos.[43]

---

pessoas invadiam rapidamente as indústrias para destruir as máquinas e logo desapareciam, evitando ser apanhados.

41. *"Seu sistema político, na Grã-Bretanha, na França e na Bélgica, era fundamentalmente o mesmo: instituições liberais salvaguardadas contra a democracia por qualificações educacionais ou de propriedades para os eleitores (...)".* Hobsbawm, Eric J. *A Era das Revoluções (1789-1848).* Rio de Janeiro: Paz e Terra, 1982, p. 128.

42. Nada obstante, Hobsbawm diferencia as características do poder político nos EUA, onde tinha havido a ampliação do direito de voto, que se estendeu também aos pequenos fazendeiros, homens das fronteiras e pobres da cidade. (*Idem*, p. 129).

43. A hegemonia da política liberal está resumida por Hobsbawm: "*De qualquer forma, por razões práticas o liberalismo permaneceu no poder porque representava a única política econômica que se acreditava fazer sentido para o desenvolvimento ("manchesterismo", como os alemães a chamavam), assim como se aceitava, quase que universalmente, ser o representante da ciência, razão história e progresso para os que tivessem qualquer ideia que fosse sobre esses assuntos. Nesse sentido, quase todo chefe de Estado e funcionário público, nas*

Enquanto a burguesia capitalista se ocupava apenas da acumulação primitiva de capital e da manutenção da opulência e do poder, a situação dos trabalhadores era dramática: *"entregue à sua fraqueza, abandonado pelo Estado que o largava à sua própria sorte, apenas lhe afirmando que era livre, o operário não passava de um simples meio de produção"*.[44] Mas a cena social instaurada começou a afetar as próprias estruturas da sociedade burguesa; afinal, o Estado liberal começou a se ver comprometido pela premência dos conflitos, notoriamente contraditória com os interesses econômicos da classe dominante. A tensão permanente comprometia a necessária linearidade do trabalho, exigência fundamental da produção industrial. Logo, o direito, como *superestrutura política* condicionada pelas diretrizes estruturais econômicas, estava em crise, porque não mais atendia aos fenômenos e aos interesses econômicos da ocasião. Havia necessidade de se regular o trabalho livre para que se tornasse mais útil e sujeito às exigências da produção. Os próprios arautos do liberalismo identificavam um afastamento dos propósitos do Estado por eles gestado, que não mais conseguia apenas servir à preservação dos interesses individuais sem se dar conta das repercussões nos interesses coletivos.[45] "*O conflito entre o coletivo e o individual ameaçava a estrutura da sociedade e a sua estabilidade. Surge daí a necessidade de um ordenamento jurídico com um sentido mais justo de equilíbrio*".[46]

Toda essa estrutura conflitiva foi responsável pela incorporação ao universo normativo da resposta jurídica dada pelo Estado,

---

décadas de 1850 e 1860, era um liberal, fosse qual fosse sua filiação ideológica (...). Os próprios radicais não tinham alternativa viável para o liberalismo. Em qualquer situação, juntar-se com a oposição genuína contra o liberalismo era impensável para eles, talvez mesmo politicamente impossível. Ambos faziam parte da 'esquerda'". (Hobsbawn, *A Era do Capital (1848-1875)*. 13ª. ed., Rio de Janeiro: Paz e Terra, 2007), p. 156).

44. Sussekind, *op. cit.*, p. 34.

45. Um dos pensamentos mais significativos e conhecidos do período vem de um político e religioso liberal: *Jean-Baptiste Henri Lacordaire*, ou padre *Henri-Dominique Lacordaire*, para quem, *"entre o forte e o fraco, entre o rico e o pobre, é a liberdade que escraviza, é a lei que liberta"*.

46. Barros, Alice Monteiro de. *Curso de Direito do Trabalho*. 2ª. ed. São Paulo: LTr, 2006, p. 60.

com as primeiras manifestações no sentido do seu reconhecimento institucional. É o já citado o período das *Manifestações Incipientes ou Esparsas*, composto de um "*espectro normativo disperso*" e totalmente assistemático, cujas normas apenas resultavam de "*esforços de contenção das manifestações violentas de exploração.*"[47] Nesse contexto, observamos a criação de leis destinadas apenas a reduzir a violência brutal da superexploração sobre homens, mulheres e crianças, tendo caráter predominantemente humanitário, como é o caso da *Peel´s Act*, de 1802, na Inglaterra, que estabeleceu restrições ao trabalho de menores. Não por acaso é que, como já foi exposto, esse ato é considerado como o marco histórico do surgimento do Direito do Trabalho, ainda que, como indica a denominação por nós adotada, represente apenas um fragmento incipiente de pronunciamento normativo.[48]

O período demarcado entre este documento até o ano de 1848, segundo a mediação histórica que propusemos, tem como característica a do aparecimento gradual de normas de proteção do trabalho, mas ainda dentro de um panorama estático, sem a conformação de um sistema normativo que assegurasse a universalidade dessa proteção. Também não se nota, ainda, uma influência substancial do movimento operário nessa construção, em razão da igualmente incipiente organização coletiva.[49] A despeito dos movimentos isolados antes revelados, não se tinha uma organização operária consistente e suficientemente articulada para concretizar os instrumentos de pressão típicos das relações de trabalho. As insurgências da classe operária eram resultado da iniciativa de grupos específicos de trabalhadores, sem postulados orgânicos que

47. Delgado, *Curso de Direito do Trabalho*, p. 94.

48. É oportuno mencionar que há autores que enxergam dispositivos anteriores a esse, como é o caso de Orlando Gomes e Elson Gottschalk (*Curso de Direito do Trabalho*, RJ: Forense, 1991, p. 4), citando os já mencionados Granizo e Rothvoss. Para esses autores, o diploma mais remoto teria sido um Decreto do Diretório da República Francesa, que regulamentou o trabalho nas tipografias, em 1796. No entanto, eles mesmos também consideram o *Peel's Act* o marco inicial dessa fase originária do Direito do Trabalho, também como já expusemos.

49. Vale lembrar que, nesse período, em diversos sistemas ainda prevalecia a proibição de associação de natureza profissional.

pudessem identificar um movimento mais consistente de regulação interventiva. Originavam-se, no mais das vezes, da explosão de movimentos sociais derivados da situação socioeconômica completamente desfavorável, com alguma influência ideológica oriunda dos ideólogos de traço coletivista, como os socialistas utópicos ou os anarquistas. Embora autores como *Saint-Simon*, *Fourier*, *Proudhon* e *Robert Owen* tenham sido relevantes para instigar as revoltas camponesas que antecederam as revoluções burguesas, pragmaticamente eles representavam apenas vertentes utópicas de uma sociedade igualitária, eminentemente reformista do capitalismo vigente.[50] Embora tenham obtido gradual penetração junto a importantes lideranças proletárias, suas doutrinas tinham pequeno grau de eficácia e, por conseguinte, reduzida capacidade de mobilização global. O que se nota, com maior intensidade nesse período, é a prevalência de um interesse institucional da própria burguesia em transformar o Estado em *órgão orientador da ação individual*, visando, sobretudo, a contenção de manifestações violentas de exploração da força de trabalho em função do novo paradigma político e econômico.

Por essa razão, não há um conjunto sistemático de normas nem tampouco se identifica a preocupação de abrangência temática que apontam para a natural diversidade que encontramos no século XX. Além das normas já citadas, a doutrina destaca a existência de outras manifestações normativas no mesmo sentido, como, p.ex., as leis inglesas de restabelecimento do direito de associação (1825), que havia sido proibido em 1799; a de estipulação da obrigatoriedade da inspeção em oficinas (1833); a de instituição das primeiras medidas de segurança no trabalho (1844); a da implantação da meia jornada de trabalho para crianças e a fixação de jornada máxima de 10 horas de trabalho (1847). Da mesma forma, vê-se na França a instituição de norma limitadora de trabalho de crianças (1841)

50. *Na realidade, essa concertação estava presente desde as primeiras manifestações coletivistas, como lembram, de forma crítica, Marx e Engels, quando tratam do que por eles era chamado "socialismo reacionário" (Manifesto do Partido Comunista.* 6ª. São Paulo: Global, 1986, *p. 42).*

e a implantação da jornada de 10 horas de trabalho em Paris e 11 no restante do país (1848), dentre outras.[51]

É por tais razões que o período indicado tem seus méritos como elemento demarcador do início regulatório das relações de trabalho, mas os avanços mais significativos na construção do Direito do Trabalho só seriam vistos nas décadas que se seguiram.

SISTEMATIZAÇÃO, CONSOLIDAÇÃO E INSTITUCIONALIZAÇÃO: RETRATOS DA CONSTRUÇÃO DE UM DIREITO

Como dissemos no capítulo anterior, a fase de efetiva construção do Direito do Trabalho é aquela situada entre a Revolução de 1848 na França e o ano de 1919, período que efetivamente delineia o intervencionismo que define o papel do Estado no início do Século XX.[52] Também foi em 1848 que *Karl Marx* e *Friedrich Engels* lançaram as bases principiológicas da revolução proletária, com a publicação do *Manifesto do Partido Comunista*.[53] O elemento fundamental desse trabalho intelectual, e que, por certo, foi determinante para torná-lo o referencial teórico central das revoluções que se seguiram, é o fato de que o *Manifesto* significou o rompimento com o utopismo defendido pelos coletivistas até aquele momento inaugurando-se a fase científica do socialismo.

51. Essas informações constam da maior parte dos manuais de Direito do Trabalho. Destacamos aqueles em que mais recorrentemente as colhemos: *Instituições de Direito do Trabalho,* de Arnaldo Sussekind *et alii* e *Curso de Direito do Trabalho,* de Orlando Gomes e Elson Gottschalk, citados na bibliografia.

52. A propósito, o ano de 1848 tem vários significados em matéria econômica, política, social e jurídica. Segundo Hobsbawm, esse ano inaugura a "Era do Capital" – sucedendo o período anterior, por ele nominado "Era das Revoluções" (1789-1848) – na qual o tema mais importante é o "*triunfo global do capitalismo*" (2007 p. 19). Segundo o historiador, o uso recorrente da expressão "capitalismo" somente passou a ocorrer na década de 1860 embora sua origem possa ser anterior; no entanto ele informa que, em uma pesquisa mais detalhada, observa-se que dificilmente ela foi usada amplamente antes daquela década.

53. Conforme explica Hobsbawm (*A Era do Capital...*, pp. 27-28), a publicação foi feita em 24/02/1848, de forma anônima e em alemão; no entanto, havia orientação para sua publicação em inglês, em francês, em italiano, em flamengo e em dinamarquês, o que foi concretizado em poucas semanas.

Por isso, dentre outros preceitos, apontou que o Socialismo não deveria ser mais considerado apenas um ideal, mas uma necessidade histórica, decorrente do inevitável declínio do modo de produção capitalista. Fomentaram, com isso, aquilo que Hobsbawm nominou de "*terceira e maior das ondas revolucionárias*", representada pela eclosão, de forma quase simultânea, de revoluções na França, na Itália, na Alemanha, na Suíça e em parte do império dos Habsburgo, constituindo a primeira revolução potencialmente global.[54]

Assim dito, vemos que esse momento histórico é pontuado por dois processos simultâneos e convergentes: de um lado, a evolução do modo de produção capitalista, com sua forma peculiar de apropriação do trabalho, e de outro, todo um substrato revolucionário que veio ao encontro do surgimento de uma classe operária considerada como força política autoconsciente e independente, sobretudo na Inglaterra e na França. Esse quadro deu ensejo às primeiras grandes ações coletivas dos segmentos dominados, substituindo as iniciativas individuais que até então predominavam, as quais passaram a ser sistemáticas e orgânicas.

Por outro lado, a derrota das revoluções de 1848 não refreou a intensificação das lutas operárias e populares. Pela primeira vez na história, o movimento operário se identificava como um ser coletivo, capaz de produzir fatos sociais e econômicos de abrangência muito mais ampla do que as violentas iniciativas originais. O vínculo que se estabelecia na classe operária vinha da sua condição social, do "*destino comum de viverem do salário*", em uma situação de esmagamento produzido pela amplificação geométrica da riqueza da burguesia, na inversa proporção de sua miserabilidade.[55] Esse momento histórico é fundamental para a construção

54. Segundo Hobsbawm, a intranquilidade também afetou a Espanha, a Dinamarca e a Romênia e, de forma esporádica, a Irlanda, a Grécia e a Grã-Bretanha (*A Era das Revoluções*, p. 130); ele, ainda, consigna que essa onda revolucionária influenciou diretamente a insurreição pernambucana no Brasil, em 1848, e também na remota (*sic*) Colômbia, alguns anos depois. (Hobsbawm, *A Era do Capital*, p. 28).

55. Paradoxalmente, a união operária foi produzida pela própria segregação social que se impôs a burguesia: "*os trabalhadores foram empurrados para uma consciência comum não apenas pela polarização social mas, nas cidades*

da *consciência de classe,* referida por Lukács[56], e as organizações operárias que se estruturaram a partir dessas circunstâncias foram determinantes para a edificação institucional de um mecanismo interventivo no mercado de trabalho, na busca e na estipulação de um novo papel para o Estado.

Dessa forma motivado, por fatores de pressão externos, inclusive pela interferência da Igreja Católica[57], o fim do século XIX conheceu a consagração da proteção aos ditos direitos daqueles que vendiam sua força de trabalho aos donos dos meios de produção. Paulatina, mas contundente, foi a evolução da normatização das relações sociais de trabalho, o que consolidava, assim, uma nova ideia de sociedade, marcada pela presença flagrante do Estado *intervencionista* naquela relação privada entre o trabalhador e o tomador de seus serviços. Dessa maneira, o reconhecimento institucional da necessidade de serem estabelecidas *garantias elementares* nas relações empregatícias se deu por meio da regulação estatal, mediante a implementação de leis reguladoras de diversos direitos dos trabalhadores, como, por exemplo, a estipulação de salário mínimo, de jornada máxima de trabalho e de mecanismos de proteção à saúde e à segurança.[58] Esse movimento pendular conseguiu "*ge-*

---

pelo menos, por um estilo comum de vida – no qual a taverna ("a igreja do trabalhador", como um burguês liberal chamou-a) tinha um papel central – e por um estilo comum de pensamento." Hobsbawm, *A Era do Capital,* p. 311.

56. *"Pois a consciência de classe é a reação racional adequada que deve, dessa maneira, ser adjudicada a uma determinada situação típica no processo de produção. Essa consciência não é nem a soma nem a média do que os indivíduos que formam a classe, tomados separadamente, pensam, sentem etc. Entretanto, a ação historicamente decisiva da classe como totalidade está determinada, em última instância, por essa consciência e não pelo pensamento etc., do indivíduo. E essa ação não pode ser conhecida a não ser a partir dessa consciência."* (Lukács, Georg. *História e Consciência de Classe.* São Paulo: Martins Fontes, 2001, p. 15).

57. A referência histórica mais relevante nesse sentido é a Encíclica *Rerum Novarum*, do Papa Leão XIII, de 1891.

58. Para Barros, "*a criação do Direito, inclusive do Direito do Trabalho, advém de dois pressupostos: o heterônomo e o autônomo que, por sinal, correspondem, respectivamente, a dois segmentos diversos, o chamado Direito Necessário, e o Direito voluntário. Aquele estabelece um conjunto de preceitos obrigatórios, impostos pela vontade do Estado, independentemente de qualquer emissão*

neralizar para o mundo do Direito uma série de reivindicações que lhe são próprias, transformando-as em preceitos da ordem jurídica ou instrumentos da sociedade política institucionalizada".[59]

Como registra Segadas Vianna, surgiam, em diversos países, as primeiras leis de um direito em formação, que iria avassalar todos os demais, derrogando princípios que pareciam estruturados na própria história da humanidade. Consagra-se, portanto, até os primeiros anos do Século XX, o período de Sistematização e de Consolidação do Direito do Trabalho, em que foram firmadas as bases de construção e de universalização de um Direito do Trabalho, definitivamente impulsionada pela criação da Organização Internacional do Trabalho, em 1919, na esteira do Tratado de Versalhes.[60]

O século XX trouxe as primeiras manifestações orgânicas pela universalização da proteção dos direitos elementares dos trabalhadores. Notadamente influenciados pelos ideais anarquistas e socialistas – que viam concretizar um Estado organizado pelos e para os trabalhadores, com a Revolução Russa de 1917 – milhões de operários foram para as trincheiras ao lado de soldados vindos de outras camadas sociais, fazendo-os compreender que, sendo iguais para lutar e para morrer, também deveriam ser iguais para o direito de viver.[61] Isso levou os governos liberais a reconhecer a relevância da força dos trabalhadores para o êxito da defesa da riqueza e do capital, minimizando as resistências tradicionais impostas até então pela estrutura política hegemônica. A própria criação da Organização Internacional do Trabalho, logo após o encerramento daquele conflito, só foi possível graças à intensificação da ação sindical no período da Guerra e à realização de congressos internacionais de trabalhadores, que propugnavam

---

volitiva dos contratantes, e se aplica indistintamente a todos os que encontrarem no suposto de fato previsto pela lei. Já as normas que pertencem ao Direito voluntário se situam numa esfera de liberdade na qual os que querem obrigar-se com reciprocidade podem fazê-lo livremente." (*op. cit.*, p. 62).

59. Delgado, *Curso*, p. 95.
60. Sussekind, *et alli.*, p. 41.
61. Sussekind, *et al.*, *op. cit*, p. 42.

pela adoção incondicional e universal de preceitos protetivos de direitos substanciais da classe operária.[62]

Assim, a par da tragédia que aquele conflito global representou para a humanidade, os fatos que o cercaram foram fundamentais para a estruturação de uma base internacional de proteção dos direitos trabalhistas, nascida já a partir do seu fim: de forma quase simultânea à Conferência Sindical de Berna ocorria a Conferência de Paz de Paris, que tinha, em sua pauta de discussões, um ponto justamente tratando da Legislação Internacional do Trabalho. Ao cabo desse processo de retomada da paz mundial, foi firmado o Tratado de Versalhes (1919), instrumento fundamental para a universalização das normas de proteção ao trabalho humano já que sua Parte XIII resultou da conversão da Constituição da OIT, que havia sido elaborada por uma comissão nomeada justamente na Conferência de Paris. Com isso, a OIT foi criada como organização conexa à Liga das Nações, cuja Conferência inicial ocorreu em 29/10/1919, em Washington, ocasião em que aprovou suas primeiras Convenções. A Liga não sobreviveu muito tempo, assolada que foi por um novo conflito, mas a OIT permaneceu como um dos organismos mais atuantes da Organização das Nações Unidas, que viria a ser instituída em 1945 e à qual ela foi incorporada.

Por essas razões é que a criação da OIT deve ser tida como um importante marco da institucionalização do Direito do Trabalho: tomando como princípios aqueles inscritos no Pacto da Sociedade das Nações, ela passou a incorporar a visão protetiva dos trabalhadores no âmbito internacional, sobretudo determinando que os seus membros se esforçariam para assegurar condições de trabalho equitativas e humanitárias para os operários, evidenciando uma forte preocupação institucional no estabelecimento de diretrizes normativas fundamentais, a serem seguidas pelos países-membros. Esse processo de internacionalização, que já fora reivindicado em

62. Segadas Vianna e Sussekind registram a ocorrência de diversos congressos e conferências internacionais de trabalhadores, antes e durante a I Guerra, com destaque para as reuniões de Leeds (Inglaterra, 1916), Estocolmo (Suécia, 1917), Búfalo (EUA, 1917), Havre (França, 1918) e Berna (Suíça, 1919). Sussekind ainda aponta que esses eventos pugnavam para que um futuro Tratado de Paz contivesse um capítulo com normas de proteção ao trabalhador.

outros momentos históricos[63], assumiu uma dimensão crucial, marcando uma "*fase de acomodação*", que sucedeu à estruturação e à sistematização das regras trabalhistas anteriormente vistas. Foi nesse instante histórico que o Direito do Trabalho ganhou *status* de elemento de cidadania nos países de economia central, passando a ser, como lembra Delgado, "*um ramo jurídico absolutamente assimilado à estrutura e dinâmica institucionalizadas da sociedade civil e do Estado*".[64]

A fase vivida no início do Século XX, além de trazer consigo a internacionalização dos direitos trabalhistas, também se caracteriza pelo incremento do constitucionalismo social, evidenciado pela elevação dos direitos sociais ao plano das Constituições democráticas, com destaque particular para os direitos dos trabalhadores. O Estado Liberal perde sua hegemonia em favor do Estado do Bem-Estar Social,[65] e as reivindicações trabalhistas começam a romper as resistências, alcançando disposições reguladoras em diversos países de economia industrializada.[66] Como natural decorrência,

---

63. Em 1864, na Primeira Internacional Socialista, Marx e Engels já haviam sustentado a necessidade de serem adotadas medidas internacionais de proteção ao trabalho humano; em 1890, o Congresso de Berlim, que contou com a participação de Alemanha, Bélgica, Espanha, França, Hungria, Inglaterra, Itália, Dinamarca, Holanda, Noruega, Portugal, Suécia e Suíça, resultou na assinatura de um protocolo estabelecendo idade mínima para trabalho de menores e assinalou diversas recomendações a respeito do trabalho destes e de mulheres. Outrossim, a Encíclica *Rerum Novarum* também fazia uma conclamação a todos os povos no sentido da adoção de princípios da Justiça Social.

64. Delgado, *Curso de Dreito do Trabalho*, p. 96.

65. Como lembra Bonavides, *"ao arrebatar o sufrágio universal, o quarto estado ingressava de fato na democracia política e o liberalismo, por sua vez, dava mais um passo para o desaparecimento, numa decadência, que deixou de ser apenas doutrinária, para se converter então em decadência efetiva, com a plena ingerência do Estado na ordem econômica"* (Bonavides, Paulo. *Do Estado liberal ao Estado social*. 4ª. Rio de Janeiro: Forense, 1980, p. 212).

66. Ainda Bonavides: *"Naturalmente, não se contentou a massa proletária apenas com o direito formal de voto, senão que fez dele o uso que seria lícito esperar e que mais lhe convinha: empregou-o, sem hesitação, em benefício dela mesma, ou seja, dos trabalhadores, mediante legislação de compromisso que veio amortecer o ímpeto da questão social"* (*Op. cit.*, 213). Apesar de se tratar de uma referência histórico-social importante, o autor parte de um pressuposto que não nos parece exatamente ter sido a regra na ocasião. Com efeito, a forma como ele

a própria conformação do Direito Constitucional, no mundo ocidental, emerge com uma feição axiológica, que se distancia gradualmente do *dogmatismo formal* que marcou o constitucionalismo originário. As lutas sociais que se seguiram resultaram no aparecimento de diretrizes de positivação em importantes diplomas constitucionais, como foi o caso da Constituição Mexicana, de 5 de fevereiro de 1917, de clara inspiração anarcossindicalista, que constituiu o documento jurídico mais avançado socialmente até então, reconhecendo vários direitos, dentre eles, a reforma agrária, os direitos sociais e a função social da propriedade.[67]

Essa Carta Política foi a primeira a atribuir aos direitos trabalhistas a qualidade de direitos fundamentais, ao lado das liberdades individuais e dos direitos políticos, em seus arts. 5º e 123. Ali se inscreveram garantias elementares como a limitação da jornada de trabalho, a proteção à maternidade, a idade mínima de admissão nos trabalhos da indústria e o trabalho noturno dos menores, temas que posteriormente foram adotados também pela OIT. Mesmo sem se curvar ao paradigma marxista, de considerar como *povo* apenas a classe trabalhadora, é certo que foi a Constituição mexicana quem estabeleceu o princípio da igualdade substancial nas relações de trabalho, lançando as bases para a construção do moderno Estado do Bem-Estar Social, a partir de uma lógica de desmercantilização do trabalho, revertendo o processo desencadeado com a gênese do capitalismo e evidenciado pelo próprio Marx. O período é

trata a questão induz à ideia de que a admissão do sufrágio universal teria acarretado a modificação no perfil dos representantes eleitos pelo povo, que passaram a legislar de acordo com os interesses dos representados, o que não é necessariamente verdadeiro, mesmo se considerarmos os países democráticos e de economia central. A regulação do mercado de trabalho foi muito mais um processo histórico de conquistas por causa da mobilização social do que propriamente pela mudança do perfil dos legisladores, sendo certo que, em determinadas sociedades, até os dias de hoje, a participação das classes menos favorecidas nas esferas de poder é limitada.

67. As bases da Constituição de 1917 foram traçadas a partir de um manifesto de 1906 de um grupo político, cujas linhas estruturais eram a proibição da reeleição do Presidente da República; garantias para as liberdades individuais e políticas; mitigação do poder da Igreja; expansão do sistema de educação pública; reforma agrária e proteção do trabalho assalariado.

pontuado pela consolidação do valor da *liberdade*, mas associado a um postulado de *igualdade material ou substantiva* do cidadão em face do Estado, a quem se tributa o dever de provê-lo com prestações de justiça social. Logo depois dela, a *República de Weimar*, que buscava reconstruir a Alemanha destruída e humilhada pela Guerra, em 1919, também investiu no constitucionalismo social com uma constituição democrática que incorporou ideais muito similares aos dos mexicanos.[68]

Nesse momento, também eclodiu a já citada Revolução Russa, um dos acontecimentos mais marcantes do início do século XX, que adotou, em de janeiro de 1918, a Declaração dos Direitos do Povo Trabalhador e Explorado.[69] Novamente, alguns postulados da Constituição Mexicana são utilizados nessa declaração, mas contando com o substrato intelectual do marxismo, inclusive no que diz respeito à socialização da propriedade privada, inclusive com "*transferência completa das fábricas, das usinas, das minas, das ferrovias e de outros meios de produção e de transporte para a propriedade da República operária e camponesa dos Sovietes*". Com isso, foi ratificada "*a lei soviética sobre a administração operária e sobre o Conselho Superior da Economia Nacional, com o objetivo de assegurar o poder dos trabalhadores sobre os exploradores*".[70]

Esse processo foi interditado pela ascensão de movimentos totalitários de matriz ideológica similar que, após a 1ª. Guerra, varreram a Europa a partir da Itália e se disseminaram rapidamente pelo centro e pelo leste do continente.[71] Esses movimentos tinham

---

68. Segundo Vital Moreira, o constitucional liberal era essencialmente "*organizatório e procedimental*" e, somente com a Constituição de Weimer e a mexicana, é que viemos a ter "*normas e princípios orientadores da acção estadual, de programas de acção e políticas públicas*". Com isso, "*o Estado deixa de ser o único elemento referencial da Constituição, que incorpora agora também a economia e a sociedade.*" (*Op. cit.*, p. 316).
69. Essa declaração foi resultante do III Congresso Pan-Russo dos Sovietes, de Deputados Operários, Soldados e Camponeses, reunido em Moscou, em janeiro de 1918.
70. Capítulo II, art. 2º., da Declaração, que também previa a mesma providência para as instituições bancárias.
71. Hannah Arendt, *O sistema totalitário*. Lisboa: Publicações Dom Quixote, 1978, p. 395).

como objetivo transformar as classes sociais nos Estados nacionais em *massas organizadas* e promover a substituição do sistema político de partidos por um *movimento de massas*. A formação dessas massas era favorecida pelo fato de que seus integrantes não se uniam pela consciência de um interesse comum ou em torno de objetivos determinados, mas justamente compunham um universo de pessoas que eram aparentemente indiferentes e apáticas e que, por isso, foram desconsideradas pelos demais partidos políticos. Esse fato, aliado à circunstância de que a maioria dessas pessoas jamais participara de qualquer atividade política, dispensava os líderes desses movimentos de terem de usar os tradicionais métodos políticos de argumentação e de convencimento, usando, em vez da persuasão, a violência como forma de cooptação e constrangimento.[72]

O sucesso desses movimentos instaurou uma crise no modelo político dos países democráticos, pois demonstraram, fundamentalmente, que as massas – que constituíam a maioria de sua população, mas que sempre se submetiam às normas estabelecidas por uma minoria – não eram politicamente neutras e indiferentes, como se pressupunha, pelo seu tradicional silêncio e tolerância. A sua organização em torno dos ideários totalitários mostrou, do contrário, que essas massas existem, potencialmente, em qualquer sociedade, especialmente nas mais populosas e com matizes ideológicos indefinidos, bastando que se tenham pessoas com certo gosto pela organização política.[73] Foi isso que levou à instauração de regimes totalitários com ampla base de sustentação popular, que foram sendo disseminados pela Europa.[74]

---

72. *Idem*, p. 396.

73. *Idem*, pp. 396-397.

74. Como explica Trindade: *"Muitas variantes de movimentos fascistas, que já vinham tomando fôlego desde meados da década de vinte (na Itália, Portugal, Japão etc.), disseminaram-se então pela Europa: a "Guarda de Ferro" romena, a "Cruz em Seta" húngara, a "Falange" espanhola, a Croix de Feu francesa, a "União de Fascistas" britânica etc., para não falar de congêneres menos respeitáveis da América Latina"*. (Trindade, José Damião de Lima. *Anotações sobre a história social dos direitos humanos*. Procuradoria Geral do Estado de São Paulo. Grupo de Trabalho de Direitos Humanos. *Direitos humanos: Construção da Liberdade e da Igualdade*. São Paulo: Centro de Estudos da Procuradoria Geral do Estado, 2000, 155).

Além disso, foi nesse mesmo período que o capitalismo conheceu aquela que seria, até então, a sua pior crise: a quebra da Bolsa de Nova Iorque, em 1929, iniciando a chamada Grande Depressão, cujo resultado abalou a economia capitalista em todo o mundo, a ponto de o comércio internacional ter sido reduzido a apenas um terço do que era antes de 1929. Com isso, a propalada "mão invisível do mercado" teve sua autoridade contestada, pela primeira vez, pelos próprios arautos do liberalismo: a economia capitalista teve de se render à economia social, caracterizada pela intervenção do Estado para regular os mecanismos de produção e de distribuição. Só que isso se desenvolveu de modo distinto nas diversas nações: enquanto nos Estados Unidos foi implementado o *New Deal*, que procurava preservar os valores democráticos, nos países da Europa já se instalavam os regimes totalitários, e o papel centralizador e autoritário do Estado encontrava seu fundamento econômico.

Essa fragmentação política e econômica permitiu a eclosão da Segunda Guerra, derivada da política expansionista do Terceiro Reich, que trouxe, ao cabo disso, uma das maiores tragédias da Humanidade, fundamentada em preceitos supostamente científicos de superioridade e fomentadoras do preconceito. Paradoxalmente, portanto, a experiência mundial durante essa Guerra foi um marco fundamental para o processo de reconstrução dos direitos humanos. Afinal, as práticas condutoras do Estado nazista definiram uma concreta ruptura com os paradigmas de proteção a esses direitos, rechaçando o *valor da pessoa humana* como substrato essencial do Direito. Da tragédia, extraímos o marco histórico no sentido da internacionalização dos direitos humanos, com a Declaração Universal de 1948, que representou a positivação de atributos fundamentais fundada em fatores axiológicos e éticos, em nítida contraposição à estrutura normativa dos Estados totalitários que, amparados pela lei e em seu nome, transformaram as atrocidades em política pública de afirmação da superioridade de algumas pessoas sobre outras, a partir de "critérios" fundados no preconceito.

A internacionalização dos direitos humanos atingiu, de forma intensa, os referenciais evolutivos do constitucionalismo no ocidente. Todo o contexto constitucional mais recente, estabelecido no Pós-Guerra, sofreu impacto direto desses instrumentos internacionais de proteção dos Direitos Humanos, e nem poderia deixar de ser de outra forma. Afinal, não se concebe, a partir da ruptura e da reconstrução que narramos, que se compreenda um constitucionalismo contemporâneo que não leve em conta essas diretrizes que alcançamos a um elevadíssimo custo humanitário, pois "*já não mais se justifica que o direito internacional e o direito constitucional continuem sendo abordados de forma estanque ou compartimentalizada, como o foram no passado.*[75]

Assim, muito antes de se compreender a globalização como fenômeno econômico perverso, vimos a sua lógica sendo utilizada na universalização de preceitos de sustentação de Direitos Humanos. Desde sua consagração com a Declaração de 1948, e passando pela estipulação dos Pactos Internacionais Direitos Civis e Políticos e de Direitos Econômicos, Sociais e Culturais, de 1966, vimos ser estruturado um globalismo constitucional que, incorporando princípios como o da dignidade e justiça social, representa a germinação da concepção contemporânea dos direitos humanos, como fonte universal da ordem normativa interna. Tem-se, com isso, compreendido "*não apenas o clássico paradigma das relações horizontais entre Estados, mas o novo paradigma centrado nas relações Estado/povo, na emergência de um Direito Internacional dos Direitos Humanos e na tendencial elevação da dignidade humana a pressuposto ineliminável de todos os constitucionalismos*".[76]

---

75. Trindade, *op. cit.*, pp. 17-18. O autor prossegue: "*Já não pode haver dúvida de que as grandes transformações internas dos Estados repercutem no plano internacional, e a nova realidade neste assim formada provoca mudanças na evolução interna e no ordenamento constitucional dos Estados afetados. (...) Essas transformações recentes têm, a um tempo, gerado um novo constitucionalismo, assim como uma abertura à internacionalização da proteção dos direitos humanos.*" Com isso, também narra como esse fenômeno influenciou a conformação constitucional dos países do Leste Europeu, a partir de seu rompimento institucional com a ex-URSS, e também aponta outras ordens constitucionais mais recentes que sofreram a mesma influência, inclusive dos Pactos de Direitos Humanos das Nações Unidas.

76. Canotilho, José Joaquim Gomes. *Direito Constitucional e Teoria da Constituição.* 7ª. Lisboa: Almedina, 2003, p. 1217). Prossegue o autor: "*Por isso, o Poder Constituinte dos Estados e, consequentemente, das respectivas Constituições nacionais, está hoje cada vez mais vinculado a princípios e regras de direito internacional.*

Esse processo de internacionalização dos direitos humanos é indissociável do que ocorreu com os direitos trabalhistas desde o fim do século XIX até o início do século XX. Além de se notar clara influência trabalhista nos preceitos vindicadores de justiça social, as diversas constituições contemporâneas passaram a estabelecer diretrizes de valorização e de proteção do trabalho. Em 1944, a OIT adotou a Declaração da Filadélfia como anexo da sua Constituição, fixando princípios fundamentais sobre os quais a própria instituição repousa, dentre os quais merece destaque o constante na letra "a", do item I que diz que "*o trabalho não é uma mercadoria*". Em 1966, o Pacto Internacional de Direitos Econômicos, Sociais e Culturais da ONU definiu como Direitos Econômicos *os relacionados à organização da vida econômica de um Estado, como o direito de associação sindical, com objetivo de promoção dos interesses econômicos dos trabalhadores e o direito de greve, além de estipular condições justas e favoráveis de trabalho que assegurem uma existência digna para o trabalhador e para sua família*. Finalmente, em junho de 1998, na Conferência realizada em Genebra, foram estabelecidos os princípios e os direitos fundamentais do trabalho, em declaração cujo principal efeito foi o de estabelecer que "*todos os Membros, ainda que não tenham ratificado as Convenções, têm um compromisso derivado do simples fato de pertencer à Organização de respeitar, promover e tornar realidade, de boa-fé e de conformidade com a Constituição, os princípios relativos aos direitos fundamentais que são objeto dessas Convenções*".[77]

Assim é que, superadas as resistências originais do capitalismo, e com uma nova ordem mundial em vigor, o Direito do Trabalho conheceu um rico desenvolvimento e quase ininterrupto

---

É como e o Direito Internacional fosse transformado em parâmetro de validade das próprias Constituições nacionais (cujas normas passam a ser consideradas nulas se violadoras das normas do jus cogens internacional). (...) A abertura ao Direito Internacional exige a observância de princípios materiais de política e de direito internacional tendencialmente informador do Direito interno."

77. Item 2 da Declaração, que especifica, como direitos fundamentais do trabalho, *a liberdade sindical e o reconhecimento efetivo do direito de negociação coletiva; a eliminação de todas as formas de trabalho forçado ou obrigatório; a efetiva abolição do trabalho infantil e a eliminação da discriminação em matéria de emprego e de ocupação.*

desde os anos 20 do século passado, que se acelerou após a 2ª. Guerra Mundial, inserindo-se em conceitos universais de direitos fundamentais. Nesse passo, é incontestável que o Direito do Trabalho assumiu, no decorrer do século XX, uma inafastável condição de instrumento civilizatório, firmando-se como "*o mais clássico e abrangente instrumento de políticas sociais surgido no capitalismo, produzindo inquestionável intervenção normativa na economia, em favor, regra geral, de importante distribuição social dos ganhos do sistema econômico.*"[78]

OS PARADIGMAS DE PRODUÇÃO CAPITALISTA DO SÉCULO XX E A "CRISE" DO DIREITO DO TRABALHO

Um amplo processo de reestruturação dos paradigmas de produção existentes no início da industrialização nos países das primeiras fases do capitalismo ocorreu no quarto final do Século XX. Até então, as linhas de produção eram marcadas por um método que se caracterizava pela "*radical separação entre concepção e execução, baseando-se esta no trabalho fragmentado e simplificado, com ciclos operatórios muito curtos, requerendo pouco tempo para formação e treinamento dos trabalhadores.*"[79] Essa referência ainda hoje é utilizada para tratarmos de um padrão baseado em inovações técnicas e organizacionais que se articulam tendo em vista a produção e o consumo em massa. Foi o sistema estruturado por Henry Ford em sua fábrica de veículos automotores e que se disseminou por todo o mundo, especialmente pelo grau de produtividade que permitia. Bem por isso, foi disseminado com a denominação genérica de *fordismo.*[80]

78. Delgado, *Curso de Direito do Trabalho*, p. 98.

79. Laranjeira, Sonia M. G. *Fordismo e Pós-fordismo.* Antonio David Cattani. *Trabalho e Tecnologia - Dicionário Crítico.* 2ª. Edição. Rio de Janeiro; Porto Alegre: Vozes: Editora da UFRGS, 1999, pp. 89-93, p. 89.

80. *"O processo de produção fordista fundamenta-se na linha de montagem acoplada à esteira rolante, que evita o deslocamento dos trabalhadores e mantém o fluxo contínuo e progressivo das peças e partes, permitindo a redução dos tempos mortos, e, portanto, da porosidade. O trabalho, nessas condições, torna-se repetitivo, parcelado e monótono, sendo sua velocidade e ritmo estabelecidos independentemente do trabalhador, que o executa através de uma rígida*

Esse modelo teve incontestável predomínio até o fim dos anos 1960, quando se tornaram mais evidentes os limites sociais e técnicos do regime. Com a intensificação das lutas de classes e das reivindicações operárias que marcaram os anos que se seguiram, denotaram-se limites mais estreitos para aquilo que os economistas marxistas denominam de *"elevação da taxa de mais-valia específica das relações de produção organizadas nesse tipo de processo do trabalho"*.[81] A teoria marxista aponta que a *mais-valia* corresponde ao valor do trabalho que excede o chamado *trabalho necessário*, o qual seria realizado para cobrir os custos de produção. Dessa mais-valia resultam os lucros, juros, rendas, impostos e gastos comerciais. Segundo Marx, o desenvolvimento do capitalismo resulta na busca do capital pela apropriação de maior mais-valia, o que se faz de duas formas: a extensão da jornada de trabalho e a intensificação do trabalho, que configuram a *mais-valia absoluta* e a intensificação da produção por meio do desenvolvimento tecnológico, que representa a *mais-valia relativa.*[82]

Com a radicalização das reivindicações sindicais pela aquisição de melhores condições de trabalho e pela manutenção de conquistas históricas da classe operária, o modelo de produção fordista viu-se limitado nesse processo de alargamento da mais--valia e, a partir daí, foi marcado por progressivo declínio. Mas isso foi apenas a raiz do problema: colaboraram para essa mudança de concepção outros fatores conjunturais e estruturais. Em primeiro lugar, a economia mundial não havia se refeito da Grande Depressão dos anos 20/30 quando foi atingida pela 2ª. Guerra, episódio que causou grande retração nos países europeus, mas alavancou o desenvolvimento dos Estados Unidos como potência política e econômica. Nos anos 1970 ocorre o chamado "choque do petróleo" em plena expansão dos mercados, inclusive automobilístico, gerando

disciplina. O trabalhador perde suas qualificações, as quais são incorporadas à máquina." (*Idem*).

81. Corrêa, Maíra Baumgarten. Reestruturação produtiva e industrial. [A. do livro] Antonio David (org.) Cattani. *Trabalho e Tecnologia. Dicionário Critico.* 2ª. Petrópolis; Porto Alegre: Vozes; UFRGS, 1999, p. 202).

82. Figueiredo, José Ricardo. *Modos de ver a produção do Brasil.* São Paulo: Autores associados; Educ; Fapesp, 2004, p. 287.

outra profunda crise econômica nos países de capitalismo central, resultando na elevação acentuada das taxas de juros. O resultado imediato foi a queda vertiginosa na lucratividade das empresas, o que motivou a busca por novos modelos de produção, sobretudo para redução dos seus custos.

Ao lado disso, os fatores estruturais, como os limites técnicos da organização científica fordista, que não acompanharam a evolução tecnológica, passaram a exigir a gestação de novas formas de desenvolvimento do trabalho.[83] Paralelamente às exigências econômicas, o desenvolvimento tecnológico obtido no século XX estabeleceu novas formas de automação, gerando a redução da necessidade de mão-de-obra e do trabalho artesanal ainda presentes na fase inicial do capitalismo. O mundo viu surgir uma multiplicidade de fenômenos que redefiniram as relações internacionais em diferentes áreas da vida social, como a economia, a tecnologia, as finanças, a cultura, a religião, a que se nominou genericamente de *globalização*, fator a partir do qual passam a ser definidas as bases para a existência e o *aprofundamento de uma cultura global.*

Sob o ponto de vista econômico, a globalização pode ser entendida como "*o movimento acelerado de bens econômicos através das barreiras nacionais e regionais*", ou, ainda "*a reorganização das estruturas produtivas e ao aumento dos fluxos comerciais e crescente mundial, no presente contexto de aceleração do desenvolvimento tecnológico*".[84] De resto, é caracterizada pela liberdade do mercado e pelo estabelecimento de mecanismos de concorrência que não se restringem às fronteiras nacionais, dada a intensificação do comércio entre as nações, pois uma das marcas desse fenômeno é exatamente a redução dos obstáculos econômicos e políticos para a movimentação de bens e de serviços entre as fronteiras. É a fase do sistema capitalista que se caracteriza "*por uma vinculação espe-*

---

83. Corrêa, Maíra Baumgarten. *Reestruturação produtiva e industrial.* [A. do livro] Antonio David (org.) Cattani. *Trabalho e Tecnologia. Dicionário Critico.* 2ª. Petrópolis; Porto Alegre: Vozes; UFRGS, 1999, p. 203.

84. Scherer, André Luís Forti. Globalização. [A. do livro] Antonio David Cattani. *Trabalho e Tecnologia. Dicionário Crítico.* 2ª. Edição. Petrópolis; Porto Alegre: Vozes; UFRGS, 1999, pp. 114-115.

cialmente estreita entre os diversos subsistemas nacionais, regionais ou comunitários, de modo a criar como parâmetro relevante para o mercado a noção de globo terrestre e não mais, exclusivamente, nação ou região."[85]

Desse contexto é que surge novo modelo de organização do trabalho, na fábrica de automóveis da Toyota, no Japão, conduzido por um de seus vice-presidentes, Taichii Ohno. O processo ali realizado foi chamado de *just-in-time*, que é uma forma de administração da produção industrial e seus materiais, em que a matéria-prima e os estoques intermediários necessários ao processo produtivo são supridos no tempo certo e na qualidade exata, conforme a demanda. Esse novo modelo ganhou grande destaque na década de 80, chegando a ser considerado uma verdadeira *filosofia gerencial* por parte da doutrina econômica, que tradicionalmente passou a chamá-lo de *toyotismo*. Sua implantação excedeu os limites territoriais japoneses e atingiu inúmeras empresas em solo estrangeiro a despeito das dificuldades naturais decorrentes da necessária adaptação à realidade econômica local.

No plano político-ideológico, o fim do século XX trouxe o recrudescimento dos ideais liberais, sob uma pretensa nova roupagem, o que lhe conferiu o eufemístico epíteto de *neoliberalismo*. Esse pensamento liberal revisitado é um conjunto orgânico de ideias que se fortaleceu a partir dos anos 1970 nos países capitalistas desenvolvidos, dirigido à estruturação do Estado e da sociedade no sistema capitalista, em contraposição ao Estado do Bem-Estar Social, que estava presente na maioria dos países desenvolvidos, e que fora organizado partir de uma lógica de socialdemocracia, pragmaticamente adotada ao término da 2ª. Guerra.[86] Nessa li-

---

85. Delgado, *Capitalismo, trabalho e emprego...*, p. 12.

86. *Idem*, p. 21. O autor explica que esse "novo" liberalismo (ou liberalismo readequado) decorreu do veio teórico emprestado pelo austríaco Friedrich Hayek e pelo estadunidense Milton Friedman e que se tornou o pensamento hegemônico nos países capitalistas centrais, sobretudo após terem assumido os governos de seus países os dirigentes Ronald Reagan, Helmut Kohl e Margareth Tatcher, que implementaram essa diretriz ideológica em seus planos políticos, o que se tornou marca característica de três dos grandes centros capitalistas do mundo moderno.

nha, o liberalismo revisitado se sustenta no primado do mercado econômico privado na estruturação e no funcionamento da economia e da sociedade, de modo a subordinar o próprio Estado e as políticas públicas. Desde então, prevalece a lógica da gestão monetária da economia, retomando-se o conceito oitocentista de Estado mínimo: suas atividades econômicas são reduzidas, mediante processos lineares de privatização e de desregulação de atividades econômicas. A função essencial do ente estatal é conferir respaldo à nova hegemonia do segmento financeiro-especulativo e criar condições favoráveis aos investimentos privados; destaca-se, com isso, uma nova tendência de desregulamentação normativa de temas historicamente disciplinados por normas estatais.

A prevalência do pensamento liberal, desta feita, não ficou adstrita aos países de capitalismo central. Estimulados pelas necessidades derivadas da globalização – mormente a redução dos obstáculos para a produção global e pela transição de bens e serviços –, os países desenvolvidos aproveitaram-se do fato de que várias nações economicamente dependentes estavam em processo de retomada de sua organização democrática[87] e estabeleceram um verdadeiro receituário liberal a ser por eles seguido. Assim, essas diretrizes neoliberais também foram usadas como fundamento das relações do Estado com a sociedade em países em via de desenvolvimento.[88]

87. Após o rompimento com as estruturas e com os regimes autoritários que prevaleceram na segunda metade do século XX, como, por exemplo, na maioria dos países da América Latina, dentre eles o Brasil. Além disso, essa mesma lógica foi utilizada a partir da derruição do "socialismo real" do Leste Europeu, que rompeu os regimes totalitários comunistas nos países sob a influência da União Soviética, que também foi extinta. Politica e economicamente enfraquecidos, e sem o suporte de uma grande nação, esses países foram rapidamente assimilados pela cultura neoliberal.

88. Um dos instrumentos usados para isso foi o chamado Consenso de Washington, que se utilizou do fato de que esses países possuíam grandes dívidas externas e que precisavam renegociá-las para impor a "cartilha neoliberal". Segundo Fiori, essa foi uma expressão cunhada pelo economista John Williamson, *"para dar conta do conjunto de políticas e reformas propostas pelos organismos multilaterais na renegociação das dívidas externas dos países em desenvolvimento e que passam a ser chamados a partir dos anos 90 – dentro do espírito do novo consenso – de mercados emergentes"*. (Fiori, José Luiz. *Estados e moedas no desenvolvimento das nações.* 2ª. Petrópolis: Vozes, 1999, p. 36).

O impacto causado nos meios produtivos resultou inevitável repercussão no mundo do trabalho, visto que a reestruturação do processo de trabalho nas indústrias foi marcada pela descentralização e pela especialização das atividades, com organização horizontal das estruturas empresariais. A própria mudança na dinâmica do capitalismo, de feições especulativo-financeiras e de abrangência global, mudou também o perfil das atividades econômicas, e alguns setores que antes tinham menor repercussão na economia passaram a ter papel central no seu desenvolvimento, como é o caso do comércio interno e da prestação de serviços.[89] Com isso, a dinâmica das relações de trabalho estatuída com fundamento na Revolução Industrial e na gênese do capitalismo também restou profundamente alterada: a perspectiva fordista de produção pressupunha a plena integração do trabalhador na empresa e sua *permanência* na atividade era um pressuposto da qualificação do trabalho. A nova vertente produtiva eliminou essa necessidade, tornando o mercado de trabalho algo naturalmente volúvel e flexível, o que resultou na incongruência de certos preceitos estruturais das relações de trabalho, como a continuidade da relação de emprego e a estabilidade por tempo de serviço.

Um fator ideológico importante nesse processo foi a mitigação da centralidade do trabalho por parte dos ideólogos do liberalismo revisitado. Nesse foco, o trabalho perde a sua condição de elemento central na economia e sua força como categoria analítica do mundo social, permitindo a configuração de uma *sociedade pós-trabalho*. Isso é representado pelo fato de que, na busca da maior produtividade e do aumento da lucratividade e da competitividade das empresas, houve maior intensificação na *informalização do trabalho* e no uso de *formas alternativas de contratação*, normalmente como formas ilícitas de apropriação de trabalho. Essa mudança possibilitou a redução dos empregos estáveis, regulados

89. Antunes, em clássico trabalho, apresenta uma pesquisa de dados que demonstram a transferência do trabalhador do setor primário para o setor terciário nos países de capitalismo avançado, o que o levou à conclusão de que ocorreu uma heterogeneização, uma complexização e uma fragmentação do que ele chama de "classe-que-vive-do-trabalho". (Antunes, Ricardo, *op. cit.*, pp. 49-51).

e assalariados, com uma ampliação, proporcionalmente inversa, de trabalhadores precários, sob a alcunha de "*informais*", "*por conta própria*", "*cooperados*", "*autônomos-dependentes*", ou ainda contratados mediante o uso de institutos mitigadores de direitos trabalhistas, como interposição de mão-de-obra.[90]

Por fim, a modificação dos processos de trabalho fez com que a produção se tornasse cada vez mais horizontalizada, pois a produção sob demanda exige estoque mínimo e transfere parte da produção para outras empresas. Com isso, e por contar com trabalhadores necessariamente multifuncionais e com desenvolvimento tecnológico capaz de suprimir considerável força de trabalho humano, esse formato acarreta um crescente desemprego estrutural já que as demandas não são suportadas pelas menores ofertas de trabalho cada vez menores, resultando, com isso, em um vasto "*exército industrial de reserva.*"[91] O novo padrão de competitividade global trouxe aos meios produtivos uma preocupação adicional – a diversidade dos custos de produção nas diferentes

---

90. Além disso, o incremento tecnológico estabeleceu novas formas de realização do trabalho a ponto de permitir formas atípicas de prestação de serviços. Exemplo peculiar desse quadro é o nominado *teletrabalho* ou *trabalho a distância* que, conquanto legitimado pelas estruturas de regulação, também pode servir de mecanismo de dissimulação de relações autênticas de emprego, justamente pela falta de subordinação direta dentro do tradicional conceito de subordinação objetiva, em razão das suas características de conformação. Nesse mesmo contexto, desenvolveu-se o conceito de *parassubordinação,* que designaria figuras que trazem outras espécies de relação subordinativa e que poderiam escapar do alcance clássico da relação empregatícia, quando vistas somente com os olhos de sua formatação original, fundada no paradigma originário do capitalismo. Caso mais recente é o dos trabalhadores cuja atividade é intermediada pelos aplicativos digitais, e cuja situação não é definida na legislação da maioria dos países, sendo igualmente incerta a situação conferida pela jurisprudência.

91. Um caso típico de desestruturação do mercado de trabalho em razão do incremento tecnológico é obtido quando se analisa a atividade bancária desde o fim do século XX para os dias de hoje. O aumento dos serviços feitos pelos próprios usuários, inicialmente apenas em caixas eletrônicos, e mais recentemente, com o uso da internet, praticamente eliminou a necessidade de contingente verificada anteriormente. O uso pessoal de agências bancárias, atualmente, é algo tão raro que os próprios estabelecimentos estão sendo redimensionados para a absorção da pequena demanda presencial remanescente. A questão, portanto, que resta: para onde foram os bancários?

nações exigiu uma intensificação na busca da sua redução, resultando em uma inevitável amplificação do *sobretrabalho*, mediante o uso de meios de minimização do impacto da folha de pagamento nos custos dos produtos. A saída, nesses casos, foi a adoção de uma tendência desregulamentadora e flexibilizante das relações de trabalho, na contramão da evolução vista no período anterior, no próprio século XX. Destarte, o pensamento neoliberal se apoia na desregulamentação e na flexibilização do Direito do Trabalho, propugnando inclusive a eliminação de grande parte das normas trabalhistas, por entender que tais instrumentos e circunstâncias são obstáculos à competitividade e ao crescimento, premissas fundamentais para o desenvolvimento econômico.

É aqui que podemos situar o florescimento da chamada "*crise do Direito do Trabalho*". Os sintomas dos tempos que se seguiram revelaram duas tendências simétricas, que colocaram em xeque toda a estrutura protetiva que foi desenvolvida desde o advento do capitalismo e que se projetou institucionalmente após a 2ª. Guerra: de um lado, o Estado foi sendo deixado à margem das relações de trabalho, tornando-as figuras tipicamente contratuais e, de outro, estabeleceram-se condições apropriadas para a flexibilidade de certos preceitos protetivos, a serem complementados pela livre negociação entre os agentes sociais. Só que, nessas circunstâncias, a negociação coletiva adquiriu um perfil distinto daquele que se encontrava por ocasião da sua fase de institucionalização. Afinal, é inconteste que o Direito do Trabalho resultou de um processo complexo de ação coletiva, que possibilitou a produção autônoma de normas jurídicas por intermédio da negociação coletiva, ao lado da atuação do Estado na produção heterônoma das normas jurídicas trabalhistas.[92]

Mas, nesse momento, as condições impostas pela reestruturação produtiva interditavam a ação do movimento sindical que,

92. Delgado, *Curso* de Direito do Trabalho, p. 96). O autor conclui: *"Portanto, a oficialização e a institucionalização do Direito do Trabalho fez-se em linha de respeito a essas duas dinâmicas diferenciadas de formulação de normas jurídicas – a dinâmica negocial autônoma, concretizada no âmbito da sociedade civil, e a dinâmica estatal heterônoma, produzida no âmbito do aparelho do Estado."*

de resto, começou a vivenciar um prolongado refluxo, motivado pelas já citadas crises dos anos 1970 e pelo desemprego estrutural. Nesse caso, em particular, observa-se que os efeitos perversos da nova ordem econômica atingiram plenamente as organizações sindicais: além do menor número de empregados, que são os trabalhadores aptos a prestar a contribuição financeira para sustentação da entidade – tanto pela diminuição dos postos de trabalho como também pela sua apropriação dissimulada – a descentralização produtiva com a consequente externalização da produção implicou a "descategorização" de um número considerável de trabalhadores integrantes de categorias historicamente organizadas e que passaram a ser qualificados como mero prestadores de serviços.[93] Além disso, as lideranças ultraliberais dos principais países capitalistas radicalizaram o enfrentamento das questões sociais trazidas pelas entidades sindicais, mediante o endurecimento das negociações que, por vezes, foram encerradas sem qualquer concessão.[94] O enfraquecimento da estrutura sindical transformou a negociação coletiva, estimulada pela visão neoliberal, em um instrumento de precarização de direitos trabalhistas já que a sua condução passou a ser escudada nos fundamentos da nova ordem econômica. Assim, sob o império do neoliberalismo, a negociação coletiva, que fora um importante instrumento de conformação e de institucionalização do Direito do Trabalho, passa a ser um elemento de sua destruição.

Esse pensamento constituiu um processo natural decorrente da análise diagnóstica da sociedade e da sua economia, incorporando "*os traços centrais da matriz intelectual desconstrutivista do primado do trabalho e do emprego no capitalismo de finais do*

---

93. Um exemplo corrente desse fenômeno de "descategorização" ocorreu com a categoria metalúrgica que, no modelo tradicional de produção, contava com trabalhadores dos diversos setores das fábricas. Com a externalização da produção, boa parte deles foi "transformado" em prestador de serviços, em regra por intermédio de outra empresa, desqualificando sua categoria original, e colocando-o em uma categoria de menor tradição na ação coletiva e com maior dificuldade de organização e articulação, sobretudo pela forma pulverizada de prestação de serviços.

94. Delgado, *Capitalismo, trabalho e emprego...*, p. 25). O autor cita como exemplo o caso da greve dos mineiros na Inglaterra entre 1984/85, que durou mais de um ano sem qualquer concessão governamental (nota de rodapé).

século XX e início deste século".[95] Ao assumirem essas alterações trabalhistas como políticas públicas, os estados nacionais ajudam a exacerbar os efeitos deletérios sobre o trabalho e sobre o emprego – "*ou seja, as alterações normativas trabalhistas implementadas nas últimas décadas em parte significativa de países capitalistas ocidentais aprofundaram a crise a desvalorização do emprego e do trabalho, ao invés de reafirmarem seu primado na sociedade capitalista contemporânea.*"[96]

Pode-se concluir que a normatização dos direitos trabalhistas revela uma das faces mais presentes do Estado do Bem-Estar Social, capaz de atingir uma ampla camada da população, instrumentalizando os sistemas de proteção do trabalho em uma forma de atenuação dos efeitos malignos do capitalismo. De instrumento responsável pela 'harmonia social' nos países capitalistas, migrou para um relevante papel civilizatório, socialmente progressista e emancipatório. Sendo insuperável a desigualdade econômica que dele resulta, o Direito do Trabalho assume a função, ao menos parcial, de assegurar um mínimo de equilíbrio, realizando uma forçosa distribuição da riqueza, a partir do reconhecimento de atributos econômicos derivados do trabalho subordinado, que refugiam ao mero conceito de contraprestação direta, presente nas históricas figuras de prestação de serviços. Dessa maneira, o capitalismo, que desde a sua origem fora criticado porque sua estrutura e sua dinâmica de operação propiciavam profunda desigualdade social, permitiu que se consolidasse o primado do trabalho como uma de suas mais importantes matrizes culturais: "*a centralidade do trabalho – e, em especial sua forma mais articulada e comum no capitalismo, o emprego – torna-se o epicentro de organização da*

---

95. *Idem*, p. 61.

96. *Ibidem*, p. 61. Segundo Delgado, três exemplos são paradigmáticos neste processo que ele nomina de "normatização perversa das relações de trabalho", que estabeleceram agendas de "modernização trabalhista" focadas na desregulação e na flexibilização do emprego nas últimas décadas: o da Espanha - que foi um dos primeiros países europeus, ao lado da Inglaterra, a adotar essa diretriz, já nos fins da década de 1970 – o da Argentina – cunhado durante o governo Menem (1989-1999) e que se inspirou nas diretrizes espanholas – e do Brasil – iniciado ainda durante o regime militar, com a criação do FGTS, mas prolongando-se e tendo maior incidência a partir da CRFB/88.

vida social e da economia."[97] O que se reconhece, com isso, é que a essencialidade do trabalho é um dos atributos mais relevantes do ser humano, situando-se no "*centro do processo de humanização do homem.*"[98] O trabalho como núcleo central da economia e da sociedade estabelece uma função dinâmica dentro do capitalismo, atenuando suas tendências destrutivas que, na realidade, são autofágicas. Afinal, o trabalhador assalariado é também, fundamentalmente, integrante da sociedade de consumo de massa, e quando ele sofre os efeitos da precarização, a própria economia capitalista sofre seus refluxos.[99]

Em tal sentido, no contexto da reconstrução dos direitos humanos ocorrida após a 2ª. Guerra, a dignidade no trabalho e a dignidade do trabalhador alcançaram, mesmo sob a lógica burguesa, o *status* de um valor humano e jurídico a ser preservado. Como assevera Delgado, "*o trabalho, em especial o regulado (...), por ser assecuratório de certo patamar de garantias ao ser humano, constitui-se no mais importante veículo de afirmação socioeconômica de grande maioria dos indivíduos componentes da sociedade capitalista, sendo, desse modo, um dos mais relevantes (senão o maior deles) instrumento de afirmação da Democracia na vida social.*"[100] Todavia, após um longo e intenso período de desenvolvimento, nas duas décadas antes do fim do século XX, o Direito do Trabalho começou a sofrer não somente um abrupto refreamento, mas um processo de destacada inflexão, seguindo uma tendência de des-

---

97. Delgado, Mauricio Godinho. *Capitalismo, trabalho e emprego – Entre o Paradigma da Destruição e os Caminhos de Reconstrução.* São Paulo: LTr, 2006., p. 29.

98. Antunes, Ricardo. *Os sentidos do trabalho. Ensaio sobre a afirmação e a negação do trabalho.* 2ª. São Paulo: Boitempo, 2000, p. 136). O autor faz referência à obra de Lukács (*The Ontology of Social Being Labour*, 1980), para quem "*o trabalho, portanto, pode ser visto como um fenômeno originário, como modelo, protoforma do ser social*" que, segundo o autor, significa que "*o trabalho constituiu-se como categoria intermediária que possibilita o salto ontológico das formas pré-humanas para o ser social*".

99. Para Delgado, o Direito do Trabalho "*firmou-se anteriormente como o mais clássico e abrangente instrumento de políticas sociais surgido no capitalismo, produzindo inquestionável intervenção normativa na economia, em favor, regra geral, de importante distribuição social dos ganhos do sistema econômico*" (*Curso...*, p. 98).

100. Delgado, *Capitalismo, trabalho e emprego...*, p. 29.

regulamentação nos sistemas capitalistas avançados, não somente por razões econômicas, mas também por motivações sociopolíticas. Esses fatores acentuam a necessidade reestruturação do sistema trabalhista em vigor, buscando um modelo desregulado de mercado de trabalho, ou com amplitude das hipóteses de modalização legal, com uma intensificação da autonomia coletiva privada como forma primordial de dirigismo do mercado de trabalho, o que se torna uma característica fundamental do Estado neoliberal.[101]

No plano dos países de capitalismo central, o embate surgiu depois de o Direito do Trabalho ter alcançado seu amplo grau de institucionalização, assecuratório dos padrões mínimos de civilidade que devem existir nas relações produtivas, fato não verificado em países em desenvolvimento.

A despeito disso, todas as incursões e tentativas de destruição do legado do Direito do Trabalho foram sendo dizimadas pelos fatos históricos produzidos dentro do próprio capitalismo, que levaram à inequívoca conclusão de que ele se consolidou como um dos mais eficientes e disseminados mecanismos de distribuição da renda e de poder no plano da sociedade capitalista, dado o seu caráter garantidor de um patamar básico de afirmação da cidadania capaz de atingir a maior parte dos integrantes do sistema econômico vigente. Se reconhecermos nele uma estrutura imanente que se preste à precarização de direitos fundamentais do trabalhador, será desprezado todo o processo histórico que resultou no seu desenvolvimento e afirmação como instrumento de justiça social.

A mais intensa "crise" vivenciada pelo Direito do Trabalho desde sua concepção resulta da afirmação categórica, por parte do pensamento liberal, de que ele teria alcançado seu esgotamento

---

101. Como descreve Beltran, ao falar do Direito do Trabalho francês, que qualifica como sendo um direito neoliberal: "*Sua pedra angular estabelece os corolários da liberdade de trabalho: livre ajuste e livre despedimento. Os salários são negociados livremente pelos interlocutores sociais e, em casos de conflitos, o Estado não intervém, absolutamente; a opinião pública representa apenas um papel moderador. É a autonomia coletiva, que os autores dizem, aliás, ser a 'concertação'.*" (Beltran, *op. cit.*, p. 103).

histórico por não atender à dinâmica das relações econômicas travadas desde o fim do século XX. Bem por isso, a sua concertação é revelada por mecanismos que tentam conduzir à sua destruição: sob o pretexto de "*modernização*", o que se defende é um complexo de atos de desconstrução de todo o padrão clássico que fora formado no período anterior. Com esse referencial estrutural, o que se trouxe à tona foi uma acentuada crítica aos sistemas de proteção dos direitos sociais, visualizando-os como sendo fatores de comprometimento do crescimento e do desenvolvimento econômico, propugnando-se, novamente, um discurso já presente em outros momentos da história: a necessidade do primado do econômico sobre o social.

Porém, como já disse Marx, a história tende a se repetir, primeiro como tragédia, depois como farsa[102]: diante da chamada "crise imobiliária" vivida em 2008, mais uma vez o sistema capitalista se viu em choque, e de maneira muito mais intensa do que se vira em 1929. Por força da expansão globalista dos mercados, em pouco tempo várias economias foram seriamente afetadas com a derruição da economia estadunidense. Com isso, ao final da 1ª década do século XXI, uma nova dinâmica voltou a percorrer os embates envolvendo as relações de trabalho: mesmo em países em que se acentuava o primado da desregulação do mercado de trabalho (mediante, sobretudo, o incremento de negociações coletivas) houve uma crescente demanda pela imposição de sistemas regulatórios mais amplos, de caráter heterônomo, com vistas à garantia mínima de condições de vida e de trabalho à classe operária.[103]

---

102. A frase inteira, escrita em *18 Brumário de Luis Bonaparte*, é "*Hegel observa em uma de suas obras que todos os fatos e personagens de grande importância na história do mundo ocorrem, por assim dizer, duas vezes. E esqueceu-se de acrescentar: a primeira vez como tragédia, a segunda como farsa*".

103. Alguns exemplos foi o que se verificou com os trabalhadores da Espanha, da Grécia e de Portugal, retratados em reportagem do Jornal Folha de São Paulo do dia 05/06/2011 (Caderno Mundo, página A22) e que, genericamente, estão indo às ruas para protestar contra a falta de empregos, corrupção e desesperança. De modo específico, o "Movimento 12 de março", em cidades portuguesas, reivindica, dentre outras coisas, "*Fiscalização mais dura contra a precarização do trabalho*". (Belchior, Luisa; Russo, Rodrigo; Vila-Nova, Carolina;

Em alguns países, no entanto, esse processo foi o prólogo para a incrementação de medidas voltadas à destruição do Direito do Trabalho, mormente como decorrência de atuações de governantes de orientação ideológica identificada com a direita ou com a extrema-direita que, a par de suas pautas conservadoras, também têm provocado graves investidas contra os direitos sociais.[104]

O mesmo se repete na grave crise contemporânea, vivenciada pela pandemia do novo coronavírus. Iniciada a partir de contaminações identificadas no final de 2019, teve reconhecido seu caráter pandêmico em março de 2020, paralisando significativamente a economia mundial. As respostas, tanto para a preservação da saúde da população, como para minimizar os efeitos econômicos deletérios, passaram pela eficiente intervenção do Estado, que se mostrou, mais uma vez, imprescindível para a harmonização e regulação dos interesses privados, em todos os segmentos da sociedade. Não por acaso, nos países nos quais a participação estatal foi mais eficiente, os danos foram menores do que naqueles que adotaram posições negacionistas ou que trilharam o caminho da precarização da força de trabalho. A despeito de todo conjunto de críticas dos neoliberais, a pandemia demonstrou ser cada vez mais latente a centralidade do trabalho humano, inclusive de classes de trabalhadores historicamente precarizados, como aqueles que atuam no segmento da saúde, na segurança ou na limpeza, por exemplo. Além disso, evidenciou-se a imprescindibilidade do labor de boa parcela que se encontra marginalizada, classificados como "trabalhadores informais", nestes incluídos os profissionais intermediados por aplicativos digitais, sem os quais boa parte da sociedade não conseguiria superar as dificuldades do isolamento social.

Mais uma vez, no entanto, vê-se que a supressão de direitos trabalhistas é usada como recurso preferencial para minimizar os efeitos das crises do capitalismo, que são falsamente atribuídas ao Direito do Trabalho. Como já afirmamos na introdução, quem

---

e Marinheiro, Vaguinaldo. *Indignados unidos*. Reportagem do Jornal Folha de São Paulo, página A22, publicada dia 05/06/2011).

104. Sobre este tema trataremos nos dois últimos capítulos deste livro.

produz crises é o capitalismo, mas a sua desumanidade sempre procura buscar outros culpados pelos seus atos, a fim de a eles atribuir a responsabilidade pelos erros que cometem.

AS FUNDAÇÕES DO MERCADO DE TRABALHO NO BRASIL

"Quando veio o Treze de Maio, fizeram coco no terreiro até alta noite. Ninguém dormiu no engenho, com zabumba batendo. Levantei-me de madrugada, pa ver o gado sair para o pastoreador, e me encontrei com a negrada, de enxada no ombro: iam para o eito. E aqui ficaram comigo. Não me saiu do engenho um negro só. Para esta gente pobre a abolição não serviu de nada. Vivem hoje comendo farinha seca e trabalhando a dia. O que ganham nem dá para o bacalhau. Os meus negros enchiam a barriga com angu de milho e cara, e não andavam nus como hoje, com os troços aparecendo. Só vim ganhar dinheiro em açúcar com a abolição. Tudo o que fazia dantes era para comprar e vestir negros."

***José Lins do Rêgo,* Menino de Engenho.**

O BRASIL NO PANORAMA CAPITALISTA MUNDIAL

A conformação socioeconômica das relações de trabalho no Brasil foi estabelecida de maneira peculiar, de modo substancialmente distinto daquele que se viu em outros países, inclusive no próprio continente americano. Desde o início, tem-se a construção de um modelo colonial longevo e destinado, primordialmente, à exploração, ao menos até o início do século XIX, postura que não foi adotada pela colonização inglesa, mas que aparece também na América espanhola.[105]

105. Nesse sentido, Boris Fausto afirma que *"como aconteceu em toda a América Latina, o Brasil viria a ser uma colônia cujo sentido básico seria o de fornecer ao*

Durante esse vasto período, seria temerário pontuar a existência de relações de trabalho em seu sentido próprio, eis que o uso da força laborativa derivava fundamentalmente da compulsoriedade na prestação de serviços.[106] Mesmo após a vinda da Corte Portuguesa para a Colônia, em 1808, as tentativas sucessivas do monarca D. João VI de transformá-la em um referencial social, econômico e cultural não eliminaram o padrão de trabalho que vinha sendo praticado desde o século XVI. Assim, a exemplo do que se deu durante o período colonial, na fase imperial de nossa história, a principal forma de prestação de trabalho existente no solo brasileiro era a obtida de pessoas escravizadas, que foi sendo gradualmente substituída no decorrer do século XIX em função das políticas restritivas adotadas, sobretudo, por imposição dos ingleses.[107]

Assim, é um dado quase consensual dentre os historiadores do trabalho que qualquer debate a respeito da regulação do mercado de trabalho só teve relevância no Brasil após a substituição completa do trabalho escravo pelo trabalho livre, realizada após a Lei Áurea (1888). Mais do que isso, e a exemplo do ocorrido nos países de capitalismo avançado, somente com uma industrialização

---

comércio europeu gêneros alimentícios ou minérios de grande importância". (Fausto, Boris. *História do Brasil.* São Paulo: Edusp, 2006. p. 47).

106. Como ensina Boris Fausto, essa modalidade de apropriação do trabalho também foi um dos elementos comuns a toda a América Latina no período de sua colonização, sendo certo que, no Brasil, a forma dominante dessa apropriação foi a escravidão (*Idem, ibidem,* p. 48).

107. Desde o final do Século XVIII, a Inglaterra, que havia se beneficiado historicamente da escravidão, passou a combatê-la. As relações de dependência de Portugal com relação à Inglaterra são notoriamente destacadas no estudo da história dessas nações. O exemplo mais significativo ocorre justamente no episódio que trouxe a Família Real Portuguesa para o Brasil. Na ocasião, os ingleses estavam em guerra contra Napoleão Bonaparte, que já controlava boa parte da Europa ocidental. Em 1807, os franceses invadiram Portugal e rumaram em direção a Lisboa, o que levou à transferência da Corte para o Brasil, com todo o apoio britânico. Usando as prerrogativas que essa posição privilegiada lhe conferia, os ingleses exigiram sucessivas medidas limitadoras da escravidão no Brasil, como a proibição do tráfico, a aprovação da Lei do Ventre Livre e a Lei do Sexagenário (*Idem, passim*). Isso, no entanto, não minimiza a importância das lutas abolicionistas, que tiveram um papel fundamental neste processo.

articulada é que surgiram fenômenos sociopolíticos que levaram à necessidade do reconhecimento institucional das demandas da classe trabalhadora. Mas o Brasil compõe o bloco de países nos quais se constituiu o chamado *capitalismo tardio*,[108] pois seu processo de industrialização somente se consolidou no final do século XIX, quase cem anos depois da eclosão do modelo na Europa.[109] Dessa maneira, como a indústria demorou a se conformar como atividade protagonista na economia nacional, os movimentos operários só passaram a ter importância muito depois do início da organização industrial do capitalismo.

Para uma compreensão mais adequada sobre como essas relações se transformaram no conjunto atualmente visível, é imprescindível a reconstituição do percurso histórico que perpassa boa parte do período de colonização, a monarquia e a conturbada República brasileira. Por isso, é fundamental analisar o mercado de trabalho no Brasil no período que antecede à sua efetiva regulamentação, ocorrida nos anos 1930-1940, como um pressuposto lógico para compreender o modelo adotado e, sobretudo, as razões que justificaram sua subsistência.

Até o advento da Revolução Industrial, o que nominamos atividade capitalista estava restrita à acumulação primitiva no âmbito mercantil ou usurário, e com algum incremento a partir da produção manufatureira, que era evidentemente restrita devido a sua própria estrutura. Após o esgotamento dessa modalidade econômica, o capitalismo se constituiu em sua plenitude ao cabo da industrialização, que mudou a dinâmica do processo de acumulação, tornando hegemônico o capital industrial face a outras formas acumulativas. A sistematização histórica dos fenômenos ocorridos naquele período permite uma falsa concepção de que

---

108. A expressão "capitalismo tardio" é usada por João Manoel Cardoso de Mello, em livro com o mesmo título, para designar o momento histórico em que desenvolveu a industrialização em países como o Brasil, muito depois daquelas nações em se constituiu o *capitalismo originário* (como a Inglaterra) e o *atrasado* (Japão e Estados Unidos).

109. Boris Fausto aponta que *"o crescimento industrial paulista data do período posterior à abolição da escravatura, embora se esboçasse desde a década de 1970".* (Fausto, Boris. *História do Brasil.* São Paulo: Edusp, 2006. p. *287).*

teria havido uma "decolagem" industrial quando, na realidade, a inserção de novas técnicas e de processos de maquinofatura foi iniciada na Inglaterra e disseminou-se gradativamente pelo Norte da Europa ao cabo do século XVIII e início do século XIX. Assim, desde a sua incipiência, pelos idos de 1770, as fábricas passaram a permitir a produção automatizada e em massa, transformando a lógica típica até então vigente em algo mais complexo: em vez das relações econômicas fundadas no binômio *dinheiro-mercadoria*, desta feita o capital seria utilizado para aquisição da matéria-prima e sua conjugação com os meios de produção e com a força de trabalho, resultando outras mercadorias, com valores agregados, capazes de produzir, reproduzir e multiplicar a riqueza capitalista.[110] O elemento crucial dessa estrutura econômica é a capacidade de reprodução e de acumulação rápida dos lucros, dinamizada a partir da automatização dos processos produtivos.

Desde a origem do capitalismo industrial, houve uma etapa *originária,* de efetiva ascensão capitalista, que se estendeu por cerca de 100 anos. Um segundo período se inicia por volta de 1870, sendo concluído com a Primeira Guerra Mundial, e em 1918 tem início a fase contemporânea do capitalismo mundial, que se estende até os dias de hoje – se bem que com particularidades próprias dos fenômenos ocorridos desde o fim do século XX. No primeiro período (1770-1870), já estabelecidos os fundamentos da nova ordem econômica, tem-se a configuração de uma ampla *divisão internacional do trabalho*, cujo centro condutor é a Inglaterra: nela se estabelece não apenas a hegemonia na produção das máquinas, mas também a concentração das atividades de transporte e ainda bancárias e de seguro, instrumentos elementares de financiamento para o incremento industrial. Essa hegemonia só foi relativamente abalada em curto período, a partir da Revolução Francesa e até o fim das guerras napoleônicas, mas logo retornou ao domínio

110. Como explica Leo Huberman (*História da riqueza do homem.* 14ª. Rio de Janeiro: Zahar Editores, 1978. p. 157), "*o capitalista é dono dos meios de produção – edifícios, máquinas, matéria-prima etc.; compra a força de trabalho. É da associação dessas duas coisas que decorre a produção capitalista*".

britânico.[111] A divisão do trabalho, nessa fase do capitalismo, pressupunha a inserção das colônias portuguesas, espanholas e inglesas como fontes produtoras de produtos coloniais não existentes ou escassos nas metrópoles e nos demais países de economia central. Assim, tirante essas nações que se situavam no epicentro do capitalismo, o restante do mundo era um supridor de bens não industrializados – alimentos e matérias-primas de origem vegetal ou animal – destinados à satisfação dos hábitos de consumo dos países industrializados ou em fase de industrialização.[112]

O traço elementar dessa divisão internacional do trabalho é que, mesmo a fabricação de alimentos e de matérias-primas nos países de industrialização já consolidada, seguia o padrão de produção capitalista, com o incremento tecnológico e a diversificação produtiva, fatores que não se faziam presentes nas economias coloniais. Para essas, prevalecia fundamentalmente a lógica do mercado concorrencial: os países industrializados desenvolviam uma ampla busca dos produtos dos quais não dispunham e, obviamente, priorizavam a aquisição junto àqueles países ou colônias que oferecessem melhores custos de produção e de transporte. Com isso, a economia dos países periféricos e das colônias europeias foi sendo conduzida para um processo de monoprodução, especializando-se em um determinada atividade, sem qualquer conexão com o restante de seus fatores econômicos, a fim de assegurar condições que transformassem tais países e colônias em rotas predominantes de comércio com aqueles de capitalismo central. Vê-se, com isso, que os países de economia colonial sofriam uma exploração unilateral de seus recursos naturais e sua dinâmica econômica era exclusivamente voltada para os interesses dos países industrializados.

A expansão do capitalismo industrial iniciou uma nova fase, de natureza *concorrencial*, marcada pela mudança no perfil

---

111. Fausto, Boris. *Op. cit.* p. 378.

112. Nesse sentido, alguns dos principais produtos levados ao Hemisfério Norte foram o chá, o café, o cacau, a carne, o tabaco, sem contar outros, necessários à complementação da produção própria, como a borracha, o açúcar e o algodão, por exemplo.

da industrialização em países como França, Alemanha, Estados Unidos, Rússia, Itália e Japão, dentre outros. Isso ocorreu a partir de 1830, mas só foi consolidado nos idos de 1870, e esse processo foi sintetizado como sendo definidor do chamado capitalismo *atrasado* para aqueles países que nele se inseriram de forma definitiva na ocasião[113] derivado do momento em que ele se situa no plano da organização econômica. Nesse momento histórico, temos presente a competição entre as grandes potências para definição da supremacia dos mercados internacionais. A prevalência das regras de livre-câmbio, impostas pela Inglaterra, e que asseguravam sua hegemonia, foram sendo paulatinamente reduzidas a ponto de tornar mais oneroso o fluxo das mercadorias das economias coloniais para os países não-proprietários de colônias.

Ao lado da afirmação do capitalismo industrial nas principais nações do Hemisfério Norte (agora não somente na Europa, mas também na América do Norte e na Ásia), o período conheceu um amplo processo de expansão imperialista, cujos efeitos não apenas se revelavam pela progressão territorial das principais nações de economia central como também pela própria ampliação geográfica dos postulados do capitalismo.[114] As profundas mudanças realizadas na divisão internacional do trabalho resultaram da acirrada competição no mercado mundial, tendo como protagonistas os países imperialistas e seus intentos não apenas econômicos, mas também políticos, que assegurassem o alargamento de suas esferas

---

113. Oliveira, Carlos Alonso Barbosa de. *Processo de industrialização – do capitalismo originário ao atrasado.* Campinas: Unesp, 2003.

114. Além da expansão imperialista conduzida pela Inglaterra, também a França, entre 1870 e 1900, acresceu aos seus domínios 3,5 milhões de milhas quadradas e 26 milhões de habitantes, na África e na Indochina; a Bélgica, 900.000 milhas quadradas e 8,5 milhões de habitantes (apenas na África); e a Alemanha se apropriou de um milhão de milhas quadradas e 13 milhões de habitantes. Também os Estados Unidos, ex-colônia britânica, iniciavam seu império com a aquisição de parte do ex-império espanhol (Cuba, Porto Rico e Filipinas), *"o que efetivamente incorporou estes países à economia capitalista mundial"* (Fausto, Boris, *op.cit.* p. 379). Esse fator foi decisivo na economia estadunidense, vez que os três territórios eram grandes produtores de açúcar, e possuíam altas tarifas de importação para os EUA que foram, imediatamente, eliminadas ou reduzidas, praticamente dizimando outros mercados que lhes eram fornecedores. (*idem*, p. 386).

de influência.[115] Ainda assim, quase toda a atividade industrial estava limitada aos países de capitalismo central, os quais desenvolviam – ou permitiam que se desenvolvessem – nas colônias ou ex-colônias apenas a produção de bens primários e atividades de infraestrutura, como transportes, energia e serviços urbanos, essenciais para a sua comercialização.

As rivalidades oriundas do período de ampliação imperialista dos territórios entre as grandes potências situam-se dentre os fatores que desembocaram na Primeira Guerra Mundial (1914-1918). O exaurimento dos territórios a serem conquistados e a desconexão do maior país do mundo em extensão territorial da economia capitalista – a União Soviética, formada a partir da Revolução de Outubro, de 1917 – foram elementos essenciais na reformulação do capitalismo mundial, que inicia sua terceira fase em 1918. A partir de então, há um claro refluxo na expansão capitalista, motivado não somente pelos preceitos que nortearam a Revolução Russa, mas, sobretudo, pelo incremento de movimentos emancipacionistas em diversas colônias remanescentes.[116,117]

Além dessa limitação em sua expansão, o capitalismo se viu diante da necessidade de sua reestruturação interna com a reformulação dos conceitos que foram fincados em sua segunda fase. Assim, a diversidade produtiva de determinadas indústrias gerou a necessidade de sua expansão para outros territórios que não os de sua origem, iniciando um fenômeno de "transnacionalização" do capital. Dessa forma, indústrias dos Estados Unidos, do Japão e de alguns países da Europa passaram a criar filiais em países periféricos, em busca, sobretudo, de facilidade de acesso

115. O que não abrangia somente os territórios "adquiridos" nos conflitos expansionistas, mas também a influência sobre as ex-colônias, ora independentes, e que tinham atividade econômica estratégica, dentre elas o Brasil, como trataremos em seguida.

116. Exemplo relevante desses movimentos é aquele conduzido por Mahatma Gandhi, desde os anos 20, na Índia, e que resultou na Revolução Colonial, fato que se repetiu em diversas colônias britânicas e francesas na África.

117. Esse momento histórico também coincide com o ápice da crise do liberalismo econômico e com a mudança do perfil hegemônico, o que permite haja uma maior preocupação institucional com os atributos essenciais da vida humana dos menos favorecidos, como já apreciamos em outro capítulo.

à matéria-prima e à mão-de-obra mais barata, permitindo, com isso, que eles pudessem formar um processo autêntico e próprio de industrialização. A então vigente divisão do trabalho foi flexibilizada, autorizando a construção de um capitalismo *tardio,* implementado efetivamente mais de 150 anos da consolidação do capitalismo originário.[118]

Em sua história política, o Brasil teve três momentos bem distintos, cuja compreensão é fundamental para entendermos a configuração do país no cenário capitalista mundial. A mais extensa foi a fase *colonial*, que se estende desde o Descobrimento até o início do século XIX, e que foi praticamente toda caracterizada pela condição histórica de produtor de bens primários para o mercado mundial. Mesmo antes da divisão internacional do trabalho estabelecida pela fase originária do capitalismo mundial, o "sentido" da colonização brasileira é o de uma colônia destinada a fornecer ao comércio europeu gêneros tropicais ou minerais de grande importância, como o algodão, o açúcar e o ouro. "*A nossa economia se subordina inteiramente a este fim, isto é, se organizará e funcionará para produzir e exportar aqueles gêneros. Tudo o mais que nela existe, e que é aliás de pouca monta, será subsidiário e destinado unicamente a amparar e tornar possível a realização daquele fim essencial.*"[119]

A razão fundamental disso é que os colonizadores portugueses, a exemplo dos espanhóis, optaram por uma colonização de exploração a partir da qual aqueles que vinham para os trópicos tinham como foco essencial a busca de novas formas de negócio, que lhes permitisse obter ganhos consideráveis para sua acumulação primitiva. Essa lógica está presente desde o primeiro instrumento institucional de ocupação das terras brasileiras, criado no início do século XVI, pelas chamadas *feitorias*, logo depois sucedidas pelas *capitanias hereditárias.*[120]

---

118. Melo, João Manoel Cardoso de. *O capitalismo tardio*. São Paulo: Brasiliense, 1982.

119. Prado Jr., Caio. *Formação do Brasil Contemporâneo*. 9ª. São Paulo: Brasiliense, 2006, p. 119.

120. Priore, Mary Del e Venâncio, Renato Pinto. *O Livro de Ouro da História do Brasil*. Rio de Janeiro: Ediouro, 2001. p. 54). Segundo os autores, a substituição do modelo decorreu do sucesso dessa fórmula aplicada pelo Reino de Portugal

Assim, entre o século XVI e o início do século XIX, a atividade econômica brasileira foi praticamente toda definida pelos ciclos econômicos de interesse da metrópole, com especial destaque à produção do açúcar, desenvolvido especialmente no nordeste do país. Apesar de termos um grande período de exploração mineral, conhecido como *ciclo do ouro* (fim do século XVII e o início do século XVIII), isso não eliminou a cultura açucareira, embora a tenha afetado, a partir do deslocamento da população para o centro-sul, principalmente para o Rio de Janeiro. A longevidade da produção do açúcar demarcou um tipo de organização agrária que se tornou característica elementar da atividade econômica do Brasil – a produção em *larga escala*, estabelecida também pelos tipos de interesses dos colonizadores, que não se coadunavam com a pequena exploração, típica dos camponeses, que esteve presente na Europa. Como seus objetivos não eram de povoamento, não havia justificativas que estimulassem a pequena produção, desenvolvendo todos os esforços no sentido da grande exploração agrária. Com isso, a estrutura agrária estabelecida no período colonial, e que vai produzir efeitos até bem depois dele, é composta pelo trinômio *grande propriedade-monocultura-trabalho escravo*.[121]

A opção da metrópole pelo latifúndio estava associada à conveniência da produção em larga escala, aliada às dificuldades naturais de produção em regiões tropicais, como a adversidade do trabalho de indivíduos isolados e as exigências técnicas da exploração tropical.[122] Ao lado disso, os pequenos proprietários com produção agrícola autônoma tenderiam a produzir para a sua

---

nas ilhas da Madeira e dos Açores. Aos donatários cabia a criação de vilas e de povoações, nomeação de juízes e de oficiais, instalações de engenhos, de marinhas de sal e de moendas d'água, além de arredar terras do sertão. Juntamente com os poderes sobre a capitania, os donatários receberiam "*um foral dos direitos, foros, tributos e cousas que na dita terra hão de pagar.*"

121. Essa estrutura é reproduzida em outras colônias, especialmente as situadas nos trópicos, como informa Caio Prado Jr. (*Op.cit.*, p. 120), embora a tenha identificado em uma planície litorânea de Delaware (EUA), úmida e quente, de natureza subtropical. Recebe a designação genérica de *plantation*, configurada por grandes propriedades lavradas por trabalhadores dependentes, sejam escravos ou assalariados, com direção e controle unificados.

122. *Idem.*

subsistência, vendendo no mercado somente o excedente reduzido, contrariando os objetivos da Coroa Portuguesa e dos grandes comerciantes.[123] Já a monocultura seria uma decorrência natural da agricultura tropical, uma vez que destinada apenas a produzir certos gêneros com grande valor comercial e altamente lucrativos. A oscilação no mercado internacional até exigiu certa diversificação produtiva, permitindo o incremento de outros produtos, mas os produtos em destaque na economia colonial sempre tiveram suas bases estruturadas na concepção monocultora, mesmo porque a "*mão-de-obra inferior, como é a regra nos trópicos, e será o caso do Brasil, não pode ser empregada numa exploração diversificada e de alto nível técnico*".[124] Isso se ajustou plenamente aos objetivos dos países industrializados, sobretudo da Inglaterra, durante a fase inicial do capitalismo industrial.

De outra parte, associa-se a essa conformação latifúndio-monocultura o uso do trabalho escravo, pois o Brasil foi uma das colônias de exploração comercial que adotou formas de trabalho compulsório, inicialmente com os indígenas e, posteriormente, usando os negros traficados da África.[125] Da mesma forma ocorrida em outras colônias tropicais e subtropicais, inclusive no Norte, a ausência de mão-de-obra suficiente para o abastecimento das

---

123. Boris Fausto, *op. cit.*, p. 48. Há historiadores, no entanto, que registram a presença de número expressivo de homens livres, pequenos proprietários, que viviam nos arredores nas grandes plantações, e que recebiam a designação genérica de "roceiros". Renegando a visão "plantacionista", que considera irrelevantes as atividades não voltadas para a exportação, esses historiadores resgatam a importância dessas pessoas na conformação social e cultural da sociedade brasileira. No entanto, em razão dos objetivos deste trabalho, limitamo-nos a fazer o registro circunstancial dessa linha de pesquisa, traçada, sobretudo, em Priore, *et al.* (*Op. cit.* pp. 47-48).

124. Prado Jr., Caio. *História Econômica do Brasil.* 36ª. São Paulo: Brasiliense, 1988, p. 34.

125. Caio Prado Jr. (*idem*) informa que a chegada de negros trazidos da África pelos colonizadores portugueses é imprecisa, mas há quem afirme ocorrer desde 1532 e que a substituição dos indígenas ocorreu de forma gradual, de acordo com as diversas regiões do país, sendo algumas de forma mais rápida e outras de maneira mais lenta.

necessidades da produção – devido ao fato de que os europeus não emigravam para a América para trabalhar no campo – fez renascer no Brasil um instituto já em declínio no Velho Mundo desde o fim do Império Romano e que, naquele momento, já estava praticamente extinto.[126]

Com isso, temos constituído o tripé da organização das grandes propriedades açucareiras da colônia, formando um sistema típico e identificado como "*grande exploração rural*": uma grande unidade produtora, que reúne, num mesmo conjunto de trabalho produtivo, um grande número de indivíduos, compulsoriamente arregimentados para o trabalho, e sob a direção imediata do proprietário ou de seu feitor. Esse sistema, traduzido desde os primórdios da produção açucareira na unidade chamada *engenho*, vai sendo reproduzido nas demais atividades econômicas do país, não apenas no âmbito da exploração agrícola, mas também em outros importantes ramos de produção. É como diz Prado Jr., "*a célula fundamental da economia agrária brasileira*", constituindo a "*base principal em que assenta toda a estrutura do país, econômica e social.*"[127]

O período colonial brasileiro se estendeu até o início do século XIX. Na visão histórica mais tradicional, ele se encerrou com a Independência, em 1822. Mas outras acepções dão conta de que ele teria se encerrado com a transferência do governo português para a colônia em 1808.[128] Isso não só por conta do caráter simbológico trazido pelo príncipe regente e por sua corte ao se instalarem nos trópicos, mas, sobretudo, pelo conjunto de atos que também os acompanhou. O destaque fica por conta da abertura dos portos

126. Prado Jr., Caio. *Formação do Brasil Contemporâneo.* 9ª. São Paulo: Brasiliense, 2006, p. 122).

127. O autor demonstra que essa mesma estrutura se faz presente nas atividades mineradora, extrativa e também na pecuária, que qualifica como "*elementos fundamentais e característicos da organização econômica da colônia*". (*Op.cit., passim*).

128. Prado Jr., Caio. *História Econômica do Brasil.* 36ª. São Paulo: Brasiliense, 1988, p. 101.

brasileiros, feito logo na chegada e breve estada na Bahia, em 28/02/1808, que encerrou três séculos de monopólio comercial com a metrópole. Esse fato incrementou a economia brasileira, pois o Rio de Janeiro passou a ser o principal porto de entrada de produtos manufaturados ingleses, inclusive destinados a outros países da América. Além disso, os grandes produtores rurais de bens destinados à exportação que, por força do *pacto colonial*, não podiam vender seus produtos a outros países, passaram a poder negociá-los com quem quisessem. Em contrapartida, embora Portugal passasse a receber os tributos oriundos do comércio entre a Colônia e a Inglaterra – o que não obtinha com o contrabando existente antes da abertura dos portos – isso causou um profundo abalo em sua economia, pois cerca de dois terços da sua exportação para outros países provinha das mercadorias exclusivamente fornecidas pela colônia.[129]

Como se nota, a nova situação política consolidada em 1822 não foi afetada pelo fluxo do desenvolvimento do capitalismo mundial. A hegemonia britânica apenas alterou sua forma de relacionamento com a antiga colônia, passando a tratá-la como Estado-Nação independente. Mas a participação brasileira na nova divisão internacional do trabalho não é modificada, preservando-se com características muito similares àquelas presentes desde o século XVIII. Como colônia, suas atividades se restringiam ao fornecimento ao comércio internacional de produtos tropicais de alto valor mercantil, metais e pedras preciosas, sempre sob o comando monopolista da metrópole. Como nação independente, produzia alimentos e matérias-primas para os países industriais, mas sempre dependente da demanda e dos interesses externos. A passagem de economia colonial para uma economia primário-exportadora foi claramente resultante das transformações ocorridas no mercado mundial, então comandado pela Inglaterra. Mas, internamente, a economia brasileira ainda guardava as mesmas características

---

129. Para Prado Jr., Caio (*História Econômica do Brasil...*, p. 119), esse abalo prejudicará, de forma definitiva, o desenvolvimento de Portugal: "*De grande potência que fora no passado (séc. XVI), de medíocre em seguida, passará então definitivamente para um dos últimos lugares da Europa*".

fundamentais da colônia: estrutura produtiva pouco diferenciada, periferia subordinada ao centro, economia dependente.[130] Com isso, pode-se dizer que, apesar da libertação política, o *status* colonial ditado pela função econômica ainda permanecia vigente visto que isso não foi afetado pela Independência: a estrutura da economia mundial mantinha o Brasil como mera "*feitoria da Europa, um simples fornecedor de produtos tropicais para seu comércio*".[131]

Esse papel coadjuvante na economia mundial fez com que a economia interna se desenvolvesse por saltos, de forma cíclica, de acordo com a necessidade predominante de um ou outro produto, e fundada na maior ou menor aptidão de uma determinada região. Assim, a cultura do açúcar que se iniciou no nordeste e permitiu seu desenvolvimento foi sendo suplantada por outras necessidades, como a exploração do ouro; em seguida, o trabalho nas minas foi se tornando decadente, e o centro produtivo volta a ser a atividade agrícola, situando-se entre o açúcar e o algodão, já produzidos em outras áreas do país. Como vimos, essa alternância do fator predominante da produção visava ao atendimento primordial dos interesses dos países industrializados e, por isso, também sua exploração se alternava pelas diversas regiões do país a partir de um critério meramente econômico - a possibilidade de resultar em menor custo de comercialização.[132] Essa foi a característica

130. Melo, João Manoel Cardoso de, *op. cit.*, p. 30).

131. Diz o autor que "*chegamos ao cabo de nossa história colonial constituindo, ainda, como desde o princípio, aquele agregado heterogêneo de uma pequena minoria de colonos brancos ou quase brancos, verdadeiros empresários, de parceria com a metrópole, da colonização do país; senhores da terra e de toda sua riqueza; e doutro lado, a grande massa da população, a sua substância, escrava ou pouco mais que isto: máquina de trabalho apenas, e sem nenhum outro papel no sistema.*" (Prado Jr., Caio, *Formação do Brasil Contemporâneo...*, p. 127).

132. Diz Prado Jr. "*Uma conjuntura internacional favorável a um produto qualquer que é capaz de fornecer impulsiona o seu funcionamento e dá a impressão puramente ilusória de riqueza e prosperidade. Mas basta que aquela conjuntura se desloque, ou que se esgotem os recursos naturais disponíveis, para que aquela produção decline e pereça, tornando impossível manter a vida que ela alimentava.*" Essas sucessivas modificações, com o consequente deslocamento da população (que ele chama de "elemento propulsor" da economia), é que geraram o sucessivo progresso e aniquilamento de diversas atividades produtivas e

essencial da economia brasileira durante os trezentos anos de colonização e que se manteve, estruturalmente íntegra, mesmo após a Independência. O resultado dessa oscilação foi não apenas uma economia instável, mas também uma acentuação da desigualdade e da miséria especialmente nos territórios que foram abandonados.

É nesse contexto que surge uma possibilidade real de aprimoramento da economia brasileira, com a produção em grande escala do café, que vinha sendo popularizado na Europa: embora produzido desde o fim do século XVII, seu consumo era deveras limitado. Mas, a partir da segunda metade do século XVIII, ele passou a ser disseminado, sobretudo, porque surgia como alternativa viável ao consumo de bebidas alcoólicas.[133] Dessa forma, aquilo que inicialmente era destinado apenas ao consumo doméstico, e que, ao final do século XVIII, não representava mais do que 1,8% das exportações coloniais brasileiras, chegou a compor entre 40 e 45% delas nos idos de 1830.[134] Esse salto, percorrido em cerca de quarenta anos, representava verdadeira revolução econômica, que se situou exatamente na transição do regime colonial para a independência política.

Como já afirmamos, essa evolução econômica não representou a mudança do *status* brasileiro na configuração capitalista mundial, mas permitiu a superação interna das dificuldades trazidas

---

também das áreas que foram povoadas e despovoadas, continuamente. Após o incremento inicial de pessoas e estrutura em determinado território, o esgotamento dos recursos naturais disponíveis ou mudança na conjuntura econômica levava ao abandono do local, deixando-se para trás os "*restos, farrapos de uma pequena parcela de humanidade em decomposição.*" (*Idem*, p. 128).

133. Priore, *et al., O Livro de Ouro da História do Brasil., passim*) explicam que o consumo do vinho, da cerveja, do gim e da aguardente de cana passou a ser hostilizado em diversos países da Europa, por causarem o "*vício da bebedice*", o que se fez mediante a proibição ou excessiva tarifação. Em contrapartida, foram sendo exaltadas as propriedades medicinais e curativas do café, cuja explosão do consumo foi estimulada pela Revolução Industrial, que não apenas multiplicou as cidades como também exigiu a concentração e a sobriedade dos trabalhadores, condições que o consumo do café comprovadamente proporcionava.

134. *Idem*.

pela cambaleante produção do açúcar, que já estava debilitada pela ampliação da concorrência internacional. O café trouxe consigo a capacidade de dobrar a renda produzida pelo açúcar, não só pela melhor adaptação ao terreno brasileiro como também pela maior facilidade no seu beneficiamento para a comercialização.[135] Assim, consolidada a produção nas fazendas cafeeiras – o que antes se fazia apenas nas roças e quintais – logo nas primeiras décadas do século XIX, inicia-se a produção de café para exportação, primeiro no Vale do Paraíba carioca e depois se estendendo para outras áreas, que reuniam condições favoráveis à sua produção. Daí em diante, houve franca expansão da produção cafeeira que, em pouco tempo, tornou-se o principal produto exportado pelo Brasil.[136]

Embora o desenvolvimento capitalista esteja diretamente ligado à industrialização, já em 1850 eram identificadas "*mudanças no sentido de uma modernização capitalista; ou seja, nasciam as primeiras tentativas para se criar um mercado de trabalho, da terra e dos recursos disponíveis*".[137] Nessa ocasião, a produção cafeeira do Vale do Paraíba estava em seu auge, e houve expansão para a Zona da Mata mineira e para o oeste paulista (área que abrange desde Campinas, passando por Rio Claro, São Carlos, Araraquara, Catanduva e, de outro lado, desde Campinas para Piraçununga, Casa Branca e Ribeirão Preto). Surgiu, assim, a chamada "burguesia do café", expressão que indica que "*a partir das últimas décadas do*

135. O açúcar, para ser produzido, dependia de todo o trabalho de um engenho, que envolvia desde o cultivo e o corte da cana, a moagem, a destilação, o refino etc. Já o café, após a colheita, só precisava da secagem e do descascamento para tornar-se apto ao comércio, procedimento acrescido posteriormente da torrefação, como forma de facilitar o consumo final.

136. Fausto, Boris, *Op. cit.*, p. 203. Os números mostram bem esse quadro. Entre 1821 e 1830, o açúcar era o principal produto exportado pelo Brasil (30,1% das receitas de exportações), seguido do algodão (20,6%) e do café (18,4%). Já na década seguinte, a participação do café nessas exportações passou para 43,8%, contra 24% do açúcar e 10,8% do algodão. Esse crescimento foi vertiginoso até o fim da década de 1920 quando o café chegou a representar 72,5% da receita de exportações, contra 1,95 do algodão e 0,4% do açúcar. Dados obtidos na obra citada, p. 387).

137. *Idem*, p. 197.

século XIX, a região de São Paulo entrou em um processo de transformações no sentido da constituição de uma economia capitalista."[138]

Esse panorama econômico efetivamente coloca o Brasil em um patamar diferente na nova divisão internacional do trabalho, instituída a partir de 1870, mas ainda à custa de uma monocultura de exportação. A essa altura, as demais culturas já estavam em franco declínio, assimetricamente ao que ocorria com o café, que se expandiu mesmo com as dificuldades ocasionadas pela "crise da mão-de-obra" do fim do século XIX, sobretudo, após a proibição do tráfico de escravos (1850) e da Abolição (1888). Assim, o trinômio secular da estrutura agrária brasileira será transportado para a cultura do café, somente modificado com a substituição posterior do trabalho escravo pelo trabalho livre; no mais, continuava a predominar a produção latifundiária e monocultora.[139] A mudança essencial foi que, durante o período imperial de sua história, o Brasil praticamente monopolizava a produção mundial do café, alcançando um grau de riqueza e de produtividade nunca antes obtido, o que permitiu inclusive a ampliação da acumulação primitiva por parte dos grandes produtores, possibilitando-lhes que viessem a se tornar, em breve, grandes industriais.[140]

Mas o certo é que o calendário da evolução capitalista mais uma vez não afeta o Brasil, que atravessa toda a sua segunda fase ainda na sua condição de uma economia agrário-exportadora. As mesmas razões que fundamentavam o seu franco desenvolvimento econômico reduziam as perspectivas do país, que continuava

138. Priore *et al.* (*Op. cit.*, p. 137) informam que "*a riqueza gerada pelos mercados externos e internos do café alimentou uma legião de fazendeiros bem-sucedidos, que se transformou na base da sociedade imperial.*" Esse fato é extremamente importante porque marca o nascimento do baronato paulista do café, que vai dimensionar a política desde o fim do Império até o início do Estado Novo e vai repercutir de modo incisivo no processo de industrialização e na formação das relações de trabalho.

139. Holanda, Sérgio Buarque de. *Raízes do Brasil.* 26ª. São Paulo: Companhia das Letras, 2007, p. 173.

140. No início do século XX, houve intenso acréscimo na produção e na exportação de borracha, que chegou a ocupar, por cerca de duas décadas, o posto de segundo produto na receita de exportações, mas esteve longe de ruir a hegemonia cafeeira.

preso a uma base econômica precária, totalmente dependente de conjunturas incertas e incontroláveis. Consideradas a extensão territorial do país e a sua população, essa participação na divisão internacional do trabalho era algo próximo da mediocridade, ainda que mais bem integrada do que no período anterior. Somente uma profunda modificação no sistema econômico interno poderia romper esse ciclo, mas a industrialização ainda era uma realidade distante, pois não eram poucas as dificuldades para caminhar para o capitalismo industrial. Por primeiro, há que se ponderar que, a exemplo de outros países em formação, o Brasil participou muito cedo do processo de industrialização, mas mediante a troca de matérias-primas e de gêneros alimentícios tropicais por artigos manufaturados importados. Se, de um lado, isso parecia vantajoso pelo fato de possuir recursos naturais supostamente infinitos e mão-de-obra relativamente barata[141], ao mesmo tempo isso prejudicava a formação de indústrias nacionais, que não tinham capacidade concorrencial em face dos produtos importados, já totalmente produzidos de forma mecanizada e em larga escala industrial.[142] Dessa forma, a industrialização brasileira não representou propriamente uma "evolução" direta da manufatura, pois foi praticamente necessária a construção de um novo perfil industrial, quase sem qualquer aproveitamento de fatores econômicos antecedentes. Por isso, diferentemente de outras nações em formação, algumas na própria América, o Brasil não se aproveitou da onda de industrialização havida entre os séculos XIX e XX.

De outra parte, dentre as dificuldades de implantação industrial no Brasil estava também a deficiência das fontes de energia, já que o principal suporte energético na ocasião era o carvão de pedra, no que o país tinha deficiência. O franco desenvolvimento

141. Essa afirmação tem como fundamento o fato de inexistir regulação pública do mercado de trabalho, o que será analisado mais adiante.

142. Prado Jr., Caio (*História Econômica do Brasil*, p. 257) explica que a derrocada da indústria artesanal no Brasil começou com a abertura dos portos, em 1808, porque permitiu a entrada de mercadorias estrangeiras com baixas tarifas alfandegárias. "*Diante da concorrência dos produtos da indústria europeia, de qualidade superior, muito mais variados e de baixo custo, elas não somente se tornavam incapazes de progredir, mas praticamente se paralisam.*"

industrial não prescinde de uma sólida matriz energética que, na época, não poderia ser suprida integralmente por outros meios, como a lenha ou a força motriz da água e do vento. Com grande grau de importância, também era um fator complicador a ausência de um mercado consumidor interno capaz de absorver a produção industrial, tipicamente realizada em larga escala. A grande massa populacional brasileira era composta de escravos e de ex-escravos, de imigrantes, de roceiros e de outros trabalhadores "livres", cujo nível de renda era absolutamente insuficiente para lhe outorgar capacidade de compra e de consumo, até mesmo em suprimento das necessidades elementares de vida. Não se pode descurar que, apesar da crescente urbanização do país, boa parte da população ainda se situava na zona rural, e amplamente espalhada pelo imenso território brasileiro, muitos em situação de quase isolamento. Assim, aqueles que não estavam dentro da esfera de influência dos latifundiários viviam de sua cultura de subsistência. Os demais, ou eram os grandes proprietários e seus familiares ou trabalhadores sem qualquer atividade remunerada perene, com natural condição limitada de consumo. Logo, o mercado consumidor interno era praticamente todo composto pela elite proprietária e pela burguesia de incipiente formação.[143]

Mas o elemento fundamental que "justifica" o capitalismo industrial retardatário do Brasil é o fato de que toda sua história econômica foi estruturada em uma colonização apoiada no trabalho compulsório. Tanto assim que não são poucos os autores que afirmam que ele poderia ter sido implementado no país muito antes, caso a Abolição se tivesse concretizado algumas décadas antes.[144] Mesmo com a extinção do tráfico a partir de 1850 e a redução gradativa do número de pessoas escravizadas, pela impossibilidade de sua reposição, o uso do trabalho livre ainda era muito pequeno,

143. Como diz Prado Jr, (*Formação do Brasil Contemporâneo.*, p. 125), "*no alvorecer do século passado* (referindo-se ao século XIX), *a massa da população brasileira ainda é constituída por escravos ou recém-egressos da escravidão; ou então por indivíduos deslocados, sem posição econômica e social definida e fixa, além de instáveis.*"

144. Nesse sentido, p.ex., Prado Jr. (*História Econômica do Brasil, passim*) e Fausto (*História do Brasil*, p. 277).

até porque as relações servis estavam impregnadas na lógica das relações produtivas. Por isso, as recém-criadas indústrias que ainda tinham possibilidade de uso da mão-de-obra escrava também tinham dificuldades para assimilar a mão-de-obra livre.

Além do mais, o trabalhador escravo era, preponderantemente, proveniente de regiões tribais da África e fora inserido abruptamente em uma sociedade "civilizada" e em condições inumanas de vida. Sua forma de trabalho era conduzida mediante a imposição de castigos físicos, de modo que seu desenvolvimento técnico era limitado às funções braçais, que se resumiam a atividades básicas e de pouca complexidade, como as relativas à lavoura, ao engenho e aos serviços domésticos, por exemplo. O escravo era meramente um "*instrumento vivo de trabalho*", do qual somente se pretendia um "*esforço muscular primário, sob a direção e açoite do feitor.*"[145] Isso atingia não somente os que continuavam a chegar da África como também os que faziam parte de gerações posteriores de escravos e que não haviam conquistado a liberdade. Com isso, se para o trabalhador livre europeu foi difícil a assimilação da rotina industrial, regrada à base dos sistemas produtivos de larga escala, isso seria improvável para os escravos, que constituíam uma força de trabalho "*ineficiente e desmoralizada.*"[146]

Assim dito, tem-se que somente os últimos anos do século XIX reuniram condições para o pleno desenvolvimento da industrialização capitalista, mediante a supressão dos principais obstá-

---

145. A expressão "instrumento vivo de trabalho" referida por Prado Jr. (*Formação do Brasil Contemporâneo*, p. 272) é atribuída a Perdigão Malheiro, em obra de 1926, nominada "*A escravidão no Brasil*". Prado também explica, para demonstrar a "função" do escravo dentro do contexto colonizador, que houve o "*recrutamento de povos bárbaros e semibárbaros, arrancados de seu habitat natural e incluídos, sem transição, numa civilização totalmente estranha.*" Com isso, ele conclui que o papel do escravo na lógica dos colonizadores era meramente a de um mero realizador de serviços físicos (no que inclui as mulheres, também destinadas a favores sexuais a seus senhores), sem qualquer outro elemento ou concurso moral. Essas expressões, cunhadas em 1942, hoje tendem a suscitar polêmicas e poderiam ser qualificadas como racistas, mas são compreensíveis no contexto por ele utilizado, mesmo porque suas sabidas concepções políticas não deixam dúvidas de que isso não tem o caráter aparente, derivado de sua crueza.

146. Fausto, Boris, *op., cit.*, p. 278.

culos ao seu incremento. No plano político, a Abolição permitiu a superação – ao menos do ponto de vista dos industriais – do problema da mão-de-obra[147]. A ela se alia o fato da Proclamação da República, ocorrida no ano seguinte, ter colocado à frente do Ministério da Fazenda do Governo Provisório o jurista Rui Barbosa, de perfil tipicamente liberal, e que inaugurou a adoção de programas de ação voltados ao favorecimento da indústria, como concessão barata de crédito, de empréstimos, de isenções, dentre outras.[148] No plano energético, começaram a ser implementadas técnicas para a colocação em atividade de geradores elétricos acionados por água, em substituição ao carvão mineral antes usado. No plano econômico, propriamente dito, a crescente urbanização e concentração populacional nas cidades, que fez inclusive surgir uma pequena burguesia, ampliou as bases consumidoras para produtos de massa, em planos mais acessíveis.

Assim, superados os principais obstáculos, faltava o capital a ser investido na implantação das indústrias. Aí, a acumulação primitiva resultante de décadas de aproveitamento da atividade produtora rural foi o fator decisivo: ao fim do século XIX a burguesia do café passou a investir em outras atividades, lançando as bases para o primeiro surto da indústria. Isso se deu por várias razões: *"em primeiro lugar, ao promover a imigração e os empregos urbanos vinculados ao complexo cafeeiro, criaram um mercado para produtos manufaturados; em segundo, ao promover o investimento em estra-*

---

147. Daí porque se pode associar o início da industrialização brasileira com a onda de imigração europeia. A maioria dos imigrantes era jovem e do sexo masculino, e invariavelmente já possuía alguma experiência de trabalho assalariado, além de serem mais bem instruídos, ao contrário dos trabalhadores locais. (Fausto, *op., cit.*, p. 279). No entanto, o descompasso entre as condições pessoais e profissionais dos imigrantes e dos trabalhadores brasileiros, inclusive ex-escravos, gerou grande marginalização dos nativos, como veremos a seguir.

148. O período inicial da República foi configurado pelo episódio do Encilhamento, marcado pela ampla especulação financeira, como decorrência direta do incentivo oficial à expansão do crédito, que incluiu medidas como a facilitação da emissão de moedas e para abertura de sociedades anônimas. Menos de dois anos depois, a economia republicana entrou em crise com a queda dos preços das ações, que resultou na falência de bancos e empresas. (cf. Fausto, Boris, *op. cit.* p. 252).

das de ferro, ampliaram e integraram esse mercado; em terceiro, ao desenvolver o comércio de exportação e importação, contribuíram para a criação de um sistema de produtos manufaturados. Por último, lembremos que as máquinas industriais eram importadas e a exportação do café fornecia os recursos em moeda estrangeira para pagá-las".[149] Dessa forma, embora as primeiras indústrias tenham começado a ser implantadas pelos idos de 1880, somente quando os fazendeiros, especialmente os paulistas, começaram a investir os recursos extras da lavoura de exportação na compra de máquinas é que a industrialização brasileira efetivamente se concretizou.[150] Ao lado deles, também foram fundamentais nesse processo alguns imigrantes empresários que, chegando ao Brasil com alguns recursos financeiros ou com ampla bagagem cultural, aproveitaram a prosperidade econômica para dedicarem-se à atividade industrial, alguns formando verdadeiros impérios. "*Além disso, tais imigrantes nem sempre dedicavam-se imediatamente à atividade industrial. Muitos atuaram primeiramente na agricultura de exportação ou no comércio interno de alimento, reproduzindo, assim, uma trajetória social típica dos fazendeiros industriais.*"[151] Formado, portanto, de forma preponderante, pelo capital derivado da histórica e pela secular produção agrário-exportadora, estava consolidada a industrialização brasileira, cento e cinquenta anos depois das incipientes manifestações vindas da Europa Ocidental. Mas essa origem agrária será um elemento fundamental na compreensão das relações institucionais que depois foram consolidadas, inclusive no âmbito do trabalho.

HERANÇAS PRÉ-REPUBLICANAS E AS RAÍZES DO TRABALHO NO BRASIL

A história imperial brasileira foi curta e pontuada por sucessivas crises, muito a propósito da própria conturbação que

149. *Idem*, 2006 p. 287.

150. Priore, Mary Del *et al.*, p. 298 informam que "*não era raro fazendeiros de algodão inaugurarem fábricas de fiação e tecelagem, pecuaristas fundarem fabriquetas de couro e cafeicultores voltarem-se para a produção de vagões e máquinas que beneficiavam o café*".

151. *Idem*, p. 301.

resultou na vinda do príncipe regente e sua Corte para o Brasil. Como já registramos, há razões históricas e econômicas para se considerar que a autonomização brasileira fora conquistada já em 1808, e não quatorze anos depois. De qualquer forma, temos que a Independência não representou propriamente o rompimento com a cultura colonial então vigente e nem contribuiu para a universalização da cidadania no país já que, durante o Império, permaneceu implacável o poder centralizador e até ditatorial do Imperador. De certa forma, *"fizemos a Independência, mantendo um imperador, filho do rei da metrópole que nos colonizava."*[152] A manutenção do modelo econômico favorecia essa tendência, que foi preservada não apenas durante o breve reinado de D. Pedro I, mas também no período regencial (1831-1840), estendendo-se pelo reinado de D. Pedro II (1840-1889).

Conceitualmente, a Proclamação da República deveria ser um elemento garantidor da cidadania e de universalização democrática, dentro dos propósitos evidenciados desde a Revolução Francesa e de seus desdobramentos. No entanto, não foi o que se concretizou, sendo comum que se considere que o regime republicano instaurado em 1889 foi apenas uma "*superficial reorganização de instituições políticas, sem grandes implicações econômicas ou sociais*".[153] Pode-se até afirmar que constituiu um grave retrocesso, pois se a própria natureza do Império o levava a uma tendência centralizadora, o novo sistema permitiu que o poder político fosse dominado por determinadas oligarquias. A República, portanto, foi muito mais moldada segundo os interesses patrimonialistas de certas elites, do que propriamente consoante os interesses da maioria da popula-

---

152. Buarque, Cristovam. *A segunda abolição.* São Paulo: Paz e Terra, 1999, p. 19. Aliás, o Brasil é um caso tão peculiar que foi o único país colonizado das Américas a se tornar uma monarquia após a independência, de modo completamente artificial, já que não possui qualquer tradição monárquica. Por isso, o processo representou meramente a transferência do modelo da metrópole, mediante a instrumentalização da "nova nação" segundo o paradigma até então dominante. E, além disso, moldou a monarquia sob o megalômano formato de um "império", evidenciando os propósitos condenáveis de colonização de outros países. Por essas e outras razões, é completamente ridícula qualquer proposição que vise restaurar qualquer regime monárquico no Brasil.

153. Priore, Mary Del *et al.*, *O Livro de Ouro da História do Brasil*, 2001. p. 304.

ção uma vez que, embora tivesse a aparência de uma organização liberal, na prática o poder foi controlado por um reduzido grupo de políticos em cada Estado.[154]

Conforme ensina o frei Boff, "*nossa história pátria vem marcada por uma herança de exclusão que estruturou nossas matrizes sociais. Criou-se aqui, desde os nossos primórdios, um sujeito histórico de poder, sempre articulado transnacionalmente, que se mantém sem ruptura até os dias de hoje, onerando poderosamente a intenção de uma nação soberana.*"[155] Depois de uma vida eminentemente colonial por mais de trezentos anos, o resultado não poderia ser outro senão a cruel interrupção de um processo autônomo de civilização, com a imposição da cultura europeia, que influenciou o Brasil, sobretudo no período imperial e na Primeira República.[156] Em tal contexto, com uma organização mais apurada de sua aristocracia, alguns Estados se destacaram em relação a outros, o que favoreceu a hegemonia na indicação dos candidatos a Presidente, como foi o caso da política do café-com-leite, que possibilitou a alternância no poder de paulistas e mineiros por um razoável período. À frente desse movimento, não estavam outros senão aqueles que, na época, eram os responsáveis pela maior fonte de crescimento, de empregos e de divisas para o Estado brasileiro: os fazendeiros produtores de café, do que resulta que eram eles quem, na essência, comandavam a vida política nacional.

A esse propósito, contribuiu para a prevalência dos interesses dos "*senhores rurais*" o fato de que não se formara, até então, uma burguesia urbana independente, razão pela qual os candidatos às funções públicas eram recrutados dentre pessoas integrantes da mesma massa dos senhores rurais dos tempos da colônia. Logo,

---

154. Fausto, Boris, *op. cit.*, p. 261. Segundo o autor, isso foi possível graças a uma organização institucional que concretizou a autonomia dos Estados, estimulando a criação de partidos no âmbito estadual, sempre controlados por uma pequena elite, que decidiam os destinos da Nação, inclusive mediante acordos para indicação dos candidatos a Presidente da República.

155. Boff, Leonardo. *Depois de 500 anos, que Brasil queremos?* 2ª. Petrópolis: Vozes, 2000, p. 31.

156. Boff chama esse processo de "primeira invasão", dentre as quatro que destaca em sua obra, fazendo remissão a José Comblim, que cunhou essa expressão.

"toda a ordem administrativa do país, durante o Império e mesmo depois, já no regime republicano, há de comportar (...) elementos estreitamente vinculados ao velho sistema senhorial."[157]

De outra banda, a República herdou, dos tempos coloniais, as relações clientelistas oriundas das desigualdades sociais e da precariedade na prestação de serviços públicos essenciais por parte do Estado, criando zonas de influência pessoal em torno de determinados detentores de poder político ou econômico. Durante a República Velha (1889-1930), esse processo recebeu a designação de *coronelismo*, dando ensejo à formulação de que ali se instaurara uma *"República dos coronéis"*.[158] É inevitável a associação desse quadro com aquele descrito por Caio Prado Jr., ao tratar da organização familiar e social na época da Colônia:

> *"É do regime econômico que ele brota, deste grande domínio que absorve a maior parcela da produção e da riqueza coloniais. Em torno daqueles que a possuem e senhoreiam, o proprietário e sua família, vem agrupar-se a população; uma parte, por destino natural e inelutável, os escravos; a outra, pela atração que exerce o único centro existente, real e efetivo, de poder e riqueza. O domínio é vasto, o que nele se passa dificilmente ultrapassará seus limites. Fica por isso inteiramente na alçada do proprietário; esta vai além, e se estende sobre a população vizinha que gira na órbita do domínio próximo. A autoridade pública é fraca, distante; não só não pode contrabalançar o poder de fato que encontra já estabelecido pela frente, mas precisa contar com ele se quer agir na maior parte do território de sua jurisdição, onde só com suas forças chega já muito apagada, se não nula. Quem realmente possui aí autoridade e prestígio é o senhor*

---

157. Holanda, Sérgio Buarque de. *Raízes do Brasil.* 26ª. São Paulo: Companhia das Letras, 2007, p. 88.

158. Essa designação decorre do fato de que alguns agentes dessa forma de clientelismo político eram coronéis da antiga Guarda Nacional, em sua maioria, proprietários rurais com base local de poder. (Fausto, Boris, *op. cit.*, p. 263). O autor critica a expressão "República dos coronéis" por considerar, como dissemos, que a prática revelada pelo coronelismo não foi exclusiva da Primeira República, mas estava presente desde o Brasil-Colônia.

rural, o grande proprietário. A administração é obrigada a reconhecê-lo, e, de fato, como veremos, o reconhece."[159]

Na fase do coronelismo, em que a vida social começava a ser transposta para as cidades, mas ainda com características cruciais das relações do campo, isso se aperfeiçoa pelo controle eleitoral exercido por coronéis em face dos votantes de sua área de influência, o que resultava em seu poder de interferência na gestão dos governantes eleitos com o seu "apoio". Assim, os coronéis *"forneciam votos aos chefes políticos do respectivo Estado, mas dependiam deles para proporcionar muitos dos benefícios esperados pelos eleitores"* como, por exemplo, *"consertar estradas ou instalar escolas"*.[160]

Com isso, a República brasileira já nasce tendo como marca o fato de que o poder político é, invariavelmente, subordinado aos interesses das elites dominantes, herança própria do modelo tradicional presente desde os primórdios de sua civilização. Não por acaso, há autores que associam certas características da relação contemporânea das oligarquias com o Estado com a própria organização incipiente da colonização brasileira, caracterizada pela concessão de terras pela Coroa portuguesa para particulares, sem qualquer custo, como ocorreu quando da instituição das Capitanias Hereditárias: "*Essa partilha do poder torna-se, no Brasil, não uma ausência do Estado (ou uma falta do Estado), nem, como imaginou a ideologia da 'identidade nacional', um excesso de Estado para preencher o vazio deixado por uma classe dominante inepta e classes populares atrasadas ou alienadas, mas é a forma mesma de realização da política e de organização do aparelho do Estado em que*

159. Prado Jr., Caio. *Formação do Brasil Contemporâneo.., p. 287.*

160. Fausto, Boris, *op. cit.*, p. 264. O coronelismo sobreviveu à República Velha, mas começou a dar sinais de sua decadência a partir dos anos 1940, quando começou a desaparecer como fenômeno global, em razão de diversos fatores, como o crescimento demográfico, a urbanização e a industrialização. Apesar disso, sempre a depender de fatores regionais e temporais, suas influências ainda se fizeram presentes, podendo ser vistas manifestações típicas de sua conformação até os anos 1960 em alguns estados e as práticas coronelistas ainda são comumente vistas não somente em zonas rurais e menos povoadas, mas também em áreas mais desenvolvidas.

os governantes e parlamentares 'reinam' ou, para usar a expressão de Faoro, são os 'donos do poder' (...).[161]

Dessa forma, uma das relevantes heranças históricas de todo o processo colonial – e que atravessou o Império – é justamente o patrimonialismo nas relações entre o poder político e as elites dominantes, que vão nortear praticamente toda a condução estratégica de funcionamento do Estado brasileiro em sua vida republicana. Como veremos adiante, isso representará uma grande influência sobre as relações de trabalho no Brasil industrializado, sobretudo na sua própria consolidação advinda com a legislação social das décadas de 1930/1940.[162]

Por outro enfoque, a conformação da sociedade brasileira também herdou características essenciais da estrutura projetada em sua fase colonial, moldada sobre o trinômio *latifúndio-monocultura-trabalho escravo*. Esse complexo, pela sua natureza, permitiu a criação de um modo próprio de relacionamento entre as pessoas que permaneciam em seu entorno: o "clã patriarcal", ou "família patriarcal", que dominou o cenário da vida colonial, como unidade econômica, social, administrativa e, de certa forma, até religiosa.[163] Esse formato, que se disseminou por boa parte do país – predominantemente rural, à época – era composto pelo conjunto de indivíduos que participavam das atividades do engenho ou a ele se agregavam, desde o proprietário que o dirigia soberanamente,

---

161. Chauí, Marilena. *Brasil, mito fundador e sociedade autoritária*. 6ª. Reimpressão. São Paulo: Fundação Perseu Abramo, 2006, p. 91.

162. Fatos como esse contribuem para que se afirme que a sociedade brasileira é autoritária e, por isso mesmo, seria fonte de diversas manifestações de autoritarismo político. Com efeito, os traços marcantes dessa sociedade indicam que ela é "*estruturada a partir de relações privadas, fundadas no mando e na obediência, disso decorre a recusa tácita (e às vezes explícita) de operar com os direitos civis e a dificuldade para lutar por direitos substantivos e, portanto, contra formas de opressão social e econômica: para os grandes, a lei é privilégio; para as camadas populares, repressão. Por esse motivo, as leis são necessariamente abstratas e aparecem como inócuas, inúteis e incompreensíveis, feitas para serem transgredidas e não para serem cumpridas nem, muito menos, transformadas*" (Chauí, 2006 p. 90).

163. Prado Jr., Caio, *Formação do Brasil Contemporâneo*, p. 286.

até os escravos e agregados.[164] No centro e acima de todos, estava o proprietário do engenho, cuja autoridade era absoluta, de modo que tudo o que se ali fazia deveria estar consonante com sua vontade por vezes exercida de forma despótica. Assim, os grandes proprietários atuavam como patriarcas, liderando os negócios e as relações familiares de todos os que estavam à sua órbita e que lhe eram dependentes.

Todavia, é de se considerar que a projeção dessa estrutura, no decorrer de várias gerações, acabou por dimensioná-la de maneira um pouco distinta daquilo que fora em sua origem. A proximidade entre todos os viventes na mesma e reduzida célula de convívio social atenuava até mesmo as circunstâncias de imposição de castigos físicos às pessoas escravizadas ou outras práticas autoritárias dos proprietários: da mesma forma como era visto na sua condição de "senhor", também era enxergado pelo círculo familiar, pelos agregados e pelos escravos, como um "pai" ou "protetor": o contato permanente e diário os aproximava e reduzia os pontos de conflito. Isso, contraditoriamente, se prestava a abrandar e a atenuar o poder absoluto do senhor, mas, ao mesmo tempo, o consolidava, porque a permanência nesse estado de sujeição passava, ao menos para alguns, a ser algo *consentido*. Dessa forma, mesmo com a liberdade de não ter um senhor, a "opção" de trabalhadores livres, rendeiros e alforriados continua sendo a de pertencer à "família".[165-166]

---

164. Segundo Eni de Mesquita Sâmara, essa família patriarcal tinha uma estrutura dupla: "*um núcleo central legalizado composto pelo casal branco e seus filhos legítimos e uma camada periférica não bem delineada e complexa. Desse último grupo faziam parte parentes próximos ou distantes, agregados e escravos. Incluímos também nesse círculo os moradores, os parceiros, os sitiantes e os pequenos proprietários que, por laços de sangue ou de vizinhança, mantinham relações de dependência ou de trabalho com o grande proprietário.*" (*Lavoura canavieira, Trabalho livre e Cotidiano*. São Paulo: Edusp, 2005, pp. 145-146).

165. Esse fato é bem retratado por José Lins do Rêgo, em seu *Menino de Engenho*, em que narra que muitos ex-escravizados, mesmo forros, "preferiam" permanecer sob o comando do senhor do engenho, não somente pela natural dificuldade de sua inserção na sociedade, mas também porque ele era visto como patriarca e como protetor. Segundo Caio Prado Jr. (*Formação do Brasil Contemporâneo*, p. 289), essas relações são sancionadas por rituais católicos, que estabelecem as figuras do "padrinho", do "afilhado" e do "compadre",

Assim, os engenhos eram os verdadeiros centros da vida social da colônia, fato que permite que os grandes proprietários constituam uma aristocracia de grande influência política.[167] O passo seguinte à disseminação dessa estrutura, fundada em uma sólida base econômica, foi a criação de uma *sociedade patriarcal*, da qual a *família patriarcal* constituiu verdadeira "célula orgânica". "*A família patriarcal fornece, assim, o grande modelo por onde se hão de calcar, na vida política, as relações entre governantes e governados, entre monarcas e súditos*".[168] Assim se explica por que, mesmo após a decadência açucareira e com o fim da escravidão, os senhores de engenho mantiveram o *status* de classe importante e poderosa e preservavam características nas relações pessoais que vinham desde o início do período colonial. A formação da sociedade se deu nos moldes das relações verificadas nos engenhos, mesmo com a urbanização das cidades que, inicialmente, eram puro reflexo da organização do campo: os mesmos latifundiários rurais passaram a alternar sua permanência também nas cidades, de modo que foi natural a projeção de sua condição para as relações urbanas. Outrossim, mesmo as ocupações profissionais de maior projeção e típicas das cidades - como as atividades liberais, os servidores públicos e os agentes políticos - foram preenchidas preponderantemente por donos de engenhos e por pessoas de sua influência.

---

justamente a partir desses vínculos de afinidade estabelecidos no âmbito das famílias patriarcais.

166. Embora a narrativa histórica seja importante, é oportuno que se registre que essa não era exatamente uma escolha ou preferência, mas sim uma imposição das circunstâncias. A vulnerabilidade dessas pessoas as deixava em uma situação de sujeição compulsória, pela mais absoluta ausência de opções mais apropriadas de vida.

167. Segundo Holanda (*Op. cit.,*, p. 80) "*O engenho constituía um organismo completo e que, tanto quanto possível, se bastava a si mesmo.*" O autor registra que esse modelo familiar fora estruturado segundo as normas clássicas do velho direito romano-canônico, mantidas na península Ibérica por muitas gerações e permanecendo como base e centro de toda a organização. Também afirma que a própria palavra "família" deriva do latim *famulus*, que "*se acha estreitamente vinculada à ideia de escravidão, e em que mesmo os filhos são apenas os membros livres do vasto corpo, inteiramente subordinado ao patriarca, os liberi*" (*Idem*, p. *passim*).

168. Holanda, Sérgio Buarque de, *op. cit.*, p. 85.

Dessa forma, é compreensível que, "*transportada de súbito para as cidades, essa gente carregue consigo a mentalidade, os preconceitos e, tanto quanto possível, o teor de vida que tinham sido atributos específicos de sua primitiva condição.*"[169]

Consolida-se, assim, uma sociedade paternalista, em que as relações de caráter pessoal são dotadas de vital importância, e todas centradas na figura do patriarca, o que, inclusive, ratifica uma estrutura de preconceito e violência contra as mulheres. Com a industrialização e a transformação de propriedades rurais em cidades, essa estrutura não foi substancialmente modificada, resultando nessa inafastável vinculação e dependência patriarcal. Daí decorre o que alguns autores nominam de "*mito fundador da sociedade brasileira*": a conservação das marcas da sociedade colonial escravista ou "cultura senhorial", que fazem com que a sociedade brasileira seja marcada por uma estrutura hierárquica fortemente verticalizada em todos os seus aspectos. "*Nela, as relações sociais e intersubjetivas são sempre realizadas como relação entre um superior, que manda, e um inferior, que obedece. As diferenças e assimetrias são sempre transformadas em desigualdades que reforçam a relação mando-obediência. O outro jamais é reconhecido como sujeito nem como sujeito de direitos (...).*"[170]

Em outro sentido, e como já vimos, a subsistência da política escravagista foi um dos entraves principais para o desenvolvimento do capitalismo industrial no Brasil. Na colonização americana, os conquistadores ressuscitaram esse infame instituto, já abolido em todo o Velho Mundo desde o século XVI. Ao contrário da lógica escravocrata vigente na Antiguidade, a escravização não brotara do conjunto da vida social, material e moral, mas sim foi algo estabelecido por razões fundadas quase exclusivamente no preconceito. A lógica dos colonizadores do Novo Mundo e de outras possessões em que isso se deu era simplesmente de utilizar a força bruta de trabalho daqueles vistos como culturalmente inferiores, e dos quais não se podia esperar que fossem mais do que uma "*máquina de trabalho bruto e inconsciente*", pois não eram

---

169. *Idem*, p. 82.
170. Chauí, Marilena, *op. cit.*, p. 89.

considerados aptos à interação de qualquer valor cultural. Tanto assim que tanto os indígenas como os negros africanos sofreram um vasto processo de aculturação forçada, que desconsiderou as raízes históricas e étnicas desses povos, que culminaram, em alguns casos, com sua própria destruição.[171]

Por certo, também as concepções preconceituosas que pressupunham a inferioridade racial dos negros foram fatores de motivação da sua escravização, tema que recebeu, no decorrer do século XIX, uma suposta base científica.[172] Nesse sentido, a própria postura da Igreja Católica, à época grande condutora do pensamento ocidental e norteadora político-institucional de metrópoles como Portugal e Espanha, foi por demais condescendente com a prática do escravismo, havendo mesmo ordens religiosas que eram proprietárias de inúmeras terras nas quais havia o trabalho escravo. O certo é que os povos europeus que se apoiaram no trabalho escravo nas colônias tiveram que renegar princípios essenciais de sua cultura e de sua civilização a fim de justificar a implantação desse odioso regime.[173] Assim se fez desde os primórdios da colonização, tão logo fora estabelecido o modelo exploratório vigente em toda a

---

171. Esse é o caso, por exemplo, dos povos maia, inca e asteca, que foram dizimados pelos espanhóis. No que diz respeito aos indígenas brasileiros, embora não tenha ocorrido o mesmo fenômeno com a maioria dos seus povos, também contribuiu para a sensível redução de sua população a ocorrência da chamada "catástrofe demográfica", representada por sua vitimização por epidemias advindas dos brancos, contra as quais não tinham defesa imunológica. A esse respeito, vale a leitura de *Escravidão,* de Laurentino Gomes, editado pela Globo Livros.

172. Essa perspectiva de inferioridade racial também estava presente em face dos índios, que chegavam a ser considerados "não-humanos", conforme citação do Padre Manuel da Nóbrega, um dos jesuítas responsáveis pela sua catequização (Fausto, Boris, *op. cit.*, p. 50).

173. Prado Jr. afirma que essa prática dos povos ibéricos teria sido um dos fatores primordiais a interferir no seu progresso e na sua prosperidade material, a ponto de causar-lhes o naufrágio da civilização (Prado Jr., Caio, *Formação do Brasil Contemporâneo*p. 271). No caso da Inglaterra, que também teria explorado o trabalho escravo, foi mantido com ele um relacionamento diferente, embora igualmente indigno: a prática do tráfico, monopolizado por comerciantes ingleses, o que não permitiu que lá a escravidão *"assentasse o pé"* (*Idem*, p. 271, nota de rodapé).

América Latina, percorrendo-se, no caso do Brasil, toda a extensão do seu período colonial e avançando por todo o Império.

De forma quase coincidente com o ocaso do regime imperial, a escravidão conheceu o seu fim em episódio que é considerado por certos autores como um "*marco divisório entre duas épocas*".[174] Mas se a extinção formal ocorreu em 1889, o sistema escravista já vinha sofrendo profundos abalos em sua estrutura, sobretudo desde meados do século XIX, quando foi abolido o tráfico de pessoas para fins de escravidão. Até então, a captura e o transporte dos negros africanos para comercialização nas terras americanas era uma atividade econômica de grande vulto, em que pese não só sua natureza degradante como o fato de ser uma prática de alto risco, em razão das dificuldades do transporte, que acarretava a perda de boa parte da população trazida nos chamados *navios negreiros*. Ainda assim, entre 1550 e 1855, estima-se que foram trazidos quatro milhões de escravos africanos, principalmente jovens do sexo masculino, em regra trocados por "moedas valiosas", como, por exemplo, tecidos de seda, joias, metais preciosos, armas, tabaco, algodão e cachaça.[175]

Mas, no decorrer do século XIX, esse sistema passou a sofrer grande combate liderado, sobretudo, pela Inglaterra, que proibiu o tráfico em suas colônias desde 1807. Paradoxalmente, uma nação que enriqueceu com o tráfico de escravos por mais de duzentos anos tomou a frente na luta antiescravista, gerando interferência direta na colônia brasileira, devido às influências que exercia junto ao governante português desde o apoio militar e financeiro que lhe concedeu, especialmente na transferência da corte portuguesa para o Brasil.[176]

Como vimos, desde as primeiras décadas do século XIX, o Brasil estava em plena expansão da sua economia cafeeira, que

---

174. Holanda, Sérgio Buarque de, *op. cit.*, p. 73.

175. Fausto, Boris, *op. cit.*, p. 51. O tráfico era alimentado por alianças feitas pelos traficantes com chefes tribais africanos, estabelecendo um comércio baseado no escambo, pelo qual faziam trocas por africanos capturados em guerras com tribos inimigas. Laurentino Gomes também explora muito bem esse tema, no livro já citado.

176. Priore, Mary Del, *Uma história da vida rural no Brasil*, p. 139.

representava, já por volta de 1830, quase a metade de suas receitas de exportação. Essa expansão, inclusive territorial, foi estabelecida com base na ampliação do uso do trabalho escravo, com especial incremento para o tráfico – a despeito de toda a pressão exercida pelos ingleses e do tratado com eles firmado em 1826, pelo qual o Brasil se comprometia a acabar com o tráfico em três anos, o que efetivamente não ocorreu.[177] Assim, devido às necessidades da produção, o tráfico de escravos só aumentou progressivamente, pelo menos até 1850, ano em que foi aprovada a Lei Eusébio de Queirós, que efetivamente o proibiu.[178] Nesse momento, prenunciava-se uma forte crise na mão-de-obra, e formava-se a expectativa de que haveria uma completa desorganização da economia agrária brasileira, que era o sustentáculo produtivo do país e que dependia exclusivamente do trabalho compulsório.[179] A redução da entrada

---

177. A Inglaterra se aproveitava de sua supremacia marítima para impor condições que, embora justas em razão de suas finalidades, eram totalmente ofensivas à soberania de outros países, como foi o caso da *Bill Aberdeen*, lei criada em 1845 pelo Parlamento Inglês, que permitia a invasão de portos brasileiros que abrigassem navios negreiros e a própria captura desses. Esse foi um ato de força que já vinha sendo desenhado desde a Independência e que motivou a promulgação, pelo Governo Regencial do Brasil, de uma lei que declarava livres os africanos desembarcados em portos brasileiros desde aquele ano (1831). Mas o sentimento geral era de que essa lei não seria cumprida, fazendo circular pela Corte, inclusive na Câmara dos Deputados, o comentário de que o Regente Feijó fizera uma lei só "*para inglês ver*". Essa teria sido a mais provável origem da expressão, posteriormente popularizada como expressão indicativa de leis que são feitas, mas não são cumpridas ou qualquer outra situação criada apenas para estabelecer uma aparência em certo sentido, sem que haja efetivo comprometimento por parte de seu agente.

178. Holanda (*Op. cit.*, p. 76) explica que "*não é para admirar se (...) puderam os interessados no tráfico promover, mesmo, e principalmente, depois de 1845 – o ano do Bill Aberdeen -, um comércio cada vez mais lucrativo e que os transformaria em verdadeiros magnatas das finanças do Império. Pode-se estimar a importância do golpe representado pela Lei Eusébio de Queirós, considerando que, naquele ano de 1845, o total de negros importados fora de 19.363; em 1846, de 50.354; em 1847, de 56.172; em 1848, de 60 mil; em 1849, de 54 mil e em 1850, de 23 mil.*" O autor aponta que fora a Lei em questão uma das causadoras da queda súbita no tráfico, já em 1850, ao lado da intensificação da repressão britânica ao tráfico. Isso também motivou a redução para os dois anos seguintes, a ponto de, em 1852, serem trazidos apenas setecentos negros africanos.

179. Este é um antecedente histórico importante para a compreensão do comportamento das elites brasileiras até hoje. Sempre que há algum movimento

de pessoas escravizadas, mesmo de forma ilegal, trazia dúvidas sobre quem iria substituí-los na atividade braçal, e imediatamente fazia voltar à lembrança a experiência fracassada do início do século, especialmente logo após a Independência, quando, por intermédio de *companhias de imigração*, foi estimulada a imigração de europeus para trabalhar na lavoura, inclusive em substituição ao escravizado, o que acabou não tendo o êxito esperado.[180]

Mas, ao revés do que se prognosticava, o fim do tráfico não afetou a economia nacional: as exportações de café somente aumentaram, chegando a ultrapassar os 60% da receita das exportações brasileiras na década da abolição.[181] Isso ocorreu, de um lado, porque os fazendeiros do café – já visualizando a premência na proibição do tráfico de escravos – ampliaram a sua importação nos anos que antecederam 1850, estabelecendo um "estoque de mão-de-obra" durante a lenta e gradual política de abolição do tráfico. De outra parte, a medida não eliminou o tráfico interno, que fora estimulado pelo fato de que outras culturas, como a do açúcar, estavam em plena crise. Com isso, houve grande migração da mão-de-obra escravizada do nordeste para o centro-sul[182], asse-

de emancipação dos mais pobres e vulneráveis, suscita-se um discurso econômico que fomenta o medo como forma de combater qualquer tipo de evolução, ainda que seja o de tirar as pessoas de condições indignas de vida ou de trabalho. Isso se repetiu, recentemente, com a promulgação da LC 150, que ampliou os direitos dos trabalhadores domésticos. E é também utilizado com regularidade para legitimar as práticas de retrocesso social, que culminam com a retirada de direitos, como ocorre atualmente.

180. Dentre os principais fatores que levaram ao insucesso dessa tentativa estão a inexperiência dos imigrantes no trabalho na lavoura – já que muitos eram desempregados urbanos, ex-soldados ou criminosos – e o fato de que sua vinda era financiada pelos proprietários das terras, mas as despesas constituíam dívidas dos imigrantes, sujeitas a juros, e que se tornavam impagáveis. Com isso, eles trabalhavam apenas para amortização das dívidas, tornando-se verdadeiros "escravos brancos". Diante desse quadro, diversos países europeus passaram a restringir ou a proibir a vinda de imigrantes, o que inviabilizou a efetivação dessa empreita. (Priore, Mary Del Priore *et. al..*, *O Livro de Ouro da História do Brasil.* p. passim).

181. Fausto, Boris, *op. cit.*, p. 387.

182. Priore, Mary del (*Uma história da vida rural no Brasil*, p. 148) também relata que essa migração também se deu em direção ao Norte do país no momento em que houve incremento da cultura da borracha.

gurando a permanência da mesma estrutura produtiva concebida ainda no Brasil colonial.

De qualquer forma, desde então, já se desenhava a necessidade de abolição total do trabalho escravo – como, aliás, propusera em 1823 José Bonifácio de Andrade e Silva[183] e como também defendera o próprio Imperador D. Pedro II[184] – mas a própria falta de consenso nos movimentos de combate aos escravocratas acabava beneficiando a manutenção do estado vigente: falamos da disputa entre os *abolicionistas* – que pregavam, pura e simplesmente, a eliminação do trabalho escravo – e os *emancipacionistas* – que defendiam a sua extinção gradual, mediante indenização aos proprietários.

O surgimento desses movimentos, sobretudo por parte dos abolicionistas, foi um elemento fundamental na conformação de um quadro tendente à extinção do escravismo, porque contava com a adesão de importantes lideranças, inclusive de grande prestígio intelectual, como André Rebouças e José do Patrocínio. Não menos importantes foram as lutas engendradas pelo próprio povo oprimido, não só pela resistência natural que sempre levaram a efeito – a despeito da violência com que isso era reprimido – como também pelas organizações coletivas, como foi o caso dos quilombos, e que configuravam verdadeiros focos de combate à escravidão. Apesar disso, não pode ser desprezado o fato de que os próprios interesses da elite econômica também foram decisivos para o fim da escravidão: desde a estruturação científica do liberalismo econômico, tinha-se como evidente que o trabalho livre seria mais barato do que o trabalho escravo para o produtor, o que seria claramente demonstrado por Prado Jr.:

> *"De um modo geral, e de um ponto de vista estritamente financeiro e contabilístico, o trabalho escravo, outras circunstâncias iguais, é mais oneroso que o assalariado. O escravo corresponde a um capital fixo cujo ciclo tem a duração da vida de um indivíduo; assim sendo, mesmo sem considerar o*

183. Cf. Priore, *et al.* (*O Livro de Ouro da História do Brasil,* p. 226), citando a *Representação à Assembleia Geral Constituinte e Legislativa do Império do Brasil Sobre a Escravatura.*

184. Isso ocorreu na *Fala do Trono,* de 1867, cf. Priore, *et al.* (*Idem,* p. 254).

> *risco que representa a vida humana, forma um adiantamento a longo prazo de sobretrabalho eventual a ser produzido; e, portanto, um empate de capital. O assalariado, pelo contrário, fornece aquele sobretrabalho sem adiantamento ou risco algum. Nestas condições, o capitalismo é incompatível com a escravidão; o capital, permitindo dispensá-la, a exclui. É o que se deu com o advento da indústria moderna."*[185]

Desse modo, as demandas em prol da abolição vinham ao encontro dos interesses dos capitalistas brasileiros, que passaram a vislumbrar a desnecessidade do investimento na mão-de-obra escrava, sempre sujeita a fatores inconstantes e incontroláveis: afinal, nada lhes garantia um tempo mínimo de prestação de serviços ou o trabalho com plenitude física do trabalhador escravo; era, antes de tudo, um investimento de alto risco. A contratação do trabalho livre, por seu turno, se ajustava adequadamente à lógica exploratória, pois não era necessário o incremento inicial por parte do proprietário como pressuposto para o início da atividade laborativa. Como dito por Prado Jr., em vez de pagar antecipadamente pelo sobretrabalho que seria explorado a vida toda do escravizado – sem, no entanto, poder prever quanto essa vida iria durar – seria muito mais lucrativo pagar apenas pelo próprio sobretrabalho, e somente após a sua realização. Ao lado disso, e ainda em uma perspectiva econômica, a pessoa escravizada era vista como "coisa", simples propriedade do seu senhor. Assim, se de um lado isso era um fator de sua degradação individual, ao mesmo tempo impunha ao proprietário o "dever" de zelar pelo seu "bem-estar". Afinal, sendo parte de seu patrimônio, não poderia deixar que perecesse, sob pena de ver destruído o capital investido. Daí porque seu custo de manutenção do escravizado era maior, visto ter também as obrigações acessórias de fornecimento de alimentação e até remédios, além de prover sua vestimenta e moradia.

185. Prado Jr., Caio, *História Econômica do Brasil,* p. 175. Esse fato também fora constatado por Adam Smith, em *A riqueza das nações,* de 1776, e é por alguns historiadores considerada a razão fundamental para que a Inglaterra, condutora do liberalismo, adotasse uma postura antiescravista a partir do início do século XIX.

Com essas afirmações não pretendemos negar o valor das lutas abolicionistas, nem tampouco a resistência oferecida pelos próprios negros, a rigor já debilitada pela sua própria condição. No entanto, não podemos deixar de considerar que as motivações econômicas dos "proprietários" foram decisivas para a efetivação da Abolição. Não se pode afirmar que, sem elas, não teria ocorrido a libertação dos escravizados; no entanto, é legítima a suposição de que, nesse caso, ela teria demorado ainda mais para se concretizar. De outra parte, há que se compreender que, nessa ocasião, grande parte da população brasileira era composta por pessoas escravizadas, alguma delas libertas além dos seus filhos e dos seus netos, muitos oriundos de relações mantidas clandestinamente por proprietários brancos com mulheres cativas. Com isso, após tantos anos de integração inter-racial, havia uma natural influência dos negros na conformação da população[186], o que suscitou uma mobilização em torno da necessidade de "branqueamento" da população, fator estimulador da retomada das propostas de imigração europeia.[187]

Por uma ou por outra razão, o escravismo estava degradado, e a estratégia emancipacionista foi sendo conduzida de maneira satisfatória aos seus propósitos. Para esses, seria conveniente a redução gradual dos escravizados a fim de permitir que, ao cabo desse processo, restassem poucas indenizações a serem pagas. Assim foi que, em 1871, aprovou-se a *Lei do Ventre Livre* ou *Lei Rio*

---

186. Cf Boris Fausto (*Op. cit.*, p. 226), segundo dados do recenseamento de 1872, 43% da população brasileira era de origem africana, sendo livres (porque já nasceram em liberdade) ou libertos (escravos que obtiveram a liberdade), dos quais apenas 15% eram escravos.

187. Aquino, Rubim Santos Leão de, *et al.* assim afirmam: *"As conquistas dos abolicionistas foram lentas, porém o escravismo estava em franco processo de desagregação. Neste contexto, não se pode omitir a atuação das autoridades e de empresários empenhados em estimular a vinda de trabalhadores brancos livres. Era o branqueamento da sociedade. A muitos parecia inconcebível construir um país modernizado com uma sociedade em que predominassem negros e mulatos ex-escravos. Era o racismo até hoje existente em nossa sociedade."* (*Sociedade Brasileira: Uma história através dos movimentos sociais.* São Paulo: Record, 2000, p. 45). Desde então já se nota que o "mito da democracia racial" jamais passou de um artificialismo, cujo objetivo seria ocultar o racismo estrutural da sociedade brasileira, típico das elites nacionais, que hoje sequer é mascarado.

Branco[188], que considerava livres os filhos de mulher escravizada, nascidos a partir de sua vigência, mas que nada mudava senão o mero *status* dos nascituros, já que lhes impunha condição de dependência e subserviência até os 21 anos.[189] No mesmo sentido, a *Lei dos Sexagenários* ou *Lei Saraiva-Cotegipe*[190] era extremamente retrógrada, pois embora concedesse a liberdade aos escravizados quando completassem 60 anos, ainda os obrigava a prestar serviços por três anos, a título de "indenização pela sua alforria", até o limite de 65 anos de idade. Como em outras situações, o pretenso caráter humanitário acobertava o atendimento primordial aos interesses econômicos dos proprietários: chegando o próximo ao fim de sua vida útil, seria mais conveniente ao senhor "alforriá-lo", com o que ficaria livre das despesas de sua manutenção, sabendo-se que a sua capacidade de trabalho já estava sensivelmente reduzida, mormente em razão das condições abjetas com que era obtida. Essas medidas, na realidade, apenas postergavam o fim do escravismo e acentuavam as divergências entre os abolicionistas e os emancipacionistas.[191]

Diante desse quadro, aos 13 de maio de 1888 foi sancionada a Lei Áurea(Lei 3.353/1888) que, em certa medida, alterou o plano até então vigente, ao formular uma extinção imediata da escravidão no Brasil. No entanto, a realidade das cerca de 720 mil pessoas escravizadas em todo o país continuou revestida da mais absoluta precariedade o que, de certa forma, ajuda a explicar a situação de *apartheid* social ainda hoje vigente em nossa sociedade. Não temos dúvidas de que a Abolição foi um marco divisório entre duas épocas, como dito por Holanda, mas enquanto ele considera

188. Lei 2.040, de 28/09/1871, cuja designação fazia referência ao Presidente do Conselho de Ministros, José Maria da Silva Paranhos, o visconde de Rio Branco.

189. O art. 1º., par. 1., da lei estipulava que os filhos em questão ficariam sob poder e autoridade dos senhores de suas mães, que os criariam até os oito anos completos; depois disso, os senhores poderiam exigir-lhe o trabalho até os 21 anos completos ou exigir indenização do Estado.

190. Lei 3.270, de 28/09/1885, que fazia referência aos Presidentes do Conselho de Ministros, José Antonio Saraiva e João Maurício Wanderley, barão de Cotegipe.

191. Aquino, Rubim Santos Leão de, *et al. op. cit.*, p. 47.

que esse fato estabeleceu o fim do predomínio agrário no Brasil, o que vemos tem outro matiz. Com efeito, além de reputarmos que as raízes rurais ainda continuaram a produzir seus efeitos mesmo sob os efeitos da industrialização e da urbanização, a formação do trabalho assalariado brasileiro teve uma característica peculiar, que a torna diferente de similares condições em outras partes do mundo.

Com efeito, o iminente fim da escravidão já conduzia à progressiva substituição do trabalho escravo pelo assalariado, a maior parte dele formada por imigrantes, em uma nova tentativa em moldes distintos da anterior. Desde o quarto final do século XIX, com a escassez da mão-de-obra escrava, foram sendo trazidos trabalhadores europeus para, sobretudo, trabalhar nas fazendas de café. A Lei Áurea ampliou essas possibilidades, mas, ao mesmo tempo, os imigrantes foram sendo deslocados para outras atividades acessórias – como a construção de ferrovias – e outras tipicamente urbanas, que começaram a ser desenvolvidas a partir da formação e da intensificação da vida nas cidades que, cada vez mais, exigiam a prestação de trabalho assalariado.[192] Mas, se a realidade do Brasil Republicano favorecia aos imigrantes, o mesmo não se pode dizer dos libertos, que não tiveram nenhuma política oficial de readaptação que lhes permitisse a inclusão na vida social e econômica do país, das quais foram, até então, absolutamente excluídos. As marcas do preconceito secular ainda persistiam no corpo e na alma da sociedade, que continuava a enxergar nos negros uma condição ínsita de subserviência.[193]

Com isso, se era muito difícil a conjugação do trabalho livre com o trabalho escravo em um mesmo ambiente[194], não se

192. Como explicam Aquino, Rubim Santos Leão de, *et al.* (*Op. cit.*, p. 178), *"A intensificação da vida urbana, implicando a organização de serviços públicos (bondes, iluminação), de tipografias e jornais, constituiu estímulo ao crescimento de número cada vez maior de trabalhadores assalariados".* Esse foi o momento de maior explosão imigratória pois, segundo os autores, entre 1850 e 1920, São Paulo recebeu mais de 1 milhão de imigrantes (p. 177).

193. *"O negro permaneceu mantido à margem do universo cultural estabelecido por uma sociedade regida pelo branco que insistiu em perpetuar a mesma mentalidade escravocrata reinante durante os quatro séculos de escravidão"* (*Idem* pp. 52-53).

194. Prado Jr., Caio, *História Econômica do Brasil*, p. 187.

demonstrava menos complexa a convivência plena de imigrantes e ex-escravizados. Enquanto os imigrantes recebiam proteção do Estado, que lhes concedia até mesmo o direito de criar colônias, "*não houve qualquer política do governo visando a readaptação, a integração e a assimilação dos ex-escravos ao mercado de trabalho, tanto nas indústrias nascentes, como nas áreas rurais. Pode-se afirmar que os ex-escravos passaram a constituir o exército industrial da reserva, assim facilitando a manutenção do pagamento de baixos salários aos trabalhadores empregados.*"[195]

Com essas características é que foram formadas as relações de trabalho no Brasil: por primeiro, são resultado de uma transição direta, embora gradual, do trabalho escravo para o trabalho livre e assalariado, que paulatinamente substituiu aquele à medida da sua decadência. Mas a falta de um processo intermediário fez com que fossem preservados alguns elementos presentes nas relações servis, de modo que, desde sempre, as relações de trabalho no Brasil sejam conformadas dentro de um *sistema tradicional de apropriação da mão-de-obra*, marcado ainda pelos chamados *resíduos escravistas.*[196] Se isso estava presente nas relações agrárias, como decorrência do modelo colonial, foi também integralmente transposto para as relações industriais. Como vimos, a própria origem da industrialização brasileira indica que não houve transição das relações produtivas na passagem do modelo agrário para o industrial – fato reforçado pela circunstância de muitos dos fazendeiros se tornarem proprietários de indústrias – fazendo com que fossem reproduzidos, no Brasil industrializado, muitos dos atributos presentes na sua fase de expansão agrário-exportadora:

> *"O Brasil empreendeu sua industrialização sem previamente remodelar as relações de produção na agricultura. Daí resulta que, acima das contradições internas de seu setor capitalista (entre o capital e o trabalho) e do seu setor feudal (entre o*

195. Aquino, Rubim Santos Leão de, *et al. op. cit.*, p. 178.

196. É Prado Jr. quem afirma que "*a abolição não eliminou desde logo, pelo menos em alguns lugares, acentuados traços escravistas que permaneceram de fato e à margem do regime legal de trabalho livre.*" (Prado Jr., Caio, *A revolução brasileira*. São Paulo: Brasiliense, 1978 p. 97).

> *latifúndio feudal e a servidão da gleba), paire a contradição entre o seu lado moderno, isto é, capitalista, e o seu lado arcaico, isto é, feudal. A economia brasileira é, ao mesmo tempo, moderna e arcaica, e a coexistência entre seu lado moderno e o arcaico não se exprime por uma justaposição, mas por um conflito que enche toda a nossa história, que lhe dá o que ela tem de mais típico, de mais característico".*[197]

De outra parte, as relações de trabalho assalariado também foram formatadas em um ambiente de exclusão e de preconceito. Desde a colônia, o trabalho era considerado como algo pejorativo e desabonador, daí porque mesmo aquele exercido de forma tinha uma abrangência restrita. Na concepção aristocrática de então, seria degradante a um branco ativar-se em serviços que bem poderiam estar sendo realizados por negros escravizados; bem por isso, era "*pequena a margem de ocupações dignas*" destinadas ao homem livre.[198] A universalização do labor livre não eliminou de pronto essa visão e, como vimos, os negros foram alijados do incipiente mercado de trabalho, não só pelo preconceito em si, mas também por se considerar sua mão-de-obra de qualidade inferior. Daí porque inevitável o reconhecimento de que os resíduos de escravismo traçaram marcações indeléveis na estrutura das relações de trabalho no Brasil e, "*longe de constituírem obstáculos ao progresso e ao desenvolvimento do capitalismo, lhe têm sido altamente favoráveis, pois contribuem para a compressão da remuneração do trabalho, ampliando com isso a parte da mais-valia, e favorecendo por conseguinte a acumulação capitalista*".[199]

Essas mediações históricas e econômicas revelam apenas que, qualquer que fosse a designação das relações de trabalho no Brasil, nelas sempre se fez presente não somente a clássica subsunção do trabalho ao capital, como também os nítidos traços autoritários

---

197. Rangel, Ignácio. *A inflação brasileira*. São Paulo: Bienal, 1986, p. 36.
198. Prado Jr., Caio. *Formação do Brasil Contemporâneo*, p. 279.
199. Prado Jr., Caio. *A revolução brasileira*, p. 97. Ainda, para o autor, *"o que sobra do escravismo representa assim um elemento de que o capitalismo se prevalece, e em que frequentemente se apoia, uma vez que o baixo custo da mão-de-obra torna possível em muitos casos a sobrevivência de empreendimentos de outra forma deficitários"*.

próprios do regime escravista tardiamente extirpado. Ao contrário do ocorrido na Europa, em que houve uma longa fase intermediária - que, mesmo fundada na prestação servil de trabalho, não tinha mais as características do escravismo -, o caso brasileiro mostra uma simples transposição de modelos, sem que houvesse minimamente uma reconstrução das relações de trabalho, tornando quase que inevitável a idêntica transposição de conceitos de uma para outra: "*Com a abolição da escravidão, substituiu-se às relações servis de trabalho a relação de emprego ou locação de serviços (...). Mas qualquer que seja o caso, o trabalhador livre de hoje se encontra, tanto quanto seu antecessor escravo, inteiramente submetido na sua atividade produtiva à direção do proprietário, que é o verdadeiro e único ocupante propriamente da terra e empresário da produção, na qual o trabalhador não figura senão como força de trabalho a serviço do proprietário (...)*".[200]

Com isso, situamos historicamente a confluência dos *três fatores* que consideramos fundamentais para a compreensão das relações de trabalho no Brasil contemporâneo. Em um curto espaço de tempo, e de maneira quase simultânea, sofremos profundas mudanças nas esferas política, social e econômica, sem que houvesse nenhuma demarcação histórica que permitisse uma razoável transição. O resultado disso foi que as principais raízes do Brasil Colonial e Monárquico foram preservadas e transpostas para o Brasil Republicano; algumas delas até hoje produzindo seus nefastos efeitos.

200. *Idem*, pp. 46-47.

AS RELAÇÕES DE TRABALHO NO BRASIL INDUSTRIALIZADO: O TERRENO PAVIMENTADO

São assim os homens; as águas que passam,
e os ventos que rugem não são outra coisa.
Machado de Assis

OS PRIMÓRDIOS DA ORGANIZAÇÃO OPERÁRIA E SUA INFLUÊNCIA NA REGULAÇÃO DO MERCADO DE TRABALHO

A análise retrospectiva do mercado de trabalho brasileiro nos leva à conclusão que as discussões mais complexas a respeito da sua regulação só tiveram relevância após a substituição do trabalho escravo pelo trabalho livre. A exemplo do ocorrido nos países de capitalismo mais avançado, somente com uma industrialização articulada é que surgiram fenômenos sociopolíticos que levaram à necessidade do reconhecimento institucional das demandas da classe trabalhadora. No entanto, como a indústria custou a assumir um papel preponderante na economia nacional, os movimentos operários só passaram a ter importância muito depois do início da organização industrial do capitalismo.

Apesar disso, as inflexões do liberalismo político que motivaram as revoluções liberais na Europa e nos Estados Unidos também exerceram sua influência na constituição do modelo imperial brasileiro, de maneira que a Constituição do Império (1824) proclamava, dentre outras disposições, a liberdade para o trabalho (art. 179, 24) e a abolição das corporações de ofício (art. 179, 25).[201] Logo, antes mesmo da Abolição havia uma interdição institucional a qualquer tipo de organização de caráter operário[202]; ainda assim, há notícias da existência de algumas sociedades de cunho laboral, como a Liga Operária (1870) e a União Operária (1880) que, usando nomes *"específicos indicando profissões ou atividades econômicas, não visavam propriamente à defesa de seus interesses, tanto que abriam o acesso a seus quadros sociais a elementos estranhos a tais atividades ou profissões"*.[203]

Dessa forma, é somente no decorrer da Primeira República (1889-1930) que surgem os primeiros movimentos grevistas expressivos, que traziam reivindicações de melhores salários e de condições de vida mais adequadas aos trabalhadores, e que podem ser identificados como sendo as manifestações orgânicas mais remotas que evidenciam a existência de organismos de cunho associativo laboral. No entanto, esses movimentos ainda se concentravam nas fazendas cafeeiras de São Paulo[204], pois apesar do crescimento das cidades e a concentração de fábricas em seu entorno terem criado condições ambientais para o desenvolvimento de organizações de operários, as greves e outros movimentos só tinham algum significado quando afetavam diretamente o sistema agroexportador,

---

201. Art. 179, da Constituição de 1824: *"A inviolabilidade dos direitos civis e políticos dos cidadãos brasileiros, que tem por base a liberdade, a segurança individual e a propriedade, é garantida pela Constituição do Império, pela maneira seguinte: (...) 24) Nenhum gênero de trabalho, de cultura, indústria ou comércio pode ser proibido, uma vez que não se oponha aos costumes públicos, à segurança, e saúde dos cidadãos; 25) Ficam abolidas as corporações de Ofícios, seus Juízes, Escrivães e mestres. (...)."* Conforme já apontado em capítulo inicial deste trabalho, as corporações de ofício, que representavam um mecanismo de restrição ao acesso ao mercado de trabalho, foram proibidas na França após Revolução de 1789 e, sequencialmente, em outros países de índole liberal.

202. Destaque-se que, a esta altura, pela forma como se desenvolviam as relações de trabalho no Brasil, não era possível distinguir de forma nítida a existência de corporações de ofício com o seu sentido clássico e aquelas organizações operárias de caráter reivindicativo.

203. Segadas Vianna *in* Sussekind, Arnaldo *et alii*. *Instituições de Direito do Trabalho.* 1º. vol. 16ª. ed. São Paulo: LTr, 1997, p. 1045.

204. Cf. Fausto, Boris. *História do Brasil.* São Paulo: Edusp, 2006. p. 296.

como os portos e as ferrovias, visto que, no geral, esse continuava sendo o fundamento da economia brasileira[205].

Cumpre notar que, também por influência do então hegemônico liberalismo político e econômico - o qual fundamentou ideologicamente a superação do regime monárquico –, a instituição da República brasileira não contemplou em seus instrumentos normativos qualquer referência ao trabalho humano, limitando-se a assegurar o livre exercício de qualquer profissão moral, intelectual e industrial (art. 72, par. 24, da Constituição de 1891)[206], dispositivo que *"firmava-se na concepção da soberania da vontade individual, cabendo ao trabalhador a defesa de seus interesses, e sendo admitida a intervenção do Estado quando os interesses individuais pudessem entrar em choque com os coletivos"*. Essa afirmação é de Arnaldo Süssekind, para quem

> *Todos [referindo-se aos autores do projeto de Constituição] sofriam a influência das ideias dominantes nos Estados Unidos, com o caráter individualista, e dominava seus autores a crença de que fora o laissez-faire que levara a grande república ao alto grau de desenvolvimento já então atingido. Seguiram eles a orientação de que (...) o bem-estar social atinge seu ponto culminante à medida em que os indivíduos realizam de maneira razoável todos os seus interesses privados.*

---

205. Segundo Fausto, "no curso das últimas décadas do século XIX até 1930, o Brasil continuou a ser um país predominantemente agrícola. Segundo o censo de 1920, dos 9,1 milhões de pessoas em atividade, 6,3 milhões (69,7%) se dedicavam à agricultura, 1,2 milhão (13,8%) à indústria e 1,5 milhão (16,5%) aos serviços. (...) O dado mais revelador é o do crescimento do número de pessoas na área industrial, que, pelo censo de 1872, não passava de 7% da população em atividade, mas é bom lembrar que muitas "indústrias" não passavam de pequenas oficinas". *Idem*, pp. 283-284.

206. Art. 72, da Constituição de 1891: *"A Constituição assegura a brasileiros e a estrangeiros residentes no País a inviolabilidade dos direitos concernentes à liberdade, à segurança individual, e à propriedade, nos termos seguintes: (...) Par. 24 – É garantido o livre exercício de qualquer profissão moral, intelectual e industrial".*

Assim, conclui que *"de uma assembleia dominada por essas ideias não poderia surgir constituição que não fosse liberal e individualista"*, na qual *"nenhum princípio foi estabelecido quanto à proteção ao trabalho e ao trabalhador"*.[207] Inequivocamente, havia nesse texto uma referência clássica ao liberalismo, emanado, inclusive, do texto do art. 72 da Carta, que iniciava o título denominado *Declaração de direitos*: os valores jurídicos eleitos como referências centrais desse dispositivo eram exatamente aqueles valorizados no contexto das revoluções do século XVIII. Mesmo com essas limitações estratégicas e institucionais, desde o fim do século XIX começam a surgir as primeiras organizações operárias, que se disseminaram a partir do início do século XX, inclusive com publicação de periódicos visando à conscientização dos trabalhadores e à realização de movimentos grevistas. Apesar de a Constituição de 1891 haver reconhecido a liberdade de associação, a atuação dessas organizações ainda era marcada pela repressão policial[208].

Somente com Decreto nº 979, de 06/01/1903, é que foi efetivamente assegurado o direito de constituição de sindicatos para defesa dos interesses dos trabalhadores, o que a princípio, só se aplicava aos rurais[209]. A propósito, a denominação *sindicato* passou a ser utilizada com maior frequência a partir do Primeiro Congresso Operário Brasileiro, realizado em 1906, no Rio de Janeiro, mas o reconhecimento legal do direito de sindicalização dos trabalhado-

---

207. Sussekind, Arnaldo *et alii*. *Instituições de Direito do Trabalho.* 1º. vol. 16ª. ed. São Paulo: LTr, 1997. p. 75).

208. A garantia ao direito de associação estava previsto no art. 72, par. 8º, da Constituição ("A todos é lícito associarem-se e reunirem-se livremente e sem armas; não podendo intervir a polícia senão para manter a ordem jurídica"), mas somente em 22/11/1920, o Supremo Tribunal Federal reconheceu, no julgamento de um *habeas-corpus*, que nele estava abrangido também o direito de sindicalização e o de greve. (Cf. Segadas Vianna in Sussekind *et alii*. Instituições de Direito do Trabalho. 2º. Vol. 16ª. ed. São Paulo: LTr, 1996. p. 1066).

209. No entanto, há registros de que, desde 1906, já havia notícias do surgimento dos sindicatos de trabalhadores em ladrilhos, em pedreiras, pintores, sapateiros, e sindicato de operários de ofícios diversos (Telles, Jover. *O movimento sindical no Brasil*. 2ª. ed. São Paulo: Livraria Editora Ciências Humanas, 1981, pp. 3-4).

res urbanos se deu apenas por meio do Decreto nº. 1.637/1907.[210] Em suma, com uma orientação nitidamente liberal, a República recém-instaurada tratava a *questão social* como uma *questão de polícia*, na expressão atribuída ao Presidente Washington Luís.[211]

Além da prática repressiva, o Governo Republicano também procurava cooptar a classe trabalhadora com o nítido propósito de refrear a intensificação das lutas operárias: atuava nos próprios movimentos, fomentando organizações e movimentos opositores aos anarcossindicalistas, que comandavam as associações operárias. Um curioso exemplo dessa prática foi o *congresso operário* ocorrido em 1912, no Palácio Monroe, no Rio de Janeiro, organizado pelo tenente Mário Hermes, deputado e filho do então Presidente da República, Marechal Hermes da Fonseca. Denota-se uma evidente tentativa das classes dominantes e do Governo de se apoderarem do movimento sindical, revelando um típico *sindicalismo amarelo* – precursor do *sindicalismo pelego* – e o oficialismo do ato foi marcado pelo predomínio de *discursos demagógico* e de *solicitações de direitos trabalhistas*, como jornada de oito horas, limitação do trabalho de mulheres e de crianças, pensão por invalidez, dentre outros[212]. Embora essa iniciativa tenha sido considerada "*uma*

---

210. Cf. Aquino, Rubim Santos Leão de *et al. Sociedade Brasileira:* Uma história através dos movimentos sociais. São Paulo: Record, 2000. p. 180.

211. O uso da repressão a muitas atividades sindicais e operárias era comumente tratado como política de Estado, e a "questão operária continuava sendo tratada com violência. Muitos operários foram presos e assassinados, sindicatos e jornais invadidos e fechados, greves dissolvidas a tiros, golpes de sabre e cacetadas, e cargas de cavalaria" (Aquino, Rubim Santos Leão de *et al.*, op. cit. p. 182). A própria legislação penal da época "dedicava dois de seus artigos ao caso dos trabalhadores que, de qualquer forma aliciassem greves ou reivindicações salariais; ambos eram taxativos e o segundo prescrevia prisão celular, visando àqueles que causassem ou provocassem 'cessão ou suspensão de trabalho, para impor aos patrões aumento ou diminuição de serviço ou salário' (...)" (cf. Sodré, Nelson Werneck. *Contribuição à história do PCB*. São Paulo: Global, 1984, p. 32). No mesmo contexto, foi aprovada a Lei Adolfo Gordo (Lei 1641/1907) que permitia a expulsão de imigrantes estrangeiros que, por qualquer motivo, comprometessem a segurança nacional ou a tranquilidade pública, de forma a atingir, primordialmente, as lideranças sindicais.

212. Cf. Aquino, Rubim Santos Leão de *et al. Sociedade Brasileira:* Uma história através dos movimentos sociais. São Paulo: Record, 2000, p. 182. A expressão

palhaçada" pela classe trabalhadora e, por isso mesmo, não tenha frutificado[213], há registros que indicam que, nesse congresso, "*uma das conclusões a que se chegou foi a de substituição do contrato individual pelo contrato coletivo de trabalho*", explicitando, ainda que por razões político-institucionais – e não legitimadas pela atuação sindical-operária – aquilo que ainda estava por vir a ser objeto de regulamentação[214].

Sem embargo desse comportamento institucional, a crescente industrialização do país possibilitava o desenvolvimento dos movimentos trabalhistas mesmo à margem da lei, motivados pela lastimável condição social enfrentada pelo proletariado, cada vez mais empobrecido e minimizado em sua própria circunstância humana. As péssimas condições de vida dos trabalhadores urbanos brasileiros, entre o fim do século XIX e início do século XX, refletiam diretamente suas condições de trabalho: "*desemprego, inflação, e baixos salários contribuíram para mobilizar a classe operária, liderada, sobretudo pelos anarquistas. Verdadeira onda de greves explodiu em várias cidades do país*"[215]. Dessa maneira, mesmo sem atividade associativa orgânica ou com as debilidades naturais de uma organização incipiente, foram deflagrados vários movimentos reivindicatórios de trabalhadores em categorias mi-

---

"sindicalismo amarelo" era usada para designar outra corrente do sindicalismo, "composta por aqueles que pretendiam somente obter a conquista de alguns direitos operários, sem pôr em questão os fundamentos do sistema social. (...) Eram contrários às greves e defendiam a necessidade de se conceder direitos aos trabalhadores através de negociações e da proteção do Estado." (Canêdo, Letícia Bicalho. *A classe operária vai ao sindicato*. São Paulo: Contexto, 1988. p. 182. Coleção Repensando a História).

213. Telles, Jover. *O movimento sindical no Brasil*. 2ª. ed. São Paulo: Livraria Editora Ciências Humanas, 1981. pp. 5-6.

214. Freitas, Manoel Mendes de. Convenção e acordo coletivos. *In* Franco Filho, Georgeonor de Sousa (org). *Curso de Direito Coletivo do Trabalho* - Estudos em Homenagem ao Ministro Orlando Teixeira da Costa. São Paulo: LTr, 1998. p. 309.

215. Aquino, Rubim Santos Leão de *et al*. *Sociedade Brasileira:* Uma história através dos movimentos sociais. São Paulo: Record, 2000. p. 183.

nimamente organizadas, ocasionando inúmeras greves, desde o fim do século XIX[216].

Após sucessivos movimentos isolados, somente em 1906 foi realizada a primeira greve geral em Porto Alegre, iniciada pelos marmoristas, e que contou com a adesão subsequente dos têxteis, dos pedreiros, dos carpinteiros, dos pintores, dos alfaiates, dos carroceiros e dos marceneiros, dentre outros setores. Dessa paralisação, resultou a redução da jornada de trabalho para nove horas e, a partir de um movimento grevista deflagrado no ano seguinte, os pedreiros de São Paulo e de Santos, e também os gráficos paulistanos obtiveram a redução para oito horas de trabalho diárias. Cumpre assinalar que, até a década de 1920, as organizações operárias eram conduzidas preponderantemente pelos anarquistas, cuja ideologia acompanhou os imigrantes europeus que vieram para substituir a mão-de-obra compulsória. Pela própria natureza de suas concepções, a atividade do anarcossindicalismo era marcada pela *ausência de atuação orgânica e articulada*, de modo que, pelo menos até a segunda década do século, a luta operária praticamente se resumia à solução emergencial de problemas localizados, e a sua pequena dimensão não era suficiente para causar desconforto nas elites políticas e econômicas. Quando muito, as reivindicações imediatas eram atendidas, mas passado o momento de maior pressão, eram suprimidas ou se perdiam.

No entanto, o quadro sofreu alguma modificação a partir do fim dos anos 1910, em razão de um amplo ciclo de greves de grandes proporções, que desembocou nas *"memoráveis greves dos anos de 1917/18 e 19, as quais, como é notório, tiveram tão benéficas con-*

---

216. Segundo Telles, Jover. *O movimento sindical no Brasil*. 2ª. ed. São Paulo: Livraria Editora Ciências Humanas, 1981. pp. 2-3, *"uma das primeiras lutas organizadas, realizada no rio foi em 1858, quando os tipógrafos dos jornais Diário do Rio de Janeiro, Correio Mercantil e Jornal do Commércio, insatisfeitos com os míseros salários que percebiam, declararam-se em greve, exigindo uma elevação de 10 tostões diários em seus vencimentos"*. O autor assinala, ainda, que essa greve teve duração de vários dias; resultou na edição de um jornal dos próprios tipógrafos; contou com a solidariedade dos tipógrafos da Imprensa Nacional e terminou vitoriosa para eles. Nos dizeres do autor, *"os tipógrafos foram vanguardeiros não só das lutas como também da organização da classe operária no Brasil."*

sequências na elevação da consciência de classe do proletariado"[217]. A propósito, a greve iniciada no Cotonifício Crespi, em 1917, é considerada pelos historiadores como o ponto culminante da fase inicial da luta dos trabalhadores por melhores condições de vida e de trabalho: deflagrada com 2.000 operários daquela fábrica, dois meses depois o movimento já contava com 35.000 trabalhadores de 35 empresas, a maior parte apenas para emprestar solidariedade aos demais trabalhadores[218]. Nesse momento, o que não faltavam eram motivações de ordem social ou políticas: além do aumento da carestia (motivada, sobretudo pela crise nos gêneros alimentícios e de outros produtos causada pela Primeira Guerra), iniciava-se uma onda revolucionária na Europa, dentre as quais se destaca a Revolução Russa (1917).

Embora esse ciclo tenha aumentado sobremaneira a repressão sobre o movimento operário[219], os fatos vivenciados naquele período foram fundamentais para a configuração de uma nova postura do Estado brasileiro frente às relações de trabalho, cujas demandas eram preponderantemente ignoradas ou reprimidas. Vendo a questão social sob outro prisma, alguns parlamentares passaram a cogitar a aprovação de uma legislação trabalhista, tendo sido, inclusive, elaborado um projeto de Código do Trabalho que, no entanto, foi rejeitado especialmente pela influência dos industriais[220]. Mesmo assim, durante a década de 1920 surgiram vários

---

217. *Idem, ibidem, passim.*

218. A principal motivação da greve era a perda real de poder aquisitivo dos salários da ordem de 16,4%, desde 1914, que resultou na reivindicação de aumento salarial compensatório. Durante sua realização, o sapateiro anarquista Antonio Martinez foi morto pela repressão da então Força Pública, antecessora da Polícia Militar. Depois desse fato, a greve continuou a se alastrar, chegando a envolver mais de 70.000 trabalhadores (Aquino, Rubim Santos Leão de *et al. Sociedade Brasileira:* Uma história através dos movimentos sociais. São Paulo: Record, 2000. pp. 253-254).

219. Exemplo disso foi a aprovação, em 1921, de uma lei que considerava criminosa a prática de atos violentos e também a apologia dos delitos praticados contra a organização da sociedade, em clara tentativa de reprimir os anarquistas e anarcossindicalistas (Fausto, Boris. *História do Brasil.* São Paulo: Edusp, 2006. p. 302).

220. O projeto resultou de várias propostas que foram agrupadas e que previam, por exemplo, limite de oito horas na jornada de trabalho, limite de trabalho

indicativos de que se reconhecia a necessidade concreta de uma regulação estatal sobre as relações trabalhistas, o que possibilitou a aprovação de algumas normas esparsas de proteção a direitos trabalhistas. A repressão institucional sobre a atividade sindical, no entanto, ainda era latente, a ponto de se permitir a aprovação da chamada Lei Celerada (Decreto nº. 5.221, de 12/08/1927), que autorizava o fechamento das associações de trabalhadores[221].

Até então, da mesma forma como ocorrera nos países de capitalismo originário, o vazio regulatório dava ensejo aos movimentos de ação coletiva, mediante um processo de luta, de organização e de representação de interesses do conjunto da classe trabalhadora, que vislumbravam a efetivação de padrões mínimos de trabalho regulado, mediante criação de um Direito do Trabalho no âmbito nacional. Só que, mais uma vez, vemos os efeitos deletérios de uma industrialização tardia, como foi a brasileira: a permanência hegemônica do modelo econômico colonial retardou também o desenvolvimento de uma classe operária organizada e, consequentemente, a instauração de um Estado social[222]. Por essas razões é

---

de menores e mulheres e licença para gestantes. Dele restou apenas a lei que regulava os acidentes de trabalho, que foi aprovada em 1919 (*Idem*).

221. Art. 2º do Decreto 5.221/21 – "O art. 12 da lei n. 4.269, de 17 de janeiro de 1921, fica substituído pelo seguinte: 'O Governo poderá ordenar o fechamento, por tempo determinado, de aggremiações, syndicatos, centros ou sociedades que incidam na pratica de crimes previstos nesta lei ou de actos contrarios á ordem, moralidade e segurança publicas, e, quer operem no estrangeiro ou no paiz, vedar-lhes a propaganda, impedindo a distribuição de escriptos ou suspendendo os orgãos de publicidade que a isto se proponham, sem prejuizo do respectivo processo criminal'. § 1º Ao Poder Judiciario compete decretar-lhes a dissolução em acção propria, de fórma summaria, promovida pelo Ministerio Publico. § 2º O acto do Governo será fundamentado e expedido pelo Ministro da Justiça e Negocios Interiores.'" Disponível em [http://www2.camara.leg.br/legin/fed/decret/1920-1929/decreto-5221-12-agosto-1927-562987-publicacaooriginal-87102-pe.html]. Acesso em 16/07/2013. Foi preservada a grafia original do texto legal, com as regras ortográficas vigentes à época.

222. A implantação de um Estado voltado à proteção social também era interditada pela elite econômica em formação – os industriais urbanos –, que não permitiu, até então, que fosse criada uma legislação trabalhista, o que não conseguiram manter nos anos 1930 (Cf. French, John D. *Afogados em leis* – A CLT e a cultura política dos trabalhadores brasileiros. São Paulo: Fundação Perseu Abramo, 2001. p. 8).

que somente sob o Governo Provisório, instalado após a Revolução de 1930 (Decreto 19.398, de 11 de novembro de 1930), é que o país conhece uma efetiva política trabalhista, mediante a intensa interferência do Estado no mundo do trabalho, como parte de uma industrialização dirigida idealizada por Getúlio Vargas, que pretendia consolidar a transposição do Brasil agrícola para o Brasil industrializado. Com esse propósito – e aproveitando-se do fato de permanecer quinze anos no poder[223] – implementou diversas leis de proteção ao trabalho, que foram finalmente consolidadas em 1943, em dispositivo legal ainda hoje vigente[224], além de criar o Ministério do Trabalho e a Justiça do Trabalho, incorporada ao Poder Judiciário em 1946.

Há, no entanto, grande divergência histórica sobre os fundamentos da legislação trabalhista brasileira, havendo desde os que defendem sua criação como fruto das lutas sociais dos trabalhadores, até os que consideram meramente uma outorga do poder estatal como instrumento de dominação da classe operária. Da mesma forma, existe forte tendência de se situar que a estrutura sindical brasileira amoldou-se segundo as disposições da famosa *Carta del Lavoro* italiana, fundada conforme os princípios da doutrina fascista, instituidora do Sindicalismo Estatal, ou regime corporativo de organização sindical. Essas demarcações até hoje ainda preservam sinais de vitalidade, demonstrando a contemporaneidade de suas

223. Inicialmente, Getúlio chefiou o Governo Provisório, em decorrência da Revolução; foi eleito indiretamente Presidente da República em 1934, tornando-se presidente constitucional e, de 1937 em diante esteve à frente da ditadura do Estado Novo por ele implementado. Devido à nítida continuidade dos seus três períodos de governo, por vezes suas realizações são agrupadas como se exercidas em um único contexto, mas as configurações relacionadas à forma como a chefia do Poder Executivo Federal foi obtida são relevantes para compreensão do jogo político que envolve esse período da história.

224. Nesse sentido, é inconteste que o conteúdo da CLT era tido, desde sua origem, como o mais completo diploma legal tratando de direitos sociais no mundo, em razão de seu nível de detalhamento, relativamente às garantias e aos direitos trabalhistas (French, John D. *op.cit.*, *passim*).

interjeições[225]: há os que defendam *a tese da outorga*[226] e outros que sustentam a *tese do artificialismo*[227].

À parte disso, não se pode desconsiderar que um dos propósitos de Getúlio era promover o incremento da industrialização e havia o fundado temor de que as agitações político-trabalhistas poderiam comprometê-lo, já que o desenvolvimento do país poderia ser afetado se os trabalhadores se organizassem para reivindicar melhores condições de trabalho. Dessa forma, a fim de permitir que o Brasil deixasse de ser um país essencialmente agrícola, estabeleceu-se uma legislação de cima para baixo, implantando, na base do decreto-lei, um clima de harmonia que visava permitir o impulsionamento da industrialização brasileira[228].

---

225. Boris Fausto (*História do Brasil*. São Paulo: Edusp, 2006) diz *"A política trabalhista do governo Vargas constitui um nítido exemplo de uma ampla iniciativa que não derivou das pressões de uma classe social e sim da ação do Estado"* (p. 336). O autor afirma que toda essa política foi gestada pelos ministros e técnicos do Governo, e, ao contrário do que outros declaram, não foi feita a pedido dos industriais, que eram contrários a essa política, mas depois a teriam aceito. John D. French (French, John D. *Afogados em leis* – A CLT e a cultura política dos trabalhadores brasileiros. São Paulo: Fundação Perseu Abramo, 2001. p. 83) reforça essa ideia, fundado no trabalho de um dos técnicos citados, Oliveira Vianna, que expressamente admitia a tese da outorga.
226. Os adeptos dessa tese defendem que a concessão de direitos trabalhistas pelo Estado Novo decorreu da simples implementação estatal, como forma de assegurar aos capitalistas que não ocorressem rebeliões de trabalhadores, o que asseguraria a pacificação das relações industriais – essa seria a razão, inclusive, de ser a CLT tão detalhista na especificação dos direitos. Tal teoria foi intensificada a partir dos anos 60, e contava em seu favor com a própria mitologia que o regime getulista sempre cultivou, a de que o presidente era um benfeitor.
227. Para seus adeptos, a política trabalhista de Getúlio Vargas teria decorrido de uma atuação tipicamente preventiva, antecipando-se às demandas dos trabalhadores para mantê-los sob seu controle. Assim, não teria sido simplesmente uma concessão estatal, mas sim uma forma de se antecipar aos eventuais problemas que um processo de reivindicação resultaria. Por isso é que essa teoria é utilizada de forma crítica por esquerdistas contemporâneos, como sendo atestadora do intento de cooptação na política trabalhista de Vargas (FRENCH, John D. *Afogados em leis* – A CLT e a cultura política dos trabalhadores brasileiros. São Paulo: Fundação Perseu Abramo, 2001. p. 84).
228. Cf. Sussekind, Arnaldo *et alii*. *Instituições de Direito do Trabalho*. 1º. vol. 16ª. ed. São Paulo: LTr, 1997.

No entanto, a política trabalhista do Estado Novo é justificada por outras interpretações, que identificam que a sucessão de acontecimentos verificados na história do país, na passagem do século XIX para o século XX, é dotada de uma complexidade que não permite a formulação de uma equação simplificada. A riqueza dos movimentos sociais verificados após a Abolição foi associada à transformação pela qual o Estado Liberal trazido pela República estava sofrendo a partir da Revolução de 30, e da dinâmica dos interesses contrapostos por esse Estado em processo de mudança é que se constituiu a gama positivadora dos direitos sociais[229].

Essa conclusão é de total pertinência, quando avaliamos que as relações econômicas e sociais estavam sob o impacto de dois fatos de extrema relevância, que eram a *transição da economia agrária para a economia industrializada* e a *transição do trabalho escravo para o trabalho livre*. No contexto da lógica aristocrática que dominava o poder político desde a Proclamação da República, esses elementos não deixavam de representar uma necessidade de reconstrução das relações estabelecidas pelos regimes anteriores, marcadamente patriarcais e escravocratas, cujo desenvolvimento estava estruturado basicamente sobre uma economia agrária e monocultora, fundada quase que exclusivamente para o mercado de exportação. A formação de uma burguesia industrial abalava, de certa maneira, o poder político do baronato, focado em práticas restritivas e antidemocráticas, como foi o caso da política do café-com-leite, pois a elite dirigente brasileira adotava claramente o ideário liberal europeu, mas adaptava-o segundo seus interesses dirigidos, e destituindo-o de qualquer conteúdo democrático[230].

---

229. É o que pensa, p.ex., Magda Biavaschi: "Nessa *démarche*, depara-se com um processo riquíssimo, ainda que tardio, de formação de um Direito que, compreendendo as profundas desigualdades decorrentes do processo de acumulação capitalista e comprometido, desde sua gênese, com os mais desiguais, vai sendo posto pelo Estado, em uma sociedade em luta para se modernizar.) Biavaschi, Magda Barros. *O Direito do Trabalho no Brasil – 1930-1942* – A construção do sujeito de direitos trabalhistas. São Paulo: LTr, 2007. p. 90.

230. Costa, Emília Viotti da. *Brasil:* Da Monarquia à República. São Paulo: Brasiliense, 1985.

Ao lado desses fatores internos, a já sustentada superação do liberalismo político estabelecido desde a Revolução Francesa foi também um fator de extrema relevância. Como vimos, desde o século XIX, as demandas de caráter social e que exigiam uma participação ativa e efetiva do Estado na economia foram mudando o perfil dos principais países europeus – do leste, inclusive – e chegaram até a América do Norte. Logo, segundo a perspectiva dos dirigentes revolucionários de 1930, a reconstrução do Estado brasileiro não poderia destoar do que reivindicavam movimentos locais e internacionais, e para enfrentar a nova realidade econômica e os reflexos do processo tardio de industrialização era necessária a ruptura com os paradigmas de atuação até então em curso, e que já vinham em franca decadência mesmo nos países de capitalismo central. O discurso do antiliberalismo ajustou-se de modo preciso aos projetos da Revolução, eis que suas principais lideranças eram nitidamente contrárias ao liberalismo[231].

Mais uma vez de forma tardia com relação aos seus congêneres, é no decorrer dos anos 1930 que o Brasil começa a superar a perspectiva liberal presente em toda a sua história autônoma, o que permite que sejam dados os passos iniciais na construção de um Estado de índole social.

De outra parte, as novas relações econômicas e o nascente mercado de trabalho estavam merecendo um novo enfrentamento por parte do Estado, que não poderia mais continuar a tratar os problemas sociais como ocorreu até a década de 1920. Os movimentos sociais que antecederam a Revolução dão conta de que o próprio desenvolvimento capitalista e industrial estava

231. Ainda segundo Biavaschi (Biavaschi, Magda Barros. *O Direito do Trabalho no Brasil – 1930-1942* – A construção do sujeito de direitos trabalhistas. São Paulo: LTr, 2007. p. 196), "Getúlio e os homens que o assessoravam eram antiliberais. Atentos ao cenário internacional, com o qual dialogavam, debruçavam-se sobre as prioridades internas, com medidas que pudessem conduzir ao processo de superação das heranças de uma leniente ordem escravocrata e monocultora, na busca da construção de um Brasil moderno e industrializado. Para tanto, apostavam e tinham como pressuposto a coordenação do processo pelo Estado como alternativa à sociedade brasileira em luta pela modernização e industrialização".

sendo colocado em risco[232]. Em razão disso, "*o Estado passou, concretamente, a dirigir o processo de industrialização e coordenar politicamente os interesses distintos que se afirmavam no bojo desse processo. O tema do Direito do Trabalho se insere nessa complexidade*"[233]. Nem por isso se pode minimizar a importância das lutas sociais havidas desde o século XIX. Muitas são as evidências de que, no decorrer dos anos 1930, havia um amplo aumento da força política dos operários, inclusive com realização de greves, demonstrando

> *À disposição do novo movimento sindical legalizado de defender independentemente os interesses da classe operária. Assim, o novo movimento sindical vinculado ao Estado não era nem 'agradecido', como quer a retórica da outorga, nem dependente, passivo e 'inautêntico', como afirma a hipótese da artificialidade (grifos do autor)*[234].

O próprio chefe do Governo Provisório tinha a percepção de que o conjunto de medidas que estavam sendo implementadas seriam "*velhas aspirações proletárias*". Mas não deixava dúvidas que seu propósito substancial não era o de se hostilizar o capital, senão o de transformar o proletariado em "*força orgânica de cooperação*", como atesta discurso proferido no Palácio do Catete, em cerimônia de assinatura de decreto limitador da jornada de trabalho:

> *A organização sindical, a lei de férias, a limitação das horas de trabalho, as comissões de conciliação, as caixas de pensões, o seguro social, as leis de proteção às mulheres e aos menores*

232. French cita Oliveira Vianna, para quem, segundo ele, "as ações do regime ajudaram no desenvolvimento capitalista", resolvendo "os problemas sociais criados pelo capitalismo (...), sem destruir a ordem brasileira tradicional, nem ameaçar a propriedade individual, a empresa privada ou a autoridade do patrão." (French, John D. *Afogados em leis* – A CLT e a cultura política dos trabalhadores brasileiros. São Paulo: Fundação Perseu Abramo, 2001, p. 87).
233. Biavaschi, Magda Barros. *O Direito do Trabalho no Brasil – 1930-1942* – A construção do sujeito de direitos trabalhistas. São Paulo: LTr, 2007, p. 188.
234. French, John D. *Afogados em leis* – A CLT e a cultura política dos trabalhadores brasileiros. São Paulo: Fundação Perseu Abramo, 2001, p. 92.

> *realizam velhas aspirações proletárias. Não há nessa atitude nenhum indício de hostilidade ao capital, que, ao contrário, precisa ser atraído, amparado e garantido pelo poder público. E o melhor meio de garanti-lo está, justamente, em transformar o proletariado numa força orgânica de cooperação com o Estado e não o deixar, pelo abandono da lei, entregue à ação dissolvente de elementos perturbadores, destituídos dos sentimentos de Pátria e de Família.*[235]

Daí porque se deve compreender as relações trabalhistas no Brasil industrializado como produto de uma conjugação de diversos fatores, que vão desde os efeitos da derrocada do liberalismo e da implementação do Estado do Bem-Estar Social, até a necessidade econômica de reformulação do trabalho a partir da lógica capitalista em crescimento. Tudo isso sem deixar de se considerar as conquistas dos trabalhadores cujas lutas foram motivadoras de muitas diretrizes assumidas pela legislação trabalhista[236].

É certo que cometeríamos uma injustiça histórica se tributássemos o desenvolvimento desse modelo somente aos intentos de controle e repressão social. Na realidade, o projeto político central do regime que se instalava era o de transformar economicamente o Brasil, retirando-lhe o caráter de um país exclusivamente exportador de produtos primários para inseri-lo em um plano industrial complexo, com mais de duzentos anos de atraso em relação a boa parte dos países europeus. Em entrevista concedida em 2002, o Ministro Arnaldo Sussekind - que também compôs a equipe de juristas encarregadas de consolidar a legislação trabalhista, em 1942 - afirmou que *"a CLT fez parte de um contexto de medidas*

---

235. Discurso reproduzido no jornal Correio da Manhã, de 25/10/1932. *Apud* Neto, Lira. *Getúlio: Do Governo Provisório à Ditadura do Estado Novo (1930-1945)*. São Paulo: Companhia das Letras, 2013, p. 129.

236. John French (*op.cit.*, p. 72), reproduz um trecho de entrevista do trabalhador Santo Dias da Silva, na véspera da greve dos metalúrgicos de 1979 (na qual ele foi assassinado em frente a uma fábrica durante um piquete), segundo a qual "(...) com relação às leis trabalhistas, a gente sabe que muitos artigos da legislação trabalhista que estão aí são conquistas dos trabalhadores, à medida que travaram suas lutas, transformaram em lei uma série de coisas (...)".

visando a transformar o Brasil de um país eminentemente agrícola para um país a caminho da industrialização".[237]

Assim, é forçoso compreender-se que a chamada "questão social" tratada pelo Governo Revolucionário e pelo Estado Novo tinha também um importante viés macroeconômico, com o sentido efetivo deprover uma transformação nas bases estruturantes do país, o que foi efetivamente alcançado ao longo do século XX: *"Num período relativamente curto, passamos de um país primário-exportador a uma economia industrial complexa, em que se produzia quase tudo ao final dos anos 70; de uma sociedade rural a uma sociedade urbana de massas, criando uma nova estrutura de classes, uma ampla classe média, diversificando as ocupações e ampliando oportunidades no mercado de trabalho."*[238] Esse quadro constitui, igualmente, uma base para a organização de uma classe operária que dava os seus primeiros passos dentro de estrutura econômica primária-exportadora e que se preparava para o ingresso em um contexto industrial que estava por se formar, inclusive transferindo os focos da atuação operária do campo para os meios urbanos, com um modelo sindical capaz de abarcar patrões e empregados.

A par dessas divergências, parece evidente o modelo de relações de trabalho implantado no Brasil foi influenciado por pessoas como Oliveira Vianna – que expressamente traduzia que *"o aparato institucional trabalhista era útil somente para controlar*

---

237. Cf. Biavaschi, Magda Barros. *O Direito do Trabalho no Brasil 1930-1942*. São Paulo: LTr: JUTRA, 2007, p. 346.

238. Gimenez, Denis Maracci, *A questão social e os limites do projeto liberal no Brasil*. Tese de Doutorado do Instituto de Economia da Unicamp. Campinas, SP: 2007, p. 24. Referendando as assertivas nesse sentido, o mesmo autor pontua que *"a questão central que deve ser colocada se refere as reformas sociais na Era Vargas e, na verdade, com algum grau de liberdade, da construção de uma nova ordem social a partir de 1930, essa passaria pela transformação das estruturas econômicas do país. Essa percepção, desde Rui Barbosa, pode ser sintetizada na necessidade da promoção consciente do esforço para industrializar o país e promover o desenvolvimento econômico. Nesse sentido, a Era Vargas é a materialização pioneira dessa percepção, na construção de um país industrial; da industrialização sob o comando de um Estado que permanentemente manifesta sua direção econômica."* *Idem*, pp. 21-22.

a classe trabalhadora"[239] – e Evaristo de Moraes, cuja atuação política foi marcada pela forte defesa de um plano de transformação social que promovesse a tutela e a proteção dos menos favorecidos, mediante a instituição de uma legislação social[240]. Paradoxalmente, formou um rígido aparato legislativo que, ao menos, contribuiu para formar uma espécie de consciência da classe trabalhadora sobre seus direitos. Assim, o dirigismo estabelecido pela legislação trabalhista do Estado Novo criava, pelo menos, um ideal imaginário, a ser perseguido e concretizado pela classe operária nos locais de trabalho.

O ESTABELECIMENTO DO PARADIGMA CORPORATIVO

Os fundamentos do Governo Revolucionário e do Estado Novo levaram a uma rápida transformação das relações de trabalho brasileiras – migrando de uma quase completa ausência regulatória para um sistema de dirigismo estatal – mas também não deixa de ser verdadeiro que foi nesse período que teve início uma organização sindical com características mais bem definidas. Em tal contexto, o papel dos sindicatos era fundamental não apenas no contexto da lógica de transformação social, como enxergava Evaristo de Moraes, mas, sobretudo, como órgão de colaboração com o Poder Público, especialmente nos instrumentos de prevenção e de solução do conflito de classes. Esse propósito está expresso nas motivações do Decreto nº 19.770/1931, conhecido como Lei da Sindicaliza-

239. *Idem, ibidem*, p. 41.

240. Mendonça, Joseli Maria Nunes. *Evaristo de Moraes - militância política na história da vida. In* Ferreira, Jorge e Reis, Daniel Aarão. *A formação das tradições: 1889-1945.* Rio de Janeiro: Civilização Brasileira, 2007. p. 210. Moraes, segundo a autora, rechaçava a ideia tipicamente liberal de que as relações de trabalho seriam relações contratuais firmadas entre iguais, pregando, com isso, a necessidade de regulação estatal provendo os mais fracos da proteção necessária para impedir a opressão econômica sobre essa liberdade. Segundo José Dari Krein, *"É um projeto de transformação da sociedade a partir do Estado, em que os sindicatos profissionais e econômicos teriam um papel de instituição de direito público, a quem caberia promover a harmonização de interesses entre empregados e empregadores, em nome do progresso e do bem-estar social."* (Krein, José Dari. *As relações de trabalho no Brasil na primeira década do século. In* Carta Social e do Trabalho, nº. 22, Campinas: CESIT, abr-jun, 2013, p. 2).

ção: ali, o sindicato era considerado a peça fundamental para o "mundo da cooperação social, em que as classes interdependem umas das outras e em que a ideia do progresso está subordinada à noção fundamental da ordem"[241]. Pelo relevante valor histórico, mostra-se essencial a transcrição literal do texto normativo, em ortografia preservada da época da edição:

> *Decreto 19.770/31 - O Chefe do Governo Provisório da Republica dos Estados Unidos do Brasil decreta:*
>
> *Art. 1º Terão os seus direitos e deveres regulados pelo presente decreto, podendo defender, perante o Governo da Republica e por intermedio do Ministerio do Trabalho, Industria e Commercio, os seus interesses de ordem economica, juridica, hygienica e cultural, todas as classes patronaes e operarias, que, no território nacional, exercerem profissões identicas, similares ou connexas, e que se organisarem em sindicatos, independentes entre si, mas subordinada a sua constituição ás seguintes condições: a) reunião de, pelo menos, 30 associados de ambos os sexos, maiores de 18 annos; b) maioria, na totalidade dos associados, de dois terços, no minimo, de brasileiros natos ou naturalisados; c) exercício dos cargos de administração e de representação, confiado á maioria de brasileiros natos ou naturalisados com 10 annos, no mínimo, de residencia no paiz, só podendo ser admittidos estrangeiros em numero nunca superior a um terço e com residencia effectiva no Brasil de, pelo menos, 20 annos; d) mandato annual em taes cargos, sem direito a reeleição; e) gratuidade absoluta dos serviços de administração, não podendo os directores, como os representantes dos syndicatos, das federações e das confederações, accumular os seus cargos com os que forem remunerados por qualquer associação de classe; f) abstenção,*

241. Cf. Lima, Mário de Almeida citando a *Exposição que justificou o Decreto nº 19.770, de 19 de março de 1931*, do Ministro do Trabalho Lindolfo Collor (*Origens da legislação trabalhista brasileira*. Porto Alegre: Fundação Paulo do Couto e Silva, 1991. pp. 106-107). Essa política normatizava a conciliação de classes, atestando a negativa do conflito capital-trabalho, tudo em prol do desenvolvimento do país: estabelecia como paradigma a integração das classes produtivas e a transformação dos trabalhadores em força de cooperação com o Poder Público.

no seio das organisações syndicaes, de toda e qualquer propaganda de ideologias sectarias, de caracter social, politico ou religioso, bem como de candidaturas a cargos electivos, extranhos á natureza e finalidade das associações.

Art. 2º Constituidos os syndicatos de accordo com o artigo 1º, exige-se, para serem reconhecidos pelo Ministério do Trabalho, Industria e Commercio e adquirirem, assim, personalidade Juridica, tenham approvados pelo Ministerio os seus estatutos, acompanhados de copia authentica da acta de installação e de uma relação do numero de socios, com os respectivos nomes, profissão, edade, estado civil, nacionalidade, residencia e logares ou emprezas onde exercerem a sua actividade profissional.

§ 1º Dos estatutos devem expressamente constar: os fins da associação; o processo de escolha, as attribuições e os motivos de perda de mandato dos seus directores; os direitos e deveres dos socios, a forma de constituição e administração do patrimonio social; o destino que se deve dar a este, quando por exclusiva deliberação dos socios, se dissolver a associação; as condições em que esta se extinguirá, além de outras normas de fundamento.

§ 2º As alterações introduzidas nos estatutos não vigorarão emquanto não forem approvadas pelo ministro do Trabalho, Industria e Commercio.

Art. 3º Poderão os syndicatos, em numero nunca inferior a tres, formar, no Districto Federal, em cada Estado, e no Territorio do Acre, uma federação regional, com séde nas capitaes, e, quando se organizarem, pelo menos, cinco federações regionaes, poderão ellas formar uma confederação, com séde na Capital da Republica. Denominar-se-á- Confederação Brasileira do Trabalho – a que se constituir por federações operarias, e Confederação Nacional da Industria e Commercio – a que se constituir por federações patronaes.

§1º Para estudo mais amplo e defesa mais efficiente dos seus interesses, é facultado aos syndicatos de profissões identicas, similares ou connexas formarem as suas federações de classe, independentes entre si, com séde na Capital da Republica, e agindo sempre em entendimento com a respectiva confederação syndical.

§ 2º As federações e confederações só se poderão constituir e funccionar depois que forem os seus estatutos approvados pelo ministro do Trabalho, Industria e Commercio.

Art. 4º Os syndicatos, as federações e as confederações deverão, annualmente, até o mez de março, enviar ao Ministerio do Trabalho, Industria e Commercio relatorio dos acontecimentos sociaes, do qual deverão constar, obrigatoriamente, as alterações do quadro dos socios, o estado financeiro da associação, modificações que, porventura, tenham sido feitas nos respectivos estatutos, além de factos que, pela sua natureza, se possam prender a dispositivos do presente decreto.

Art. 5º Além do direito de fundar e administrar caixas beneficentes, agencias de collocação, cooperativas, serviços hospitalares, escolas e outras instituições de assistencia, os syndicatos que forem reconhecidos pelo Ministerio do Trabalho, Industria e Commercio serão considerados, pela collaboração dos seus representantes ou pelos representantes. das suas federações e respectiva Confederação, orgãos consultivos e technicos no estudo e solução, pelo Governo Federal, dos problemas que, economica e socialmente, se relacionarem com os seus interesses de classe.

Paragrapho unico. Quer na fundação e direcção das instituições a que se refere o presente artigo, quer em defesa daquellles interesses perante o Governo, sempre por intermedio do Ministerio do Trabalho, Industria e Commercio, é vedada a interferencia, sob qualquer pretexto, de pessoas estranhas ás associações.

Art. 6º Ainda como orgãos de collaboração com o Poder Publico, deverão cooperar os syndicatos, as federações e confederações, por conselhos mixtos e permanentes de conciliação e de julgamento, na applicação das leis que regulam os meios de dirimir conflictos suscitados entre patrões, operarios ou empregados.

Art. 7º Como pessoas juridicas, assiste aos syndicatos a faculdade de firmarem ou sanccionarem convenções ou contractos de trabalho dos seus associados, com outros syndicatos profissionaes, com emprezas e patrões, nos termos da legislação, que, a respeito, for decretada.

Art. 8º Poderão, igualmente, os syndicatos pleitear perante o Ministerio do Trabalho, Industria e Commercio: a) medidas de protecção, auxilios, subvenções, para os seus institutos de assistencia e de educação, já existentes ou que se venham a crear; b) a creação, pelo Governo da Republica, ou por collaboração deste e dos Governos estadoaes, de serviços de assistencia social que, por falta de recursos, não puderem ser instituidos ou mantidos pelos syndicatos; c) a regularisação 1le horas de trabalho, em geral, e, em particular, para menores, para mulheres e nas industrias insalubres;d) melhoria de salarios e sua uniformisação, em egualdade de condições, para ambos os sexos; fixação de salarios minimos para trabalhadores urbanos e ruraes; e) regulamentação e fiscalisação das condições hygienicas do trabalho em fabricas, em officinas, em casas de commercio, usinas e nos campos, tendo-se em conta a localisação, natureza e apparelhagem technica das industrias, sobretudo quando offerecerem perigo á saude e á segurança physica e mental dos trabalhadores, ou quando, tendo-se em vista o sexo, a edade e a resistencia organica dos mesmos, se lhes difficultar ou reduzir a capacidade productiva, pelo uso de machinismos deficientes ou inadequados, ou por má distribuição ou má divisão do trabalho; f) medidas preventivas ou repressivas contra infracções de leis, decretos e regulamentos que prescreverem garantias ou direitos ás organisações syndicaes.

Art. 9º Scindida uma classe e associada em dous ou mais syndicatos, será reconhecido o que reunir dous terços da mesma classe, e, si isto não se verificar, o que reunir maior numero de associados.

Paragrapho unico .Ante a hypothese de preexistirem uma ou mais associações de uma só classe e pretenderem adoptar a fórma syndical, nos termos deste decreto, far-se-á o reconhecimento, de accordo com a formula estabelecida neste artigo.

Art. 10. Além do que dispõe o art. 7°, é facultado aos syndicatos de patrões, de empregados e de operarios celebrar, entre si, accordos e convenções para defesa e garantia de interesses reciprocos, devendo ser taes accordos e convenções, antes de sua execução, .ratificados pelo Ministerio do Trabalho, Industria e Commercio.

Art. 11. Na technologia juridica do presente decreto, não ha distincção entre empregados e operarios, nem entre operarios manuaes e operarios inttelletuaes, incluindo-se, entre estes, artistas, escriptores e jornalistas que não forem commercialmente interessados em emprezas theatraes e de publicidade. Paragrapho unico. Não entram na classe de empregados: a) os empregados ou funccionarios publicos, para os quaes, em virtude da natureza de suas funcções, subordinadas a principios de hierarchia administrativa, decretará o Governo um estatuto legal; b) os que prestam serviços domesticos, o qual obedecerá a regulamentação á parte.

Art. 12. O operario, o empregado ou patrão, que pertencer a um syndicato reconhecido pelo Ministerio do Trabalho, Industria e Commercio, não poderá, sob pena de ser excluido, fazer parte de syndicatos internacionaes, como só poderão as organizações de classe federar-se com associações congeneres, fóra do territorio nacional, depois de ouvido o ministro do Trabalho, Industria e Commercio.

Art. 13. É vedada aos patrões ou emprezas despedir, suspender e rebaixar de categoria, de salario ou de ordenado o operario ou empregado, pelo facto de associar-se ao syndicato de sua classe, ou por ter, no seio do mesmo syndicato, manifestado idéas ou assumido attitudes em divergencia com os seus patrões.

§ 1º No caso de demissão, ao operario ou empregado será paga indemnisação correspondente ao salario ou ordenado de seis mezes; no caso de suspensão, até 30 dias, ao salario ou ordenado de dous mezes, indemnisação esta que será mensalmente mantida emquanto perdurar a suspensão; no caso de rebaixamento de categoria, de salario ou de ordenado, prevalecerá o criterio adoptado para as suspensões, impostas taes penas pela autoridade competente, com recurso para o ministro do Trabalho, Industria e Commercio.

§ 2º Em se tratando de operario ou empregado garantido pelo direito de vitaliciedade, pagar-se-á ao que for demittido uma quantia correspondente a cinco annos de salario ou de ordenado, e ao que for rebaixado de categoria, ou sofrer reducção de salario ou ordenado, uma quantia correspondente a tres annos, depois do competente processo administrativo.

§ 3º Para os effeitos do presente artigo, ficam abolidas as demissões, suspensões e outras penas que, sob qualquer pretexto, forem impostas em virtude de "notas secretas" ou de qualquer processo que prive o operário ou empregado de meios de defesa

Art. 14. Sem motivos que plenamente o justifiquem, e a juizo do ministro do Trabalho, Industria e Commercio, não poderão ser transferidos para logares ou misteres que difficultem o desempenho de suas funcções os operarios e empregados eleitos para cargos de administração ou de representação nos syndicatos, nas federações, nas confederações, nas caixas de aposentadoria e pensões, junto ao Ministerio do Trabalho, Industria e Commercio, em qualquer dos seus departamentos ou nos institutos que lhe forem subordinados.

Paragrapho unico. Si a transferencia for voluntariamente acceita ou solicitada pelo operario ou empregado, perderá elle o mandato, desde que o seu afastamento da actividade do cargo ultrapasse o periodo de seis mezes.

Art. 15. Terá o Ministerio do Trabalho, Industria e Commercio, junto aos syndicatos, ás federações e confederaçeõs, delegados com a faculdade de assistirem ás assembléas geraes e a obrigação de, trimestralmente, examinarem a situação financeira dessas organisações, communicando ao Ministerio, para os devidos fins, quaesquer irregularidades ou infracções do presente decreto.

Art. 16. Salvo os casos previstos nos §§ 1º e 2º do artigo 13, o não cumprimento dos dispositivos deste decreto será punido, conforme o caracter e a gravidade de cada infracção, e por decisão do Departamento competente do Ministerio do Trabalho, Industria e Commercio, com multas de 100$000 (cem mil réis) a 1 :000$000 (um conto de réis), fechamento do syndicato, da federação ou da confederação, até seis mezes, destituição da directoria ou sua dissolução definitiva.

§ 1º Em qualquer hypothese será admittida a defesa da directoria ou da associação por intermedio dos seus representantes, e, si os infractores forem esses mesmos representantes, poderão elles defender-se em causa propria.

§ 2º. Da decisão do Departamento caberá recurso para o ministro, mas sem effeito suspensivo, e, si a pena for de

> *multa, com prévio deposito em cofre publico, mediante guia do mesmo Departamento.*
>
> *§ 3º Si a pena consistir na destituição da directoria, nomeará o ministro um delegado, que dirigirá a associação até que, no prazo maximo de 60 dias, em assembléa geral, por elle convocada e presidida, sejam eleitos novo directores*
>
> *Art. 17. As multas não pagas administrativamente, inclusive as indemnizações a que alludem os §§ 1° e 2° do artigo 13, serão cobradas pela Justiça Federal, instruindo-se as, autoridades competentes com os necessarios documentos, para que procedam como nos executivos fiscaes.*
>
> *Art. 18. De todos os actos tidos por lesivos de direitos ou contrarios ao presente decreto, emanados das directorias ou de assembléas geraes, caberá sempre recurso para o ministro do Trabalho, Industria e Commercio, podendo ser interposto por qualquer associado em pleno goso dos seus direitos syndicaes*
>
> *Art. 19. Quando a caixa de uma organização syndical registrar quantia superior a 2 :000$, em dinheiro ou em apolices, será, de dous em dous mezes, recolhido o excedente desta quantia ao Banco do Brasil ou ás suas agencias*
>
> *Art. 20. Quando se dissolver uma associação, já em virtude de pena imposta nos termos deste decreto, já por se terem reduzido a menos de trinta os seus associados, ou por circumstancias não previstas nos estatutos, será, a criterio do ministro, destinado o seu patrimonio a institutos de assistencia social*
>
> *Art: 21. Revogam-se as disposições em contrario".*[242]

Como se nota, a Lei da Sindicalização foi o primeiro diploma jurídico de cunho geral a disciplinar a estrutura sindical no Brasil, a ponto de Segadas Vianna a ela se referir como a norma que "*marcou o início da nossa verdadeira organização sindical*"[243]. O

---

242. Texto obtido em [http://www.planalto.gov.br/ccivil_03/decreto/Antigos/D19770.htm]. Acesso em 08/06/2020.

243. Segadas Vianna in Sussekind *et alii*. Instituições de Direito do Trabalho. 2º. Vol. 16ª. ed. São Paulo: LTr, 1996. p. 1048.

texto estipulava detalhadamente a organização e o funcionamento das entidades sindicais, abrangendo tanto os representativos de empregados como também patronais, que eram rigorosamente controlados pelo Estado. Exemplo disso é o constante já em seu art. 1°, que continha a proibição aos sindicatos de toda e qualquer propaganda de ideologias sectárias, de caráter social, político ou religioso, além de proibir que seus dirigentes se candidatassem a cargos eletivos estranhos à natureza e à finalidade das associações sindicais[244].

Além do mais, o referido texto normativo consagrava unicidade sindical, a divisão por categorias e a necessidade de reconhecimento da entidade pelo Ministério do Trabalho, a quem competia o registro dos estatutos sindicais. Também permitia a organização sindical em grau superior, admitindo a existência de federações regionais e duas Confederações Nacionais. Vedava, no entanto, a organização sindical aos domésticos e aos empregados públicos[245].

Dessa maneira é que foi estabelecido o relacionamento dos sindicatos com o Estado durante todo o Governo Provisório, dando cores nítidas ao projeto corporativista por ele levado a efeito com a instauração do Estado Novo, com a estipulação de preceitos substanciais de controle e de ingerência do Estado na organização sindical, que foram marcadamente acentuados nos anos que se seguiram. Como se pode notar, vários dos preceitos constantes na Lei de Sindicalização foram simplesmente assimilados pela Consolidação das Leis do Trabalho, em 1943, e constituíram, desde

---

244. O próprio Evaristo de Moraes, embora fosse militante socialista, defendia que o sindicato não era o foro para a realização de defesa de interesses políticos ou outros que não digam respeito à vida econômica e social de seus membros (*Apontamentos de Direito Operário*. São Paulo: LTr, 1971, p. 98), também citado por Mendonça, Joseli Maria Nunes. Evaristo de Moraes - militância política na história da vida. *In* Ferreira, Jorge e Reis, Daniel Aarão. *A formação das tradições: 1889-1945*. Rio de Janeiro: Civilização Brasileira, 2007. p. 215.

245. Cf. Segadas Vianna (*in* Susskind et alii. *Instituições de Direito do Trabalho*. 2°. Vol. 16ª. ed. São Paulo: LTr, 1996. p. 1048), que ainda revela que a norma previa medida de suma importância em seu art. 12, par. 2°., diante da "mentalidade antissindical reinante": o pagamento de uma indenização de seis meses de salário ao empregado que fosse dispensado por causa de sua ação sindical.

então, a referência normativa substancial para regular a atividade sindical brasileira.

Esse panorama não se alterou tampouco com a efêmera Carta de 1934, em que pese tenha originado de uma Assembleia Constituinte e de ter apontado para diretrizes de índole mais liberal. O novo texto remetia o reconhecimento dos sindicatos e de associações profissionais à disciplina infraconstitucional (art. 120),[246] garantindo a pluralidade sindical no parágrafo único do mesmo dispositivo; assim, a legislação infraconstitucional poderia, em tese, admitir a coexistência de mais de uma entidade sindical por categoria. Todavia, dias antes da promulgação da Constituição, o Decreto 24.694/34 pretendeu regulamentar o tema, mas manteve uma perspectiva intervencionista estatal, comprovada pela determinação de um número mínimo de participantes e um número limitado de sindicatos de uma mesma categoria em numa localidade.

De forma minuciosa, o decreto previa que os sindicatos seriam tipos específicos de organização das profissões que tinham por objeto atividades lícitas, com fins econômicos, de qualquer mister ou função para defesa de seus interesses e direitos, e ainda de coordenação de direitos e deveres recíprocos, além de, na linha do quanto já vinha assinalado na legislação anterior, colaborar com o Estado no estudo e solução dos problemas relacionados à profissão. Abrandaram-se os requisitos para a constituição de entidades sindicais, mas a atividade sindical ainda permanecia completa e rigorosamente controlada pelo Estado: não somente eram determinados pela norma os requisitos para a instituição das entidades (inclusive no que diz respeito à sua abrangência territorial e classificação por categoria) como também se exigia o reconhecimento prévio do Ministério do Trabalho para seu funcionamento. Além disso, afastando-se completamente de qualquer postulado relacionado à autonomia sindical, o decreto previa que as entidades estavam sujeitas à fiscalização de suas atividades, sob

246. Art. 120, da Constituição de 1934: *"Os sindicatos e as associações profissionais serão reconhecidos de conformidade com a lei."*

pena de fechamento (art. 34), e permaneceram proibidas de filiação a qualquer organização internacional.[247]

Por outro lado, a persistência do padrão intervencionista nessas diretrizes, na prática, inviabilizava a criação de novas entidades sindicais, no intento de se conferir concretude ao princípio da pluralidade sindical. O excessivo controle no processo de criação sindical, os requisitos legais e a necessidade de chancela ministerial para a instituição do sindicato fizeram com que o preceito em questão jamais pudesse ser efetivado, porque a norma infraconstitucional que deveria cumprir essa finalidade produzia efeito inverso. Nesse sentido:

> *O Decreto nº 24.694, de 1934, expedido poucos dias antes da promulgação da nova Carta, foi recepcionado como regulamentação de suas disposições sobre a matéria sindical, embora exigisse a reunião de pelo menos um terço dos integrantes da profissão para a criação de sindicatos, em desacordo com o mandamento constitucional que autorizava a criação de um número ilimitado de sindicatos. Amauri Mascaro Nascimento relata outra grave restrição à liberdade sindical: houve restrições à liberdade de administração do sindicato, tanto assim que nas assembleias sindicais havia a presença permanente de um delegado do Ministério do Trabalho, Indústria e Comércio*[248].

Essas restrições infirmaram o princípio adotado em 1934, "*provavelmente pelo seu caráter ambíguo, até esquizofrênico, recebeu críticas por um 'artificialismo' na pluralidade sindical, que instou o aparecimento de 'sindicatos de carimbo', existentes no papel, como expressou Amauri Mascaro Nascimento*".[249] Nada obstante pareça

---

247. O texto do decreto encontra-se em [http://www.planalto.gov.br/ccivil_03/decreto/1930-1949/D24694.htm]. Acesso em 08/06/2020.

248. Silva, Walküre Lopes Ribeiro da. Direito do Trabalho Brasileiro: Principais Aspectos de sua Evolução Histórica e as Propostas de Modernização. In *Revista do TST*. jul/dez de 2003, vol. 69, 2ª., p. 127.

249. *Apud* Coutinho, Aldacy Rachid. Trajetória do Sindicalismo Brasileiro: análise do suporte legislativo. In Araújo, Silvia Maria de; Ferraz, Marcos. *Trabalho e Sindicalismo*: tempo de incertezas. São Paulo: LTr, 2006. pp. 271-272. (A citação

evidente a inconstitucionalidade do decreto-lei – que, devido à sua topologia, não poderia contrariar ou nulificar os dispositivos constitucionais – o Supremo Tribunal Federal reconheceu sua validade e sua recepção pela Constituição. Com isso, a breve tentativa legislativa de se instaurar o pluralismo sindical no Brasil não chegou sequer a sair das páginas do texto constitucional.

Apesar de ter sido eleito indiretamente pela Assembleia Nacional Constituinte em 15/07/1934, com mandato previsto até maio de 1938, Getúlio rompeu com o pacto político instituído por ocasião da Revolução e implantou um regime ditatorial conduzido por ele próprio. Este ato foi marcado, simbolicamente, pelo cerco ao Senado e à Câmara pela polícia militar, realizado no dia 10/11/1937, tendo sido os parlamentares impedidos de ingressar no prédio. Naquela mesma noite, Getúlio anunciou a nova fase política do país e promoveu a outorga de uma nova Constituição, elaborada por Francisco Campos[250]. Todos partidos políticos foram oficialmente extintos e a nova Carta conferia poderes absolutos ao Presidente, sem qualquer atividade legislativa. Mesmo constituindo um golpe de Estado, o fato de ser promovido pelo próprio Presidente da República não representou o rompimento com as práticas que vinham sendo adotadas desde 1930. Do contrário, elas foram coordenadas e passaram a ter um novo significado no contexto vigente, em que o Presidente da República concentrava a maior parte dos poderes decisórios do país, constantes especialmente das disposições finais e transitórias da Carta[251].

---

feita pela autora é do livro *Curso de direito do trabalho*. São Paulo: Saraiva, 1997. p. 54).

250. Fausto, Boris. *História do Brasil*. São Paulo: Edusp, 2006. p. 364.

251. "O Presidente da República aí recebia poderes para confirmar ou não o mandato dos governadores eleitos, nomeando interventores em casos de não-confirmação. (...) O Parlamento, as Assembleias estatuais e as Câmaras Municipais eram dissolvidas, devendo realizar-se eleições para o Parlamento somente depois do plebiscito. Enquanto isso, o presidente tinha o poder de expedir decretos-lei em todas as matérias de responsabilidade do governo federal" (Fausto, Boris. *História do Brasil*. São Paulo: Edusp, 2006. p. 365). Além disso, as liberdades civis foram suspensas durante o estado de emergência e havia autorização constitucional ao governo para aposentar servidores públicos no interesse do serviço público ou por conveniência do regime. Ao fim

É nesse cenário que se consolida a adoção de preceitos de cunho corporativista, seguindo uma tendência já verificada em outras nações que se situavam em estágio econômico assemelhado ao brasileiro. O chamado corporativismo constituiu um fenômeno que se desenvolveu sobremaneira durante as décadas de 1930 e 1940, em diversas partes do mundo, como resposta à fase em que se inseria o capitalismo industrial, de traços monopolistas. Isso atingiu precisamente as nações que se situavam na porção tardia de desenvolvimento capitalista, de modo que

> *No intuito de contornar a instabilidade e a crescente diferenciação social inerentes às mudanças econômicas então em curso, o corporativismo mostrou-se uma solução à altura do imperativo de integração forçada dessas sociedades. [Com isso], dedicou-se, sobretudo à promoção da solidariedade social entre os grupos profissionais e os patronais emergentes nesse cenário, por meio tanto da concessão de direitos trabalhistas e previdenciários como pelo controle político da organização coletiva dessas mesmas categorias*[252].

Tal conformação é pronunciada desde os primórdios do Governo Revolucionário, e se acentua com a instauração do Estado Novo, especialmente no que diz respeito à política trabalhista já analisada anteriormente. Conforme ensina Arnaldo Süssekind, o artigo 57 da Constituição de 1937, "*(...) marcando sua tendência corporativista, instituiu o Conselho de Economia Nacional, cujos membros seriam indicados pelas entidades sindicais de empregadores e de trabalhadores*", com a finalidade de "promover a organização corporativa da economia nacional"[253] (art. 61, "a") e, inclusive,

---

e ao cabo, durante todo o Estado Novo o governo legislou por decretos-lei, não foram convocadas eleições e nem plebiscitos e os governadores foram transformados em interventores ou por eles substituídos (*idem*).

252. Quinalha, Renan Honório. O modelo legislado de relações de trabalho brasileiro – uma classificação para além do corporativismo. In *Revista LTr* 76-03. São Paulo: LTr, março/2012, p. 329.

253. Sussekind, Arnaldo. *Direito Constitucional do Trabalho.* 2ª. ed. Rio de Janeiro: Renovar, 2001. p. 346. O Art. 57, da Constituição de 1937: *"O Conselho da Economia Nacional compõe-se de representantes dos vários ramos da produção nacional designados, dentre pessoas qualificadas pela sua competência especial,*

com a incumbência de editar normas reguladoras dos contratos coletivos de trabalho entre os sindicatos da mesma categoria da produção ou entre associações representativas de duas ou mais categorias (art. 61, "c").[254]

No âmbito da mesma lógica de concertação e consagração de direitos aos trabalhadores, estabeleceu-se uma *estrutura estatal de relações coletivas de trabalho*, pontuada pelo rígido controle da organização do aparelho sindical e pelo regramento impiedoso do processo negocial, seja estabelecendo os parâmetros de conteúdo da negociação como, principalmente, qualificando quem seria habilitado a conduzir esse processo[255]. Assim, a Constituição de 1937 introduziu alterações relevantes nas relações coletivas de trabalho, como a estipulação da unicidade sindical, a imposição da contribuição obrigatória, o exercício de funções delegadas de

---

pelas associações profissionais ou sindicatos reconhecidos em lei, garantida a igualdade de representação entre empregadores e empregados".

254. No mesmo sentido, John French: "a consolidação dos movimentos trabalhistas latino-americanos, em sua maior parte, ocorreu simultaneamente à proliferação de iniciativas governamentais trabalhistas e de bem-estar social, após 1930, o que inclui, no Brasil, e em outras partes, patrocínio e apoio real à organização sindical." (French, John D. *Afogados em leis* – A CLT e a cultura política dos trabalhadores brasileiros. São Paulo: Fundação Perseu Abramo, 2001. p. 28). Art. 61, da Constituição de 1937: *"São atribuições do Conselho da Economia Nacional: a) promover a organização corporativa da economia nacional; (...) c) editar normas reguladoras dos contratos coletivos de trabalho entre os sindicatos da mesma categoria da produção ou entre associações representativas de duas ou mais categorias; (...)".*

255. No caso desse último atributo, a institucionalização do "direito à contratação coletiva" formatado a partir do Decreto 21.761 foi sendo paulatinamente constituído como prerrogativa sindical, o que, dentro do contexto corporativo em que se inseria a organização dos sindicatos, representava mais um mecanismo de absoluto controle por parte do Estado. Afinal, se a prerrogativa de negociar é atribuída somente ao sindicato "reconhecido" como tal pelo Estado corporativo, é certo que são mantidos vivos somente os sindicatos que aceitem ser tidos como seu instrumento, sendo que todos os demais tendem a ser colocados à margem de toda e qualquer atividade representativa de lutas em favor da classe trabalhadora. Não é casual a constatação de que, entre 1936 e 1944, situa-se um dos períodos de maior refluxo da organização sindical brasileira, "quando a luta sindical no interior do sindicato de Estado praticamente inexistiu" (Boito Jr., Armando. *Política neoliberal e sindicalismo no Brasil*. São Paulo: Xamã, 1999, p. 178).

Poder Público e a instituição de corporações como órgãos do Estado, compostas de representantes dos trabalhadores e dos empregadores. Além disso, deixou claro que somente o sindicato "*regularmente reconhecido pelo Estado tem o direito de representação legal dos que participarem da categoria de produção para que foi constituído*" (art. 138).[256]

Nesta mesma linha, o Decreto-Lei nº 1.402/39 legitimou normativamente o ideário corporativista presente na Constituição, regulando uma organização sindical classificada por categoria, com uma estrutura paralela e piramidal (sindicatos, federações e confederações). Preservando a necessidade de reconhecimento do Estado para aquisição de personalidade jurídica ao sindicato, mantinha também a autorização ao Ministro do Trabalho a determinar a intervenção na entidade e para cassar a carta de reconhecimento. Também reafirmou a unicidade sindical e consolidou os preceitos interventivos, seja no plano da regulação organizacional, seja no controle da atividade dos sindicatos. Os mecanismos de controle foram aperfeiçoados, na medida em que os dirigentes insubmissos poderiam ser destituídos por ato administrativo e, mais do que isso, havia restrições à própria elegibilidade dos dirigentes: dentre outras hipóteses, não eram elegíveis os trabalhadores que tivessem "*má conduta devidamente comprovada*" (art. 19, "e") ou ainda "os que professarem ideologias incompatíveis com as instituições ou os interesses da Nação" (art. 19, "a").[257]

Esse panorama foi completado em julho de 1940, com o decreto 2.381, que promoveu alterações na organização sindical e criou um "quadro de atividades e profissões para o registro das

256. Art. 138, da Constituição de 1937: *"A associação profissional ou sindical é livre. Somente, porém, o sindicato regularmente reconhecido pelo Estado tem o direito de representação legal dos que participarem da categoria de produção para que foi constituído, e de defender-lhe os direitos perante o Estado e as outras associações profissionais, estipular contratos coletivos de trabalho obrigatórios para todos os seus associados, impor-lhes contribuições e exercer em relação a eles funções delegadas de Poder Público."*

257. Nos dizeres de Octávio Bueno Magano, o decreto "constitui a fase final e acabada do corporativismo, que se ensaiava implantar no país desde 1931". (Magano, Otávio Bueno. *Manual de Direito do Trabalho.* V. 3. São Paulo: LTr, 1993, p. 61).

associações profissionais e o enquadramento sindical", que seria revisto periodicamente. Conforme expõe Aldacy Coutinho,

> *Foi, definitivamente, um marco na organização sindical o citado Decreto, pois cessou definitivamente a liberdade para criação de entidades sindicais de sorte a, a partir daí, somente poderem existir sindicatos se respaldados em categorias econômicas e profissionais previstas previamente no quadro mencionado.*[258]

Ambos os decretos foram incorporados, em suas linhas gerais, ao texto consolidado em 1943, que vigorou em sua quase totalidade até a Constituição de 1988.[259]

Por esse perfil legislativo implantado no Estado Novo, nota-se que restaram estabelecidas as marcas características das relações coletivas de trabalho no Brasil, com profundas linhas *corporativistas*, modelo muito similar ao adotado desde 1926 na Itália[260]. Foi essa a via adotada pelo Estado brasileiro que procurava sufocar os conflitos coletivos e individuais, assumindo o protagonismo dos interesses de classes, pela instituição de um mecanismo dirigista de atuação estatal. A despeito da existência de pontos de vista distintos, conforme já pontuamos, é quase um senso comum que as diretrizes dessa legislação tinham efetivamente as características

---

258. Coutinho, Aldacy Rachid. Trajetória do Sindicalismo Brasileiro: análise do suporte legislativo. In Araújo, Silvia Maria de; Ferraz, Marcos. *Trabalho e Sindicalismo*: tempo de incertezas. São Paulo: LTr, 2006, p. 277.

259. O texto integral do decreto pode ser obtido em [http://www.planalto.gov.br/ccivil_03/decreto-lei/del1402.htm].

260. Na Itália, a Lei nº 563, de 1926, foi o referencial utilizado para edificar um sistema jurídico-político que sufocava os conflitos de trabalho, com a previsão do reconhecimento legal de uma única associação para cada categoria, que passaria a ser pessoa jurídica de direito público, submetidas à regulamentação e ao controle estatais. Não é o objetivo deste trabalho debater se as origens da CLT estão relacionadas ou não à *Carta del Lavoro* italiana, mas consideramos ser relevante a referência histórica incontestável de que o *modelo* adotado do Brasil era similar ao italiano. Nesse mesmo sentido se manifesta Amauri Mascaro do Nascimento (História do direito do trabalho no Brasil. In Nascimento, Amauri Mascaro *et alii*. *História do trabalho, do direito do trabalho e da Justiça do Trabalho:* homenagem a Armando Casimiro Costa. São Paulo: LTr, 1998, p. 78).

daquela ideologia, o que se evidencia pelos preceitos que destacamos[261]. Essa circunstância motiva, até hoje, análises críticas de muitos historiadores, como faz John D. French:

> *O infeliz destino dos trabalhadores brasileiros é fruto do fato de terem sido integrados, em organizações corporativas baseadas em código de trabalho copiado da legislação de Mussolini, visando ao controle dos sindicatos. Assim, o Estado brasileiro teria estabelecido um sistema de repressão aos trabalhadores baseado no modelo corporativo e fascista*[262].

Mais uma vez, nota-se a influência direta de acontecimentos que disseminaram uma perspectiva ideológica na Europa. O fato significativo é que as marcas do corporativismo no Brasil foram muito mais profundas, tornando mais complexo o processo de sua superação.

REDEMOCRATIZAÇÃO, RUPTURA E CONTINUIDADE: O SURGIMENTO DO NOVO SINDICALISMO E SUA REPERCUSSÃO NA ESTRUTURA SINDICAL

A derrocada dos regimes totalitários na Europa, em meados da década de 1940, motivou a reestruturação do modelo corporativo italiano e a releitura do papel do Estado nas relações de trabalho em boa parte daquele continente, ao final da Guerra. Mas, no Brasil, independentemente das divergências sobre as motivações que resultaram nesse modelo de regulação, o sistema estabelecido no Estado Novo continuou prevalecendo, mesmo depois de seu

---

261. O cunho corporativista é, obviamente, negado por Oliveira Vianna, elaborador dessa nova lei de organização sindical. Para ele, criou-se um "sindicalismo brasileiro", que procurava "combinar harmoniosamente a nossa tradição de liberdade associativa com o princípio da autoridade forte", sempre com a preocupação de se "evitar qualquer inclinação no sentido de uma concepção totalitária do problema da organização sindical brasileira." (In Coutinho, Aldacy Rachid. Trajetória do Sindicalismo Brasileiro: análise do suporte legislativo. In Araújo, Silvia Maria de; Ferraz, Marcos. *Trabalho e Sindicalismo*: tempo de incertezas. São Paulo: LTr, 2006, p. 275).

262. French, John D. *Afogados em leis* – A CLT e a cultura política dos trabalhadores brasileiros. São Paulo: Fundação Perseu Abramo, 2001. pp. 31-32.

fim, em outubro de 1945, com a deposição de Getúlio Vargas pelos militares. Neste momento, Getúlio já havia reformulado alguns conceitos fundamentais, ciente de que o Estado Novo que constituíra estava em declínio. Assumia, gradualmente, as características dos governos populistas, que se disseminaram pela América do Sul[263], especialmente mediante concessões econômicas às massas populares.[264] Gradualmente, liberdades democráticas foram sendo restauradas, e as greves, que foram reprimidas durante todo o Estado Novo, começaram a reaparecer em 1945. Pressionado pela oposição, Getúlio convocou eleições para dezembro daquele, mas foi deposto em 25 de outubro, sem grandes traumas[265], assumindo transitoriamente o Presidente do Supremo Tribunal Federal, José Linhares, que manteve as eleições convocadas para dezembro[266].

Encerrou-se, assim, o primeiro ciclo histórico da organização sindical brasileira, partindo-se dos primórdios evidenciados no início do século XX e passando pelo período de larga regulação, mormente depois da edição da Lei de Sindicalização. Esse primeiro ciclo se constrói com vestes tipicamente corporativistas, e transforma o sindicalismo brasileiro em autêntico *sindicalismo de Estado*, na precisa descrição de Boito Jr:

> *O aparelho do sindicato oficial é um ramo, e um ramo subalterno, do aparelho burocrático do Estado. Não é correto afirmar que o sindicato, no Brasil, é subordinado ao Estado, já que o aparelho sindical é parte do Estado. O que se deve dizer é que, enquanto ramo subalterno do aparelho de Estado, o sindicato oficial está subordinado à cúpula da burocracia estatal (...)*
>
> *O Estado concede a representatividade e o poder de negociação ao sindicato oficial, através de seu reconhecimento como organismo que representa um determinado segmento de trabalhadores. (...)*

---

263. O mais significativo representante dessa vertente foi Juán Domingo Perón, na Argentina, contemporâneo de Vargas.
264. Fausto, Boris. *História do Brasil.* São Paulo: Edusp, 2006. p. 388.
265. *Idem, ibidem*, p. 389.
266. *Idem, ibidem*, p. 398.

> *A investidura sindical, que se consuma na concessão, pelo Estado, da carta de reconhecimento ou carta sindical é a característica fundamental, e por isso invariante, do sindicato de Estado. Todas as demais características do sindicato de Estado dependem desse elemento essencial, são decorrências necessárias ou possíveis da investidura sindical*[267].

O período que se seguiu, e que se estendeu até 1964, foi um dos mais turbulentos da história brasileira, com a ocorrência de uma sucessão de fatos que levaram a uma profunda instabilidade político-institucional, em que pese, sob o prisma formal, tenha sido um período democrático. Afinal, nesse interstício ocorreram eleições diretas para presidente e para integrantes da Assembleia Constituinte e, em setembro de 1946, foi aprovada uma nova Constituição para o país, incorporando diversos valores fundamentais de preservação da liberdade e dos direitos humanos, na esteira do constitucionalismo social que avançava na Europa[268]. Apesar disso, nenhum governante ousou fazer mudanças na estrutura trabalhista e sindical cunhada no Estado Novo, o que se explica, sobretudo, pelo fato de que as diversas forças políticas que foram se construindo ao longo dos anos, foram se acomodando a essa mesma estrutura, ainda que originariamente fossem críticos da sua existência. Destaque-se que, a despeito de sua já citada índole democrática, a Constituição de 1946 não foi suficiente para tornar ineficaz esse aparato legislativo, porquanto seu art. 159 apenas assegurou a liberdade de associação sindical, remetendo a regulação de sua constituição e de seu funcionamento à legislação infraconstitucional[269]. A timidez do texto sobre o tema fez com que houvesse

267. Boito Jr., Armando (org.). *O sindicalismo brasileiro nos anos 80*. São Paulo: Paz e Terra, 1991. p. 26.

268. Não se pode afirmar a plenitude da democracia nesse período, a despeito do já narrado, tendo em vista a prática autoritária e repressiva vista em diversos momentos, como, p.ex., a proscrição do Partido Comunista, como trataremos a seguir.

269. Art. 159, da Constituição de 1946: *"É livre a associação profissional ou sindical, sendo reguladas por lei a forma de sua constituição, a sua representação legal nas convenções coletivas de trabalho e o exercício de funções delegadas pelo Poder Público".*

a integral recepção do modelo existente, que se perpetuou durante a toda a vigência da Carta.

Logo após a deposição de Getúlio, ainda em 1945, foram realizadas novas eleições, que levaram Eurico Gaspar Dutra à Presidência. Embora apoiado pelo Presidente deposto, Dutra desde logo nomeou adversários de Vargas para os principais ministérios, resultando no rompimento do acordo partidário vigente por ocasião das eleições[270]. No plano econômico, o início do novo governo também evidenciava uma postura nitidamente distinta do período anterior, pois procurava restabelecer os princípios liberais de abstenção estatal do controle da economia.[271]

A exemplo do que ocorrera no período anterior, o Governo Dutra também foi marcado pelo autoritarismo e pela repressão, inclusive adotando medidas tipicamente de interesse estadunidense, como, por exemplo, o rompimento de relações diplomáticas com a União Soviética e o cancelamento do registro do Partido Comunista Brasileiro (PCB)[272], fomentado tanto pelo Governo

270. Aquino, Rubim Santos Leão de *et al. Sociedade Brasileira:* Uma história através dos movimentos sociais. São Paulo: Record, 2000. p. 467.

271. Nesse sentido, houve clara influência dos Estados Unidos, que já lideravam um dos blocos ideológicos que se consolidou na Guerra Fria e cujos interesses econômicos estabeleciam diretrizes que foram incondicionalmente assimiladas pelo Brasil. Exemplo disso foi a criação, pelo governo brasileiro, da Comissão Mista Brasil-Estados Unidos, *"encarregada de programar diretrizes econômicas concedendo facilidades aos capitais norte-americanos que atuariam em setores-chaves da economia brasileira, inclusive na exploração do petróleo"* (Aquino, Rubim Santos Leão de *et al. Sociedade Brasileira:* Uma história através dos movimentos sociais. São Paulo: Record, 2000. p. 466). Anos mais tarde, os EUA financiariam os golpes militares no Brasil e em diversos países da América do Sul.

272. O processo de cancelamento do registro do PCB – que tinha cerca de 200 mil militantes, em 1946 – foi complexo, mas coordenado. Inicialmente, o governo federal passou a reprimir as manifestações e atuações do partido, perseguindo cidadãos e membros da imprensa, sob a *acusação* de serem comunistas. Em maio de 1947, o registro do partido foi cassado pelo Supremo Tribunal Federal, com fundamento na Constituição, em uma decisão *controvertida*, segundo Boris Fausto. Em janeiro de 1948, os parlamentares eleitos pelo partido foram cassados por uma lei aprovada pelo Congresso Nacional, colocando o partido definitivamente na clandestinidade, de onde só sairia com a redemocratização dos anos 1980. (Cf. Fausto, Boris. *História do Brasil.* São Paulo: Edusp, 2006. pp. 401-403).

como pelos partidários de Getúlio. Nesse ideário, o Governo se apropriou da legislação corporativa e nela se apoiou para promover a intervenção sistemática nos sindicatos: em 1947, o Ministério do Trabalho, em um só dia, fechou uma central sindical e interveio em quatorze sindicatos, todos eles controlados pelos comunistas. Embora haja divergência estatística, estima-se que, ao final do governo, havia entre 200 e 400 sindicatos sob intervenção do Ministério do Trabalho[273], mas esse elemento quantitativo, no caso, só tem relevância como referencial histórico, pois o mais importante é a constatação da prática interventiva adotada pelo governo, em um regime democrático, com fundamento na legislação implantada durante o Estado Novo[274].

Nas eleições de 1950, Getúlio Vargas voltou ao poder, conduzido democraticamente pelo voto direto da população. Se não tinha mais ao seu redor o aparato do Estado Novo, contava com ampla legitimidade popular em seu favor, que reforçava sua já consolidada imagem, a de presidente desenvolvimentista e protetor das classes menos favorecidas. Tanto assim que, logo no início de sua gestão havia se comprometido a revogar o "atestado de ideologia" previsto no Decreto-lei 1.402/39, justamente para permitir o retorno dos comunistas e demais excluídos da atividade sindical durante o governo Dutra[275].

No entanto, Getúlio foi atingido pela insatisfação geral decorrente da alta do custo de vida, que fez com que eclodissem greves por todo o país, mesmo em desafio ao Decreto-lei 9.070/46, ainda

273. Os dados iniciais são de Fausto, Boris (*op.cit.*, p. 402), mas Aquino *et al.* (Aquino, Rubim Santos Leão de *et al. Sociedade Brasileira:* Uma história através dos movimentos sociais. São Paulo: Record, 2000. p. 466), falam na existência de 400 sindicatos sob intervenção no final do governo Dutra.

274. Além dessa conduta autoritária com relação às organizações sindicais, o novo governo também regulamentou o direito de greve (Decreto-lei 9.070/46 – texto em [http://www.planalto.gov.br/ccivil_03/decreto-lei/Del9070.htm]), restringindo o seu exercício ao qualificar quase todos os ramos da atividade econômica como *essenciais*. Segundo Boris Fausto, o prof. Cesarino Jr. teria dito que "se o decreto fosse obedecido, só seriam legais greves nas perfumarias" (Fausto, Boris. *História do Brasil.* São Paulo: Edusp, 2006. p. 401).

275. A informação é de Boris Fausto (*op.cit.*, p. 412).

em vigor[276]. A maior delas, em São Paulo, chegou a atingir 300 mil trabalhadores, iniciando pelo setor têxtil e abrangendo marceneiros, carpinteiros, gráficos e vidreiros, dentre outros. Evidenciava-se, além disso, um nítido distanciamento das organizações sindicais, novamente comandadas pelos comunistas, que haviam deixado para trás os integrantes históricos de diversas entidades, vinculados ao partido do governo (Partido Trabalhista Brasileiro) e que, a esta altura, já obtinham a qualificação de "pelegos". Tais entidades é que estavam à frente dos principais movimentos reivindicatórios, e um dos seus objetivos era desestabilizar o governo. Entre junho e julho de 1953, durante uma greve dos marítimos, que atingira 100 mil trabalhadores, Getúlio modificou o Ministério, colocando seu conterrâneo João Goulart na pasta do Trabalho. A intervenção do novo Ministro pôs fim à greve, mediante o atendimento da maior parte das reivindicações dos grevistas, mas também forçou a renúncia da diretoria do sindicato, acusada pela base de ser vinculada ao Ministério[277].

Naturalmente, não haveria qualquer interesse político ou pessoal de Getúlio na mudança na estrutura sindical que ele mesmo cultivara no período ditatorial, sobretudo porque continuava sendo útil aos seus propósitos. Assim como seu antecessor, mesmo sob uma designação democrática, Getúlio não apenas não se preocupou em alterar as pilastras do sistema por ele criado como também se apoderou do modelo para atingir seus objetivos imediatos de gestão. Porém, o prestígio popular inicial do Presidente entrou em declínio não apenas pelos problemas econômicos enfrentados, mas também por uma grave crise política, acentuada por um atentado contra um de seus mais ferrenhos adversários[278]. As investigações

276. Esse decreto só foi revogado pela lei 4.330/64, que regulamentou a greve a partir de então, até sua revogação pela lei 7.783/89.

277. Fausto, Boris. *História do Brasil.* São Paulo: Edusp, 2006. p 413.

278. O episódio é por demais conhecido: trata-se do atentado contra o Governador da Guanabara, Carlos Lacerda, ocorrido em 05/08/54, na Rua Toneleros, em Copacabana. O pistoleiro Alcino do Nascimento – que teria sido contratado pelo chefe da guarda presidencial, Gregório Fortunato – feriu levemente Lacerda, mas matou um major da Aeronáutica, Rubens Vaz, tornando-se o epicentro da crise.

realizadas evidenciavam uma série de irregularidades no governo, que levavam a um movimento em prol da renúncia do Presidente. Embora resistisse a essa iniciativa, Getúlio suicidou-se em 24 em agosto de 1954, deixando uma "carta-testamento" e um enorme legado histórico.

Com a vacância do cargo, a Presidência foi assumida pelo vice, Café Filho, que permaneceu apenas alguns meses no posto, em face das eleições já convocadas para outubro de 1955. Naturalmente, diante desse exíguo governo transitório e de toda a comoção em seu entorno, praticamente não se registram fatores relevantes, em termos de relações de trabalho no período.

Eleito presidente, Juscelino Kubitschek implementou uma política de franco desenvolvimento no país, qualificada pelo lema "cinquenta anos em cinco", evidenciando sua base de ação governamental com a ideia de que o desenvolvimento capitalista era o caminho para superar os graves problemas do país. Ao lado disso, Juscelino cultivava fortemente a imagem de democrata e conciliador, que o colocava em contraste com a lógica autoritária dos antecessores e contribuía para que houvesse uma conexão aos seus propósitos de segmentos sociais dos mais variados como os militares e a burguesia industrial. Durante o governo de Juscelino, não obstante nada se alterasse na legislação trabalhista e sindical, pode-se dizer que houve significativa mudança de percurso no movimento operário, decorrente, sobretudo, da renovação das suas lideranças, com a intensa presença dos comunistas e com a participação efetiva da recém-formada "juventude janista".[279] A grande contribuição fomentada nesse período foi a criação de organizações paralelas aos sindicatos oficiais – engessados pelo aparato institucional ainda vigente – que procuravam articular entidades sindicais diversas para dinamizar suas atividades, auxiliando, por exemplo, na organização de greves[280]. Assim, tais

279. A referência é feita à ala jovem de seguidores de Jânio Quadros, político matogrossense que fez sua carreira política em São Paulo, fundado em um programa conservador e no discurso moralista de combate à corrupção.

280. Boris Fausto (*Op. cit.*, 2006. pp. 430-431) informa que duas das entidades mais significativas dessa época foram o PUI – Pacto de Unidade Intersindical,

instituições foram responsáveis por grande parte das mobilizações em prol da melhoria das condições de vida e de trabalho havidas na ocasião, e apesar de terem a resistência dos próprios sindicalistas tradicionais, que se aliavam ao Ministro do Trabalho para prestar solidariedade ao governo em face das greves.[281]

O sucessor de Juscelino foi Jânio Quadros, que governou por apenas seis meses, e cuja gestão foi concluída com uma obscura renúncia. Não somente pelo efêmero período à frente do governo, mas também pela excentricidade de sua personalidade e pelas posturas contraditórias na administração, praticamente nada se extrai de relevante em seu governo, em termos de relações sindicais ou trabalhistas[282]. No entanto, a renúncia de Jânio, em 25/08/1961, instaurou novo período de crise institucional, sobretudo pelas resistências dos setores mais conservadores e dos militares ao nome de seu vice, João Goulart, aquele que fora Ministro do Trabalho no governo de Getúlio. Parcela considerável de integrantes das Forças Armadas chegou a articular um golpe para impedir a posse de João Goulart, mas isso acabou não se concretizando após uma movimentação popular significativa, que envolveu a atuação propositiva do Governador do Rio Grande do Sul, Leonel Brizola[283], e a realização "da maior greve já vista no país"[284], em nome da

sediado em São Paulo, cuja maioria de sindicatos agregados era de setores de economia de mercado, como metalúrgicos, têxteis e gráficos; e o Pacto de Unidade e Ação - PUA –, cuja sede era no Rio de Janeiro e tinha à frente os ferroviários, os marítimos e os portuários, sendo uma organização fundamentalmente conduzida pelos comunistas.

281. *Idem, passim.*

282. Gaspari, Elio. *A ditadura derrotada. O sacerdote e o feiticeiro.* São Paulo: Companhia das Letras, 2003. pp. 71-72.

283. Brizola, que era cunhado de João Goulart, montou barricadas na sede do Governo gaúcho e ali instalou uma rádio, à qual se associaram cerca de 200 emissoras, na chamada Rede da Legalidade, que defendia a posse do Vice-Presidente (Gaspari, Elio, *A ditadura derrotada. O sacerdote e o feiticeiro.* São Paulo: Companhia das Letras, 2003. p. 75).

284. *Idem, ibidem*, p. 75. O autor situa o envolvimento político das entidades sindicais, especialmente as controladas pelo Partido Comunista, que conseguiram paralisar os ferroviários da Leopoldina, no Rio de Janeiro, e quase todos os bancos.

"legalidade", representada pelo respeito à Constituição, que exigia que o Vice-Presidente fosse empossado no cargo vago[285].

A saída encontrada para essa crise foi a instauração de um regime parlamentarista[286], que teve curta duração. Assim, o governo de Goulart, que carregava os resquícios do trabalhismo inaugurado por Getúlio, foi interditado por diversas medidas, não apenas dimensionado pela restrição aos poderes presidenciais por quase dois anos, como também pelas dificuldades econômicas que enfrentou. No plano das relações trabalhistas - que é o que nos interessa, propriamente - a posse de Jango representou o retorno do populismo instaurado no Estado Novo, com a construção de esquema fundado no nacionalismo e nas chamadas "reformas de base"[287], que pressupunha a reunião de esforços dos intelectuais do governo, de parcelas nacionalistas das Forças Armadas, a burguesia industrial nacional e as organizações operárias, todas em torno do Estado.

De todas essas instituições, foram as entidades sindicais que se mantiveram mais fiéis ao esquema populista assim engendrado, mas havia uma demarcação ideológica um tanto distinta daquela vista por João Goulart quando fora Ministro do Trabalho: as li-

---

285. Quando da renúncia de Jânio, o vice-Presidente estava em viagem ao exterior, de modo que a Presidência da República foi assumida pelo Presidente da Câmara Federal, Ranieri Mazzilli, que governou o país durante a crise de duas semanas. (Gaspari, Elio, *idem, ibidem*, p. 74).

286. *"Afinal, o Congresso adotou uma solução de compromisso. O sistema de governo passou de presidencialista a parlamentarista, e João Goulart tomou posse, com poderes diminuídos, a 7 de setembro de 1961. Desse modo, o parlamentarismo, proposto por muitos como uma fórmula capaz de dar maior flexibilidade ao sistema político, entrou em vigor pela porta dos fundos. Utilizado como simples expediente para resolver uma crise, não poderia durar muito, como de fato não durou."* (Fausto, Boris. História do Brasil. São Paulo: Edusp, 2006, p. 443). O sistema presidencialista foi retomado em janeiro de 1963, após um plebiscito que, por maioria inquestionável, rejeitou o parlamentarismo (*Idem, ibidem*, p. 455).

287. Neste conceito estavam a Reforma agrária, com indenização com títulos da dívida pública, a reforma urbana, a extensão do direito de voto aos analfabetos e militares de baixo escalão, a nacionalização de empresas, a regulamentação de remessa de lucros ao exterior e extensão do monopólio da Petrobras. (Fausto, Boris. *História do Brasil*. São Paulo: Edusp, 2006. pp. 447-448).

deranças "pelegas", que se insurgiam contra as próprias entidades sindicais e apoiavam o governo, foram sendo substituídas por dirigentes de orientação comunista e trabalhista, que não mais atuavam de forma subserviente ao Estado. Assim, embora trabalhassem em conjunto com a política oficial, foram estabelecendo organizações de caráter paralelo, como o Comando Geral dos Trabalhadores, fundado em 1962 e direcionaram cada vez mais suas reivindicações para o plano político, tornando ao segundo plano as postulações tipicamente classistas ou corporativas. Ainda assim, *"o número de greves aumentou bastante; 2. as paralisações tenderam a se concentrar no setor público; 3. espacialmente, elas se deslocaram de São Paulo para outras regiões do país."*[288]

Isso demonstra que, a despeito de ter obtido o apoio inicial do movimento operário, inclusive na defesa de sua posse, Jango não teve seu governo poupado pela atuação sindical, que foi bastante incisiva, demarcando nitidamente uma superação na postura histórica adotada desde a instauração do corporativismo: o adesismo imposto no Estado Novo e que permaneceu nos governos anteriores foi substituído por um *sindicalismo populista*, mas que ainda se apropriava dos instrumentos tradicionais da estrutura oficial. Tanto assim que não se notam iniciativas substanciais do movimento sindical de ver superado o modelo estabelecido no regime de Vargas. Do contrário, em 1961, as mesmas lideranças sindicais populistas assumiram a Confederação Nacional dos Trabalhadores nas Indústrias (CNTI), órgão de cúpula do sindicalismo oficial, disciplinado e regulado pela CLT[289]. O fato relevante nesse contexto é que o governo federal não fazia uso dos instrumentos repressivos existentes na legislação para reprimir a atividade sindical, notadamente por ser seu único ponto de apoio. Ao lado disso, *"o período em questão marcou também uma dinamização*

---

288. Cf. Fausto, Boris. *História do Brasil*. São Paulo: Edusp, 2006. p. 449.

289. *Idem, ibidem*. No entanto, algumas iniciativas pontuais surgiam em determinados contextos. Por ocasião da conquista da CNTI, o grupo até então de oposição suscitou a autonomia sindical dentre suas reivindicações (Mattos, Marcelo Badaró. *Trabalhadores e sindicatos no Brasil*. São Paulo: Expressão Popular, 2009, p. 93).

das atividades sindicais em função de um processo generalizado de renovação de lideranças",[290] transição que se deu na esfera da estrutura oficial, com raras exceções[291].

O acirramento do discurso anticomunista e as instabilidades internas, sobretudo na economia, pavimentaram o caminho para a construção do Golpe de 1964, que instalou uma violenta ditadura, obscurecendo não somente as vocações democráticas do país, mas também o seu próprio desenvolvimento. Encerrou-se, com isso, outro ciclo na história política das relações trabalhistas, desta feita marcado por múltiplas variáveis na sua constituição econômica e de total instabilidade institucional, a ponto de se ter, no período entre as duas ditaduras (1945-1964), não menos do que oito Presidentes da República[292]. De outro lado, em que pese a mudança no perfil das lideranças sindicais verificadas nos últimos anos do período, esse mesmo ciclo que assim se encerra preservou completamente a estrutura sindical formada na década de 1930, que permaneceu intocada em seus fundamentos essenciais.

---

290. Mattos, Marcelo Badaró, *op.cit.*, p. 92. O autor complementa dizendo que "mapeando as tendências dominantes naquela fase, é possível localizar ao menos quatro agrupamentos de dirigentes sindicais: a) os católicos, reunidos nos círculos operários; b) os autodenominados 'renovadores', em geral de esquerda, mas críticos do PCB; c) os dirigentes que se identificavam como 'nacionalistas', que reuniam, grosso modo, os comunistas e trabalhistas de esquerda; d) os que se proclamavam sindicalistas 'democráticos', que se identificavam pelo anterior controle dos órgãos de cúpula da estrutura sindical." (grifos do autor).

291. Além das já citadas PUA e PUI, entidades de cunho intersindical, e que se formaram à margem do sistema oficial, havia também, com a mesma natureza a Comissão Intersindical Contra a Assiduidade dos Trabalhadores (CISCAI), além dos conselhos de fábrica e conselhos sindicais (Mattos, Marcelo Badaró, *op. cit., passim*).

292. José Linhares, Eurico Gaspar Dutra, Getúlio Vargas, Café Filho, Juscelino Kubitschek, Jânio Quadros, Ranieri Mazzili e João Goulart.

ERGUENDO AS PAREDES: DA RECONSTITUCIONALIZAÇÃO À FORMAÇÃO DO NEOCORPORATIVISMO SINDICAL

Porque se chamavam homens
Também se chamavam sonhos
E sonhos não envelhecem
Em meio a tantos gases lacrimogênios
Ficam calmos, calmos
Calmos, calmos, calmos

Lô Borges e Milton Nascimento, Clube da Esquina II

A DITADURA AGONIZANTE E O NOVO SINDICALISMO

O ciclo que se iniciou em 1964 é muito mais complexo, pelas circunstâncias em que se deu a gestão do Estado, na maior parte dos 21 anos de regime totalitário. Como já exposto, a organização operária presente nos dois ciclos anteriores vivia uma situação paradoxal, que permitia a convivência de lideranças insurgentes com sindicalistas históricos, ligados ainda ao padrão inicial de articulação sindical. No geral, representavam uma intensa limitação na atividade reivindicatória e organizativa dos trabalhadores, mas, de outro, faziam consolidar o assistencialismo operário como política institucional, fomentando a criação de instrumentos de cooptação. Isso não quer dizer que a classe trabalhadora permaneceu alienada do momento político vivenciado pelo país; do contrário, participou ativamente em todos os momentos de crise política e institucional, inclusive na passagem anos 1960/70, quando os efeitos dos problemas econômicos mundiais atingiram os propósitos de crescimento do regime militar. Com o fim do chamado "milagre econômico" intensificaram-se as reivindicações por reposição salarial e melhores condições de trabalho. Afinal, em nome do desenvolvimento engendrado pelo regime político, os salários foram gravemente achatados, sendo estipulados por política salarial oficial, que limitava a livre negociação a esse respeito[293].

Seguiu-se, assim, um período de nítido empobrecimento da classe operária, com o declínio paulatino e permanente da massa salarial frente ao PIB, o que resultou efeitos diretos nas organizações sindicais, inclusive por força das intervenções em suas direções e da prisão de seus integrantes e membros – só em 1964 foram presos mais de dez mil trabalhadores[294]. Por isso, até meados dos anos 1970, as lutas operárias nem sempre eram acompanhadas ou conduzidas pelos sindicatos oficiais, merecendo destaque apenas uma ou outra categoria mais organizada e com dirigentes de orientação política mais bem definida[295].

---

293. Na realidade, a lei 4.725/65 estabelecia os parâmetros para as negociações de modo que não houvesse prejuízo à política econômica oficial. Assim, mesmo não havendo fixação do percentual de reajuste, esse seria limitado às diretrizes definidas pelo governo. Esses parâmetros de fixação legal de política salarial e limitação negocial atravessaram três décadas e infinitos planos econômicos, perdurando até 1994, com a lei 8880/94, que instituiu o Plano Real e devolveu os reajustes salariais à livre negociação. Apenas com a lei 10192/2001, que dispôs sobre medidas complementares ao Plano Real, é que se teve assegurado, em seu art. 10, que as condições de trabalho e de salário deveriam ser ajustados mediante livre negociação coletiva, estipulando a possibilidade de uso da mediação ou do ajuizamento do dissídio coletivo para tal finalidade (Nascimento, Amauri Mascaro. *Compêndio de direito sindical.* 4ª. ed. São Paulo: LTr, 2005. *passim).*

294. Vasconcelos, João Paulo Pires de. Década de 1960: a construção e os efeitos de um golpe. In Inácio, José Reginaldo. *Sindicalismo no Brasil - os primeiros 100 anos?* Belo Horizonte: Crisálida, 2007. p. 216.

295. Misailidis, Mirta Gladys Lerena. *Os desafios do sindicalismo brasileiro diante das atuais tendências.* São Paulo: LTr, 2001. p. 63. Como informa Boito Jr. (*Política neoliberal e sindicalismo no Brasil.* São Paulo: Xamã, 1999. p. 46), ao longo da ditadura (1968-78) o sindicalismo foi um "sindicalismo de governo", porque além de estruturalmente integrado ao Estado, a maioria dos sindicatos esteve sob o controle direto dos sucessivos governos militares, sendo, por isso, pelega. As poucas diretorias que ousavam confrontar a política governamental eram "exemplarmente depostas". Apesar disso, registram-se movimentos

Sintomaticamente, só no ocaso do regime ditatorial o movimento sindical encontrou forças para se reestruturar. A partir do fim dos anos 1970, canalizando para o movimento operário a resistência conduzida por outras instituições nos anos anteriores, foram brotando focos de insatisfação, inicialmente motivados por razões econômicas, mas que, na realidade, tinham componentes muito mais amplos. A luta operária traduzia, em linguagem de interesse da maior parte da população, a insatisfação popular com o regime militar já em sua fase de decadência. Tanto assim que, desde 1974, já eram ensaiados passos no rumo de uma abertura política que só iria se consolidar dez anos mais tarde. Mas, no fim da década, os movimentos de operários foram estabelecendo um novo tipo de organização sindical, que se pretendia diferente de tudo aquilo que fora até então formatado: o chamado sindicalismo combativo ou "novo sindicalismo", externados sobremaneira por longas e volumosas greves.

Essas experiências queriam romper com o imobilismo e com o oficialismo vigentes, contestando a estrutura oficial, sendo seu maior "laboratório" o Sindicato dos Metalúrgicos de São Bernardo do Campo e Diadema, que passou de entidade meramente assistencialista a instituição questionadora não somente das circunstâncias das relações de trabalho, mas também da própria má distribuição da riqueza nacional. A conhecida greve de 1978 foi, por isso, um marco na concepção desse novo sindicalismo. Primeiro, porque atingiu uma das principais atividades econômicas então existentes – a indústria automobilística – fazendo migrar a ação sindical mais combativa e organizada de seu núcleo histórico: desde a década de 50, a atuação sindical era mais concentrada no serviço público ou em setores que prestavam serviços delegados ou concedidos, tendo pequena inflexão nas atividades tipicamente econômicas[296]. Com

memoráveis, como os ocorridos em Contagem e em Osasco, na década de 1960, mas cuja repercussão foi reduzida quantitativa e territorialmente.

296. As prováveis razões disso são que os principais ativistas políticos dos sindicatos eram os comunistas, que tinham uma prática histórica de enraizamento nas empresas ligadas ao Estado, e também o fato de que os sindicalistas tradicionais tinham dificuldades de assimilar um discurso mais combativo com as novas formas de produção capitalista, sobretudo trazidas pelas

essa transferência, as greves, que apenas causavam "desconforto" para os usuários dos serviços públicos, passaram a atingir o coração do capitalismo, resultando na perda da capacidade produtiva das empresas, o que se confrontava com os objetivos de desenvolvimento do regime.

Em segundo lugar, abriu um ciclo de greves sem precedentes na história brasileira, incorporando diversas categorias ou segmentos de trabalhadores, inclusive algumas que jamais tinham participado desse tipo de confronto[297]. Pela própria conformação política estabelecida pelo regime militar, não havia qualquer instrumento de interlocução com o governo ou com as entidades empresariais que permitisse levar a efeito alguma tentativa de negociação, ainda mais envolvendo questões econômicas – já que a principal razão originária das greves de 1978 foi a reposição das perdas salariais. Assim, apesar das limitações legais, a greve se tornou a *"estratégia privilegiada de ação sindical a partir de 1979"*[298], motivada especialmente pelo êxito das reivindicações econômicas das greves do ABC e pela vitória política obtida pelos trabalhadores, com o recuo da intervenção no Sindicato dos Metalúrgicos de São Bernardo e Diadema, em 1979[299].

---

empresas multinacionais, que tinham instrumentos de atração e cooptação apropriados aos interesses dos trabalhadores (Fausto, Boris. *História do Brasil*. São Paulo: Edusp, 2006. p. 431).

297. "Os motoristas de ônibus e os professores do Rio entraram em greve em março (de 1979), como também os garis. Em Belo Horizonte os trabalhadores na construção civil promoveram distúrbios, sobressaltando aquela cidade tradicionalmente conservadora. Outros setores atingidos por greves foram o siderúrgico, o portuário, o de transporte de carga por caminhão, o bancário e o de telecomunicações. Todos os funcionários civis do Estado de São Paulo também cruzaram os braços, assim como seus colegas do Rio Grande do Sul". (Skidmore, Thomas E. *Brasil:* de Castelo a Tancredo (1964-1985). Rio de Janeiro: Paz e Terra, 1988. p. 417).

298. Noronha, Eduardo. A explosão das greves na década de 80. In Boito Jr., Armando (org.) *O sindicalismo brasileiro nos anos 80.* São Paulo: Paz e Terra, 1991. pp. 104-105.

299. Embora reivindicassem 78% de aumento salarial, os trabalhadores obtiveram 63% de reajuste, em abril de 1979, o que foi considerado uma grande vitória. Diante da ilegalidade da greve, reconhecida pelo Ministério do Trabalho, os dirigentes do sindicato e outros grevistas foram presos, sendo decretada a

A despeito das dificuldades enfrentadas nos anos que se seguiram, as organizações operárias tiveram forças para a realização da 1ª Conferência Nacional da Classe Trabalhadora - CONCLAT, em agosto de 1981, da qual participaram praticamente todas as tendências militantes no meio sindical. Dessa reunião, foi extraída uma Comissão Nacional em prol da criação da CUT - Central Única dos Trabalhadores, a ser efetivada em congresso no ano seguinte. As inevitáveis divergências políticas e doutrinárias estabeleceram uma cisão no movimento que, a partir da iniciativa dos grupos mais à esquerda, convocou o 1º. CONCLAT - Congresso Nacional da Classe Trabalhadora, em 1983, foro fundador da CUT. O bloco contrário, que não participou desse congresso, criou o seu próprio CONCLAT, no mesmo ano, e fundou a Central Geral dos Trabalhadores - CGT, dirigida pelo Partido Comunista do Brasil (PC do B), pelo Partido Comunista Brasileiro (PCB), pelo Movimento Revolucionário 8 de Outubro (MR-8) e por sindicalistas ligados ao PMBD. Do lado da CUT ficaram os sindicalistas "combativos", antes chamados "autênticos", mais os militantes das oposições sindicais, da esquerda católica e pequenos grupos com orientação marxista, leninista e trotskista[300].

Dessa maneira, mesmo com a repressão do regime militar, e à revelia da legislação, o sindicalismo brasileiro foi tomando um formato diferente daquele que prevalecera nos últimos cinquenta anos, sem que houvesse modificação estrutural do modelo vigente. Como explica Boris Fausto, *"o regime militar reprimiu as direções sindicais ligadas ao esquema populista, mas não desmantelou os sindicatos"*[301]. Do contrário, houve espaço político para a instituição de um modelo diferente de organização e de gestão sindical,

---

intervenção na entidade sindical. No entanto, a amplitude do movimento - que chegou a abranger 160 mil metalúrgicos - e as dificuldades na sua repressão levaram o governo a recuar em ambas as medidas.

300. Rodrigues, Leôncio Martins. As tendências políticas na formação das centrais sindicais. In Boito Jr., Armando (org.). *O sindicalismo brasileiro nos anos 80*. Rio de Janeiro: Paz e Terra, 1991. *passim*.

301. *Op. cit.*, p. 498.

mesmo diante dos rigores da lei. O exemplo maior surge da análise das próprias greves do ABC paulista; diante de uma lei de greve rigorosa (lei nº 4.330/64), os trabalhadores paralisaram os serviços nos principais centros do país; em um período de política salarial oficial e controlada, fizeram mobilizações por reposição do poder aquisitivo dos salários; em um padrão verticalizado de unicidade sindical, instituíram centrais sindicais como entidades de coordenação do trabalho dos sindicatos e das chamadas oposições sindicais para combater o sindicalismo acomodado no modelo corporativo[302].

Não há qualquer dúvida sobre a importância histórica desses fenômenos, ainda mais quando consideramos que eles estabeleceram um paradigma totalmente fundado em matizes sociológicos. Tanto isso é verdadeiro que as centrais sindicais só vieram a ser reconhecidas como entidades sindicais em 2008 mas, durante esses vinte e cinco anos, tiveram participação efetiva nos principais fatos e momentos relevantes do país[303].

O fim do regime ditatorial, estabelecido em 1985, com a eleição de Tancredo Neves para a Presidência da República e a consolidação da democracia com a promulgação de uma nova Constituição, em outubro de 1988, encerram definitivamente outro ciclo da história sindical brasileira, pontuado, de um lado, pela apropriação dos instrumentos de repressão do modelo corporativista e, de outro, pelo rompimento com esses mesmos paradigmas, com a construção de um novo sindicalismo, aparentemente voltado à superação dos estigmas históricos adquiridos durante o período antecedente.

---

302. Chamamos *oposições sindicais* os grupos de determinadas categorias que não estavam no controle dos sindicatos, mas que estavam se organizando para as disputas eleitorais internas e que se alinharam às centrais que foram sendo criadas. Essa característica ainda se faz presente, de modo que as centrais coordenam não apenas as entidades sindicais que lhe são filiadas, mas também os grupos sem personalidade jurídica que se opõem às direções sindicais e têm afinidade ideológica com as centrais, que inclusive são fontes de financiamento das campanhas eleitorais.

303. Lei 11.648, de 31.3.2008.

REDEMOCRATIZAÇÃO E REENCONTRO COM O CONSTITUCIONALISMO SOCIAL

Sem embargo da importância de seu surgimento, inclusive com repercussões diretas na redemocratização do país, o "novo sindicalismo" trouxe, em sua bagagem, a demanda pelas experiências vividas em diversos países da Europa, inclusive na própria Itália, após o fim do regime fascista-corporativo: a consagração da *negociação coletiva* como instrumento legítimo de composição dos conflitos de interesses entre as classes trabalhadora e patronal em substituição a um sistema regulatório, herdado do período getulista. Desde a Carta de Princípios firmada em 1978, durante o V Congresso da Confederação Nacional dos Trabalhadores Industriais, ao lado do direito de greve e de liberdade de associação e de filiação sindical, inclusive a organismos internacionais, já estava postulado o reconhecimento da livre negociação e a "substituição do contrato individual de trabalho pelo contrato coletivo".[304] Essa ideia fora reproduzida em outros eventos e era sintetizada por uma dupla perspectiva, que fazia parte do rol de reivindicações fundamentais na ocasião: a necessidade de reforma da Consolidação das Leis do Trabalho e a liberdade de negociação.

No entanto, não se pode desconsiderar que isso se estabeleceu na vigência de um regime de exceção o qual, mesmo decadente, preservava os matizes ditatoriais que o sustentavam, dentre eles um aparato normativo extremamente repressor. Por isso, o foco essencial das demandas sindicais no decorrer dos anos 80 foi justamente o de reforçar a luta pelos direitos sociais dos trabalhadores. Por outro lado, o sindicalismo de Estado construído a partir do modelo corporativo remanesceu nos períodos subsequentes, mas entrou em declínio no ocaso da ditadura militar, consolidando-se

304. Rodrigues, Leôncio Martins. As tendências políticas na formação das centrais sindicais. In Boito Jr., Armando (org.). *O sindicalismo brasileiro nos anos 80*. Rio de Janeiro: Paz e Terra, 1991, p. 16. Esse Congresso reuniu alguns dos principais dirigentes sindicais, que estavam despontando e que iriam constituir o *novo sindicalismo*, como Luiz Inácio da Silva, João Paulo Pires de Vasconcelos, Arnaldo Gonçalves e Hugo Peres, e foi uma das primeiras reuniões articuladas que levaram à realização da Conclat, em 1981.

a falência do modelo sindical então construído durante o processo de transição democrática. Mas, a despeito da constituição progressiva de novos modelos sindicais, não se notou uma mudança efetivamente significativa no plano da estrutura moldada ainda durante o período corporativo do Estado brasileiro.

Nem mesmo as insurgências contra o padrão sindical vigente, que brotaram e se desenvolveram a partir do final da década de 1970, foram suficientes para afetar de modo relevante os paradigmas fundados na década de 1930. Como explica Boito Jr., a estrutura sindical brasileira *"não entrou em crise no período aberto pelas greves de massa em 1978, porque, desde então, não se constituiu nenhuma força social que agisse conscientemente no sentido de suprimir aquela estrutura"*. Para exemplificar essa assertiva, ele situa que a própria Central Única dos Trabalhadores, que foi criada em decorrência daqueles movimentos, no início dos anos 1980, e que tinha dentre seus princípios originários a defesa do *"sindicalismo livre da interferência do Estado"*[305] –, acabou por reformular sucessivamente suas estratégias com relação à estrutura sindical até ser por ela assimilada[306].

Na esteira dessas constatações, soa natural a conclusão de que o que esteve em crise a partir de 1978 não foi a própria estrutura sindical oficial, mas sim o modelo ditatorial de gestão do sindicalismo de Estado implantado pela ditadura militar, mediante a apropriação dos instrumentos de repressão presentes na CLT desde sua origem. Do contrário, a estrutura oficial continuou efetivamente vigorando, mesmo com todas as críticas que suscitava, sobretudo em decorrência da construção do chamado "novo sindicalismo"[307].

---

305. Segundo Gianotti, Vito e Sebastião Neto, *"a crítica à estrutura sindical vigente no Brasil desde 1930 é um dos pontos marcantes do ideário da CUT. (...) Assim, nos seus princípios e estatutos: 'A CUT luta pela mudança da estrutura sindical brasileira, corporativista, com o objetivo de conquistar a liberdade e a autonomia sindical"* (*CUT - Por dentro e por fora*. Petrópolis: Vozes, 1990. p. 46).

306. O que se deu, como explicado, quando da regulamentação das centrais sindicais (Lei 11.648/2008), ocasião em que passou a se beneficiar, de forma direta, de um dos chamados resquícios da estrutura corporativa (contribuição sindical).

307. Segundo Roberto Véras de Oliveira, citando Leôncio Martins Rodrigues, a preservação da estrutura oficial foi quem permitiu a rápida organização do

Dessa maneira, apesar de ter emergido em oposição *"à estrutura sindical oficial, não só o novo sindicalismo foi em muito gestado no âmbito da sua institucionalidade, como a CUT se consolidou expandindo seu controle sobre os sindicatos oficiais, e até sobre algumas federações e confederações"*.[308]

Nem mesmo no processo de transição democrática que culminou com a convocação da Assembleia Nacional Constituinte (1985) e com a promulgação da nova Constituição (1988) foi notado um empenho definitivo por parte do movimento sindical no sentido da superação da estrutura corporativa. É certo que algumas medidas importantes foram adotadas nesse período, como decorrência direta do processo de redemocratização, estabelecido com a eleição indireta de Tancredo Neves em 1984. Embora o governo da autodenominada "Nova República" tenha sido conduzido pelo vice-Presidente, José Sarney preservou alguns compromissos entabulados pelo Presidente eleito, morto antes mesmo de sua posse. Dentre eles, destaca-se o fato de haver colocado à frente do Ministério do Trabalho um experiente advogado trabalhista, Almir Pazzianotto, que havia atuado na defesa dos metalúrgicos do ABC

---

sindicalismo e a criação das centrais sindicais, sobretudo pelo fornecimento de recursos materiais e humanos. Assim, a estrutura sindical oficial, "se impôs limites, também possibilitou vantagens." (Oliveira, Roberto Véras de. Reforma e persistência da estrutura sindical. In Boito JR., Armando (org.). *O sindicalismo brasileiro nos anos 80*. São Paulo: Paz e Terra, 1991. p. 192).

308. Oliveira, Roberto Véras de. (*op.cit.*). A despeito do que consta dos princípios cutistas, um dos maiores estudiosos da organização sindical brasileira, Armando Boito Jr., entende que a CUT *"nunca teve uma posição clara e consistente contra a estrutura sindical."* (Oliveira, Roberto Véras de. Reforma e persistência da estrutura sindical. In Boito Jr., Armando (org.). *O sindicalismo brasileiro nos anos 80*. São Paulo: Paz e Terra, 1991, p. 58). Embora o texto seja de 1991, e o autor se refira à CUT no tempo em que a obra foi publicada, observa-se que a configuração por ele apontada é notada em diversos momentos posteriores, inclusive de maneira bastante acentuada, sobretudo depois da realização do IV CONCUT. A partir desse congresso, a central passou a se distanciar dos propósitos definidos nos encontros anteriores – de rompimento com a estrutura oficial e, sucessivamente, de conversão dos sindicatos oficiais ao projeto de uma nova estrutura – aproximando-se cada vez mais da estrutura oficial do sindicalismo, incorporando-se definitivamente ao sistema com a promulgação da lei 11.648/08. Nesse sentido, v. Oliveira, Roberto Véras. (*op. cit.*, pp. 185-209).

paulista durante as greves de 1978-1980. Com isso, e visto que o movimento sindical mais combativo já havia se instalado dentro da estrutura oficial, impôs-se ao governo a eliminação do modelo ditatorial de controle do sindicalismo, amplamente praticado pela ditadura militar.[309]

Em tal sentido, Pazzianotto iniciou um processo de reformas visando reduzir o controle direto sobre os sindicatos, tornando mais flexíveis as medidas dirigistas ainda previstas na legislação, ainda que tenha promovido poucas alterações de cunho normativo. Dessa forma, foram anistiadas as lideranças sindicais cassadas pelo regime militar, foi abolido o controle estatal sobre as eleições dos sindicatos e foi aberto o caminho para o reconhecimento das centrais sindicais[310]. Tais reformas são da seguinte maneira sintetizadas por Armando Boito Jr.

> *O Ministro do Trabalho de José Sarney extinguiu o modelo rígido e detalhado de estatuto padrão, suspendeu o controle direto e minucioso das DRTs sobre as eleições sindicais, reconheceu politicamente as centrais sindicais–organismos que foram legalmente permitidos em diversas conjunturas do pré-1964, mas que a legislação da ditadura militar proibira--abandonou a prática, no caso sem ter mudado a legislação pertinente, das deposições punitivas de sindicalistas e, no geral, o governo Sarney estabeleceu políticas salariais que, ainda que restringindo muito o ritmo e os índices legalmente permitidos para a reivindicação sindical, eram mais liberais do que o controle exercício pelos governos militares*[311].

---

309. Conforme já exposto, a inserção das correntes sindicais ligadas ao "novo sindicalismo" na estrutura oficial dos sindicatos arrebentou "por dentro aquilo que, de fato, queriam arrebentar: não a estrutura sindical contra a qual lutaram, mas o modelo ditatorial de sindicalismo de Estado, os efeitos dessa estrutura, que é o que lhes interessava suprimir." (Boito Jr., Armando. *Reforma e persistência da estrutura sindical.* In Boito Jr., Armando (org.). *O sindicalismo brasileiro nos anos 80.* São Paulo: Paz e Terra, 1991, p. 72.).

310. Cf. OLIVEIRA, Roberto Véras de. Reforma e persistência da estrutura sindical. In BOITO JR., Armando (org.). *O sindicalismo brasileiro nos anos 80.* São Paulo: Paz e Terra, 1991. p. 189.

311. Boito Jr., Armando. *Reforma e persistência da estrutura sindical* In BOITO JR., Armando (org.). *O sindicalismo brasileiro nos anos 80.* São Paulo: Paz e Terra, 1991. p. 72-73.

Nota-se, assim, que ainda durante o processo transitório em direção à redemocratização - que se consolida com a Constituição e se consuma com as eleições diretas para Presidente, em 1989 - alguns passos importantes foram dados no sentido de romper com o uso autoritário da estrutura sindical realizado pelos governos militares. Mesmo sem grandes mudanças legislativas, a simples *alteração postural* do governo em relação ao movimento sindical já permitiu alguns avanços com relação ao modelo apropriado pela ditadura, especialmente no que diz respeito ao reconhecimento político das centrais[312] e quanto à intervenção nas entidades sindicais.[313]

Com relação a este último aspecto, é oportuno citar-se que o artigo 528 da CLT, corolário dos decretos do Estado Novo que foram a ela incorporados, permitia ao Ministro do Trabalho a intervenção na entidade sindical, por intermédio de Delegado ou Junta Interventora. O interventor tinha atribuições para administrar a entidade e executar ou propor as medidas necessárias para normalizar-lhe o funcionamento, sempre que existissem conflitos ou circunstâncias que perturbassem o fundamento da entidade,

---

312. Como vimos no capítulo anterior, a história do movimento sindical brasileiro permite situar a existência de entidades assemelhadas às centrais sindicais desde a década de 1950, visto que não havia restrições à sua existência. Durante a ditadura militar as centrais foram definitivamente proscritas, nos termos da Portaria 3.337, de 1978, que inviabilizava sua constituição. Em 1985, a Portaria 3.100 revogou a anterior e permitiu que as centrais passassem a ter "existência legal" (ou seja, deixaram de ser proibidas), mas sua legitimidade jurídica como entidades de direito coletivo somente surgiu com a lei 11.648/2008, igualmente já citada. A despeito disso, o ato ministerial que revogou a proibição teve a função simbólica de permitir o reconhecimento institucional e político das entidades que existiam na ocasião (CUT e CGT), cuja construção já estava consolidada.

313. Essa análise é bastante perfunctória, tendo em vista os objetivos deste trabalho. É certo que, apesar da postura evidenciada pelo governo da Nova República, houve episódios tipicamente autoritários, como foi o caso da invasão da Companhia Siderúrgica Nacional (CSN), em 1988, durante um movimento grevista, que resultou na morte de três trabalhadores. Sem negarmos a relevância e o significado desse episódio, o que nos interessa, em particular, é pontuar a permanência do modelo sindical corporativo e identificar a postura de cada regime pelo qual ele atravessa em seu período de longa sobrevivência.

ou ainda por motivos relevantes de "segurança nacional". Esse dispositivo era o fundamento legal para as práticas disseminadas nos governos anteriores para afastar os dirigentes de seus sindicatos, o que era usado especialmente com vistas à desarticulação dos movimentos por eles conduzidos, mormente durante as greves[314]. Vale notar que, assim como outros textos similares, a disposição só deixou de vigorar com a promulgação da Constituição de 1988, em razão da sua não-recepção, e isso é que torna relevante a abstenção do seu uso pelo governo da "Nova República", denotando, com isso, a completa dissonância desses textos com a realidade da incipiente organização sindical[315].

Registra-se, por oportuno, que o Presidente Dutra houvera submetido a Convenção 87 à apreciação do Congresso Nacional, como determina o art. 19 da Constituição da OIT[316], mas a Câmara somente aprovou o texto em agosto de 1984[317], sem promover qualquer debate amplo a respeito.[318] No entanto, para que se completasse o ciclo da sua ratificação, seria necessária a apreciação pelo Senado Federal; daí porque igualmente relevante foi a iniciativa do Ministério do Trabalho de propor a inclusão dessa questão na pauta do Senado, em janeiro de 1987. Mais uma vez, o ato teve mais efeito simbólico do que real – porque não se desenvolveram

314. Esta estratégia de estrangulamento da atividade sindical é identificada, p.ex., no documentário *Linha de Montagem*, de Renato Tapajós. Durante a greve no ABC paulista em 1979, a forma encontrada pelo Governo Militar para enfraquecer o movimento foi a realização da intervenção no Sindicato dos Metalúrgicos de São Bernardo do Campo e Diadema com o afastamento de sua diretoria. Assim, além de perderem o espaço físico de reuniões e articulações – sede do sindicato – os trabalhadores se viram desorientados pela ausência de um comando formal.

315. Na mesma esteira, assim permitiam os artigos 553 e 554, da CLT, juntamente com outras medidas interventivas, inclusive cassação da Carta Sindical e dissolução da entidade, igualmente não recepcionados pela Constituição de 1988.

316. Mensagem 256, de 31/05/1949.

317. Projeto de Decreto Legislativo nº 58-B, de 1984.

318. Passos, Edésio. *Efeitos da Convenção nº 87 da OIT no Sistema Sindical Brasileiro. In* O Direito Coletivo, a Liberdade Sindical e as Normas Internacionais. Nicoladeli, Sandro Lunard, *et alii* (orgs.). Vol. I, São Paulo: LTr, 2013. p. 54.

esforços reais do governo para a devida aprovação –, mas trouxe dois significados: de um lado, sinalizava a intenção do Ministro de ver o assunto sendo debatido e, de outro, o desinteresse do meio sindical em que isso se consumasse[319]. No mesmo contexto, o governo apresentou o Projeto de Lei nº. 164, que eliminava a unicidade e a tutela do Estado nos sindicatos, extinguindo progressivamente a contribuição sindical. Todavia, a natural falta de consenso a respeito do tema não permitiu sua evolução no plano legislativo, o que levou a questão para a agenda da Constituinte, cujos trabalhos estavam em curso[320], pois havia certa expectativa de que, naquele foro, o tema pudesse ser finalmente debatido com a sociedade e vir a ser adotado na nova Carta.

Cabe aqui consignar que, em seu 2º. Congresso, a CUT defendeu a participação efetiva dos trabalhadores na Assembleia Constituinte, pregando que deveria desenvolver amplas mobilizações para nela inscrever as reivindicações dos trabalhadores, tais como a estabilidade no emprego, a liberdade de organização no local de trabalho, a liberdade e autonomia sindicais, o direito irrestrito de greve e o controle pelos trabalhadores do processo de inovação tecnológica, além dos que qualifica como "direitos

---

319. A inexistência de empenho suficiente do Ministro do Trabalho para a aprovação da proposta é apontada pelos estudiosos citados, mas não pode deixar de ser citado que a iniciativa de colocar em discussão a Convenção 87 da OIT evidencia coerência com o pensamento do mesmo Ministro, quando ainda era advogado: em diversos textos publicados no final dos anos 1970 ele faz uma defesa intransigente da convenção e da necessidade de sua ratificação pelo Brasil (Pinto, Almir Pazzianotto. *Central única. Por que não?* São Paulo: Global, 1980).

320. Essa falta de consenso não se dava apenas no plano do movimento sindical de trabalhadores, mas também aparecia, com muito mais ênfase, na área patronal, cuja capacidade de influência no Congresso Nacional era – e ainda é – notável, diante do potencial econômico das principais categorias. Nesse sentido: "Apesar de um discurso das lideranças sindicais renovadoras ter-se tornado dominante, era reduzida a base de apoio com que o governo poderia contar para empreender a mudança da organização sindical. A representação sindical patronal, parcela significativa das entidades de trabalhadores sem participação ativa no movimento sindical, o *establishment* do judiciário trabalhista e a burocracia ministerial formavam uma vasta coalizão a favor do *status quo*". (Almeida, Maria H. T. de. *Crise Econômica e Interesses Organizados:* O sindicalismo no Brasil dos anos 80. São Paulo: EDUSP, 1996. p. 171).

fundamentais dos trabalhadores".[321] O que se viu nesse contexto foi uma grande interferência do movimento sindical, ao lado de outras organizações sociais, durante o processo constituinte, resultando no reconhecimento constitucional de uma vasta gama de direitos sociais, como jamais havia ocorrido em toda a história do país.[322]

No entanto, se o processo de construção da Constituição de 1988 absorveu um número relevante de direitos sociais, não houve êxito na proposta de emenda popular que instituía o pluralismo sindical e a plena liberdade de organização[323]. Dessa maneira, o texto constitucional definitivamente aprovado reconheceu o direito de greve, o direito de sindicalização aos servidores públicos e o

---

321. Esses direitos seriam: salário mínimo nacionalmente unificado, jornada de 40 horas, férias em dobro, seguro-desemprego, creche para os filhos dos trabalhadores, moradia para todos, estatização dos transportes, saúde e educação, previdência social universal, proibição de discriminação e garantia de isonomia de direitos, proibição de qualquer interferência do Estado ou do FMI na definição do planejamento familiar, reconhecimento e regulamentação do trabalho doméstico, licença-maternidade, proibição do papel constitucional das Forças Armadas na defesa da ordem interna, descaracterização legal do homossexualismo como doença, modificações da legislação eleitoral e proibição da propaganda de cigarros, bebidas e medicamentos. (CENTRAL ÚNICA DOS TRABALHADORES. *Resoluções do 2º. Congresso.* Rio de Janeiro: CUT, 1986. p. 19).

322. A ampla inclusão dos direitos trabalhistas na Constituição de 1988, inclusive mediante sua fundamentalização formal, evidenciou a importância a eles conferida no contexto da redemocratização, e foi resultado do processo de mobilização operária, sobretudo das duas décadas anteriores. Essa medida foi indispensável para impedir, ao menos até 2017, a investida legislativa sobre os direitos sociais. Isso no entanto, ocorreu com a "reforma" de 2017, que atacou gravemente conquistas históricas que estão imunizadas pela sua topologia normativa. A "reforma" em questão é profícua em inconstitucionalidades, mas até o momento isso não foi reconhecido pelo STF.

323. Nesse sentido, as centrais sindicais e confederações atuaram concretamente na formulação de proposições próprias, que entendiam ser relevantes para a classe trabalhadora, devidamente articulados em torno do DIAP – Departamento Intersindical de Assessoria Parlamentar –, que orientava as discussões e votações de parlamentares comprometidos com as causas operárias e, inclusive, atribuía notas pelo desempenho dos constituintes em prol dos trabalhadores. Porém, os grupos que defendiam uma sindical mais intensa ficaram em minoria e não conseguiram produzir iniciativas consistentes quanto à estrutura sindical. Somente por ocasião da votação do anteprojeto de Constituição é que a CUT conseguiu encaminhar a emenda citada, que foi rejeitada 305 votos contra 148 (com 19 abstenções).

fim da intervenção administrativa nos sindicatos, mas preservou características próprias do modelo corporativo, como aponta Roberto Véras Oliveira:

> *As mudanças introduzidas tiveram um efeito dúbio. Pois, se de um lado, descaracterizaram o modelo corporativista, retirando vários instrumentos de garantia do controle estatal sobre os sindicatos; de outro mantiveram alguns pilares básicos da velha estrutura sindical: o monopólio da representação, a contribuição compulsória e o poder normativo da Justiça do Trabalho (elevando-os inclusive à condição de leis constitucionais).*[324]

É o mesmo sentido identificado por Mauricio Godinho Delgado, para quem "*a Constituição de 1988 iniciou, sem dúvida, a transição para a democratização do sistema sindical brasileiro, mas sem concluir o processo*". Segundo ele, a Carta "*construiu certo sincretismo de regras, com o afastamento de alguns dos traços mais marcantes do autoritarismo do velho modelo, preservando, porém, outras características notáveis de sua antiga matriz*"[325]. Na realidade, a Constituição tratou da liberdade sindical de forma incompleta, acolhendo-a em alguns aspectos, mas refutando-a em outros, como concorda Arion Sayão Romita, ao explicar que a Constituição de 1988 afasta a plenitude da liberdade sindical, no seu aspecto relacionado ao direito de fundação de uma entidade sindical, pela subsistência da unicidade, que foi "*instituída pelo Estado Novo de Getúlio Vargas e conservada desde então pelas sucessivas Constituições*".[326] Esse anacronismo foi reconhecido pela própria OIT, por intermédio de seu Comitê de Liberdade Sindical: a partir de denúncia apresentada pela Confederação Internacional dos Sin-

---

324. *Op. cit.*, p. 119.

325. Delgado, Mauricio Godinho. *Direito Coletivo do Trabalho*. 3ª. ed. 2ª tiragem. São Paulo: LTr, 2010. pp. 71-72.

326. Delgado, Mauricio Godinho. *Direitos fundamentais nas relações de trabalho*. São Paulo: LTr, 2005. p. 331. O autor formula essa constatação – da assimilação incompleta da liberdade sindical pela Carta de 1988 – com base na classificação de Orlando Gomes e de Elson Gottschalk a respeito, os quais dividem a liberdade sindical em três categorias: a) em relação ao indivíduo; b) em relação ao grupo profissional; c) em relação ao Estado.

dicatos Livres (CISL), em janeiro de 1989, o Comitê reconheceu que a Constituição brasileira assegurava a autonomia sindical, mas assinalou que a preservação da unicidade e do financiamento compulsório do sistema confederativo não estariam de acordo com os princípios de liberdade sindical por ela proclamados. Sugeriu, ainda, que fosse elaborada uma legislação que ajustasse os preceitos vigentes às diretrizes da Organização, o que não foi cumprido pelo Brasil[327].

Assertivas como esta se justificam porque o resultado apresentado pelo modelo aprovado pela Assembleia Nacional Constituinte teve pontos positivos, como a *vedação à intervenção e à interferência administrativa do Estado nos sindicatos*; o *fortalecimento* dessas entidades na defesa dos *interesses coletivos e individuais da* categoria e o *alargamento da negociação coletiva*, com *participação obrigatória dos sindicatos*. No entanto, manteve o sistema de unicidade sindical (art. 8º, II, CF/88), insistindo na categoria profissional como fórmula de agregação dos trabalhadores (art. 8º., III), além de preservar o financiamento compulsório da estrutura sindical, o Poder normativo da Justiça do Trabalho e a representação classista.[328] Assim, a nova realidade constitucional passou a exigir a convivência harmônica de preceitos que, em tese, seriam incongruentes: de um lado, a liberdade de organização e de associação sindical; de outro, a necessidade do respeito ao princípio da unicidade sindical e, para assegurar a sua observância, a exigência do *registro oficial*, outro requisito preservado pelo texto da Constituição que, mesmo dispensando a prévia autorização estatal para a constituição do sindicato, apontou a necessidade de sua consumação no "órgão competente" (art. 8º., I, da CF).

327. Cf. Sarcedo, Cristiana Lapa Wanderley. *Representatividade sindical e negociação coletiva*. São Paulo: LTr, 2011. p. 44. O Comitê também recomendou ao Governo brasileiro que admitisse o registro da CUT, assegurando-lhe as prerrogativas sindicais às entidades que lhe eram filiadas, inclusive o direito de greve e o de negociação coletiva. Esse tema foi um dos objetos da denúncia, ante a falta de resposta do Ministério do Trabalho sobre a postulação feita pela central. O caso em questão é o de número 1487, do Comitê de Liberdade Sindical, e que voltará a ser mencionado em outras oportunidades no presente trabalho.

328. Delgado, Mauricio Godinho. *Curso de direito do trabalho*. 6ª ed. São Paulo: LTr, 2007. pp. 71/72 .

Com fundamento em paradoxos como esses, tem-se toda a carga analítica do sistema de relações sindicais brasileiro ainda é feita com foco no excessivo controle estatal da atividade sindical, como revela, p.ex., a subsistência da interpretação jurisprudencial corrente, inclusive oriunda do Supremo Tribunal Federal, que confere subsistência ao art. 522, da CLT, mesmo com a consagração constitucional da autonomia sindical.[329] Isso porque foi construído, desde 1988, um modelo sincrético, híbrido, que poderia ser qualificado como *"corporativista em suas bases ampliadas e encimada por uma cúpula de centrais de clara inspiração populista"*[330], que deu ensejo, nos anos seguintes, à conformação de uma espécie de *neocorporativismo*: tanto os adeptos do "novo sindicalismo" como os partidários do "sindicalismo de resultados", que tiveram na sua origem o discurso homogêneo de renegação das estruturas corporativas, vão assimilar o sistema e serão por ele absorvidos, de maneira convergente, no início do século XXI.[331]

Dessa maneira, apesar da nítida evolução na organização sindical no período pré e pós-redemocratização do país, não se notou a mesma conformação no que diz respeito às estruturas formais gestadas no decorrer do Estado Novo. Do contrário, as mudanças ocorridas, algumas delas significativas[332], não impediram que as entidades sindicais ainda pudessem ser vistas como apêndices estatais, por conveniência política de seus dirigentes ou do próprio Estado. Um exemplo interessante dessa constatação verificou-se

---

329. *"O art. 522, CLT, que estabelece número de dirigentes sindicais, foi recebido pela CF/88, artigo 8º,I."* (RE 193.345, Rel. Min. Carlos Velloso, DJ 28/05/99). O Tribunal Superior do Trabalho, em recente reformulação de sua jurisprudência, incorporou o mesmo entendimento, em sua Súmula 369, II (*"O art. 522 da CLT foi recepcionado pela Constituição Federal de 1988. Fica limitada, assim, a estabilidade a que alude o art. 543, § 3.º, da CLT a sete dirigentes sindicais e igual número de suplentes"*).

330. Almeida, Maria H. T. de. *Crise Econômica e Interesses Organizados:* O sindicalismo no Brasil dos anos 80. São Paulo: EDUSP, 1996. p. 130.

331. As expressões "novo sindicalismo" e "sindicalismo de resultados" representam a síntese de dois dos principais movimentos ideológicos que nortearam a atividade sindical nos anos 1980/1990, sobre o que iremos tratar na sequência.

332. Como a desnecessidade de reconhecimento estatal do sindicato ou a vedação à intervenção administrativa, p.ex.

em 1998. Em seu complexo projeto de desconstrução da legislação trabalhista - que tinha o caráter mais acentuado nas tentativas de flexibilizar os direitos no plano individual -, o Poder Executivo Federal elaborou a Proposta de Emenda Constitucional nº 623 que, dentre outras matérias, previa o fim da unicidade sindical e a restrição na cobrança das contribuições para custeio do sistema confederativo. Apesar de se tratar de medida que, a princípio, atenderia às demandas do sindicalismo mais combativo, e que se denominava "autêntico", a exposição de motivos da proposta evidencia os reais objetivos da mudança sugerida:

> *Os sindicatos em seus diferentes níveis, cada vez mais participam das políticas econômicas e sociais, como verdadeiros cogestores, devendo, por isso, agir com efetiva responsabilidade, voltando-se para a melhoria das condições de trabalho e salário, mas também para objetivos elevados, como solidariedade social, combate ao desemprego, melhoria da produtividade e qualidade, incremento à participação do trabalhador na empresa e desenvolvimento de novas tecnologias (...). Além disso, é muito importante reduzir os focos de conflitividade presentes no modelo*[333].

Tais justificativas demonstram que a finalidade precípua dessa proposta não era propriamente permitir o exercício da plenitude da liberdade sindical, mas sim mitigar da conflitividade das relações de trabalho - mediante a transformação dos sindicatos em "parceiros" do capital - e colaborar para o consequente aumento na produtividade e na lucratividade das empresas. Em outras palavras, seria utilizar uma possível fragmentação da organização sindical, como decorrência da pluralidade, para transformar as entidades sindicais em instrumentos acessórios da atividade empresarial, atribuindo-lhes incumbências classicamente associadas à própria gestão da empresa. Os sindicatos sairiam, com isso, do plano de ação estatal para o plano do controle empresarial, o que seria tão nocivo ou mais do que o modelo vigente. De qualquer forma, a circunstância escancara um paradoxo que viria a se reproduzir em

333. *Apud* Mattos, Marcelo Badaró. *Trabalhadores e sindicatos no Brasil*. São Paulo: Expressão Popular, 2009. p. 135.

outros momentos: um governo de nítido corte neoliberal passou a "ameaçar" o movimento sindical usando exatamente uma das bandeiras principais brandidas pelo novo sindicalismo dos anos 1970: o fim da unicidade e da contribuição compulsória.[334]

Com isso, conclui-se que a proposta de gestão estatal da organização sindical continuou presente e não apenas pelos paradigmas de regulação, mas pela própria acomodação que o padrão estabelecido permitia. Um exemplo dessa dualidade está relacionado à questão da *unicidade sindical*: contraditória do ponto de vista da autonomia dos sindicatos é, por muitos, festejada porque constitui instrumento garantidor do monopólio da representação. Da mesma forma, ainda seria fator garantidor de receita certa e inquestionável, emoldurada em contribuição sindical. Por isso, certos dirigentes sindicais, a um só tempo, criticam o excesso de intervenção estatal nos sindicatos, mas elogiam a estipulação da unicidade, o que aparece, por razões distintas, em diversos momentos da história do país. Boito Jr., p.ex., cita as palavras de um dirigente do Partido Comunista do Brasil ao comentar a "Lei de Sindicalização": ele criticava o fato de ela "amarrar" as entidades sindicais ao Ministério do Trabalho e oficializar a intervenção governamental nelas. Mas, ao mesmo tempo, festejava a proibição da pluralidade sindical.[335] Foi a mesma constatação de Almir Pazzianoto, quando ainda era advogado sindical:

> *(..) quando falamos em liberdade sindical não podemos deixar de nos referir à posição da CNTI – Confederação Na-*

---

334. A PEC tramitou por cerca de dois anos e obteve, naturalmente, a resistência de importantes segmentos sindicais e da oposição, mas acabou sendo arquivada por razões técnicas (*apud* Silva, Walküre Lopes Ribeiro da. Direito do Trabalho Brasileiro: Principais Aspectos de sua Evolução Histórica e as Propostas de Modernização. In *Revista do TST*. jul/dez de 2003, vol. 69, 2ª.,p. 135). É o mesmo cenário vivenciado a partir da "reforma trabalhista" de 2017, que eliminou a compulsoriedade da contribuição sindical, sem alterar os demais elementos corporativos do modelo sindical, e se consuma na atual gestão, fascista-ultraliberal, que frequentemente suscita a possibilidade de propor o fim da unicidade.

335. Boito Jr., Armando (org.). O sindicalismo brasileiro nos anos 80. São Paulo: Paz e Terra, 1991. p. 135.

> *cional dos Trabalhadores na Indústria – órgão de cúpula que, quando sai do seu mutismo, o faz para elogiar gratuitamente o Poder Executivo, ou para pôs em dúvida a aplicabilidade do Convênio nº 87 da Organização Internacional do Trabalho. (...) O mesmo número da Tribuna Sindical que traz em sua capa fotografias da delegação brasileira, chefiada pelo Ministro do Trabalho, à 59ª. Conferência Internacional, e reproduz discurso do presidente da CNTI falando no 'milagre' brasileiro diante da unidade do trabalho, contém editorial que questiona a Convenção nº 87, sustentando, dentre outras coisas, que a sua adoção implicaria na necessidade de alteração da atual estrutura, na eliminação do princípio da unidade, no desaparecimento da contribuição sindical compulsória, na revisão das relações entre o sindicalismo e a Justiça do Trabalho, no reexame da representação classista perante a Justiça e o INPS, na reformulação da legislação da greve*[336].

É assim que se configurou, como já apontamos, uma espécie de *neocorporativismo*, formado pela apropriação, por parte das próprias entidades sindicais, dos elementos estruturados pelo Estado Novo, dele fazendo uso para seu proveito próprio, e nem sempre no atendimento dos interesses dos representados. Isso já fora manifestado, há mais de duas décadas, por Leôncio Martins Rodrigues:

> *Efetivamente, a se considerar o caso brasileiro, vemos que na raiz do sindicalismo corporativo, esteve a Revolução de 1930. A consolidação das tendências corporativas relaciona-se, obviamente, com a instauração do Estado Novo, ou seja, com outro fato político. Mas as determinações políticas que são importantes para explicar a origem das estruturas corporativas não bastam para explicar a sua continuidade em outros contextos político-institucionais. (...) Uma vez montado o sistema corporativo, múltiplos segmentos da*

336. Pinto, Almir Pazzianotto. *Central única. Por que não?* São Paulo: Global, 1980. pp. 13-14). A publicação é de 1980, mas se trata de compilação de textos anteriormente publicados em diversos órgãos, sendo que o citado, cujo título é *Sindicalismo e legalidade*, é de 1978.

sociedade passaram a ter seus interesses vinculados à continuidade da nova instituição"[337].

É certo que a "*ação do Estado (...) de fato contribuiu para a criação de um espaço que poderia ser e foi usado para a auto-organização e a mobilização dos trabalhadores*"[338], mas a mudança nos paradigmas de relacionamento político e institucional do Estado com os segmentos sociais do mercado de trabalho não foi suficiente para que houvesse um completo desgarramento dessas práticas históricas, cada vez mais consolidadas e inseridas em nossa cultura. Freitas Jr. constata que, embora fosse possível supor-se que o corporativismo, em todas as suas acepções, fosse uma "página virada" pela derrota do Eixo ao final da Segunda Guerra, ressurgiu como foco das preocupações na literatura jurídica e política dos anos 1970, e uma das razões desse fenômeno é o fato de que, em alguns países, "*apesar da superação do autoritarismo no plano macro-político e mesmo a despeito da restauração das instituições da democracia política representativa, o sistema particular da representação sindical foi preservado na sua integridade (como é o caso do Brasil)*".[339]

Essa ponderação permite concluir que "*o corporativismo sindical que nasce em meio a experiências autoritárias pode sobreviver, sem alterações substanciais, a períodos de democracia política*", embora seja uma sobrevida instável, não isenta de "conflitos, de paradoxos ou mesmo contradições". A par disso, tem-se que "*o fato é que o sistema sindical exibe – a exemplo de outros sistemas jurídicos, ingredientes de autorreferibilidade que lhe permitem surtos de realimentação e de funcionalidade que podem ocorrer fora de um regime macro-político de tipo corporativo*".[340]

---

337. Rodrigues, Leôncio Martins. O sindicalismo corporativo no Brasil. In Rodrigues, Leôncio Martins, *Partidos e sindicatos:* escritos de sociologia política. São Paulo: Ática, 1990. pp. 63-65.

338. French, John D. *Afogados em leis* – A CLT e a cultura política dos trabalhadores brasileiros. São Paulo: Fundação Perseu Abramo, 2001. p. 33.

339. Freitas Jr., Antonio Rodrigues de. Trabalho e direito numa economia globalizada. *Revista Nacional de Direito do Trabalho*. v. 51. Ribeirão Preto: Nacional de Direito, jul/2002, p. 62.

340. *Idem*.

Talvez isso ajude a explicar os motivos pelos quais a figura emblemática de Getúlio ainda é indissociável de qualquer análise sobre as relações de trabalho no Brasil e por que o trabalhismo por ele fundado ainda é reivindicado por diversas linhagens políticas contemporâneas[341]. Também permite que se compreendam as razões pelas quais não só a estrutura por ele moldada não foi objeto de significativas alterações institucionais até hoje como foi, além de tudo, transformada em mecanismo da preservação de interesses localizados, mesmo partindo daqueles que já foram críticos desse mesmo modelo. Como dito, o sistema sindical tem se mostrado dotado de grande capacidade de adaptação às condições históricas e circunstanciais, a ponto de, sobre um padrão tipicamente autoritário, construir um "neocorporativismo sindical" fundado em bases democráticas[342].

CONTRADIÇÕES DO MODELO SINDICAL BRASILEIRO E AS DIFICULDADES NA SUA SUPERAÇÃO

No decorrer dos anos 1990 iniciou-se uma nova fase no sindicalismo brasileiro, que se projetou para o início do século XXI. O movimento sindical se estruturou em torno das duas principais centrais sindicais, que estabeleceram a hegemonia da representação política dos trabalhadores assumindo, mesmo à margem da organização sindical, atitudes e papéis que deveriam ser naturalmente exercidos pelas Federações e Confederações, em sua condição de

---

341. French compartilha desse pensamento, afirmando que *"a adesão maciça dos trabalhadores a Getúlio Vargas, pai da CLT, após o fim do Estado Novo, aponta para a vulnerabilidade da teoria do consenso corporativista. A CLT, afinal de contas, não provocou a destruição dos sindicatos e a desmobilização da classe trabalhadora, mas seu oposto"* (French, John D. *Afogados em leis* – A CLT e a cultura política dos trabalhadores brasileiros. São Paulo: Fundação Perseu Abramo, 2001. p. 33).

342. Esse tema também foi tratado por Freitas Jr. (Trabalho e direito numa economia globalizada. *Revista Nacional de Direito do Trabalho*. v. 51. Ribeirão Preto: Nacional de Direito, jul/2002, p. 63), para quem "*tendo presente a adaptabilidade e plasticidade do fenômeno corporativo, nada parece garantir que não venha a ressurgir, com algumas diferenças, em outros planos da experiência jurídica do século XXI.*".

entidades sindicais de grau superior[343]. Isso porque muitas dessas entidades permaneciam absorvidas pela estrutura corporativa herdada do modelo histórico, e tinham dificuldades naturais de aglutinação dos interesses políticos das classes que representavam, sobretudo com relação àquelas entidades sindicais administradas por dirigentes que, de alguma forma, tinham laços com o chamado "novo sindicalismo".

Conforme situamos, os sistemas corporativos têm como ponto comum: a adoção, quer no "*terreno doutrinário, quer no da experiência jurídica, de sistemas de representação em que estejam presentes, de modo predominante, os predicados da representação de interesses, em relação àqueles de representação política*"[344]. Logo, a organização sindical articulada em um modelo formal é condição essencial para a subsistência completa de um regime corporativo. Assim, os sistemas de representação sindical formal são aqueles "*em que preponderam unidades constituídas obedecendo a um padrão legal apriorístico, por intermédio do qual se procede 'à divisão' da sociedade em grupos profissionais (e econômicos) homogêneos (...)*".[345]

Essa "crise de legitimidade" das entidades de grau superior deu grande espaço para as centrais sindicais assumirem um papel relevante não apenas dos pleitos substanciais dos trabalhadores, mas da própria conformação da organização sindical que foi moldada no decorrer das décadas de 1990 e 2000. É certo que, desde a metade do século XX já se ensaiava a construção de mecanismos de representação não-formal dos trabalhadores, exatamente a partir da identificação de sinais de esgotamento da estrutura cunhada no regime corporativo, as organizações que citamos anteriormente.[346]

---

343. Arts. 534 e 535, da CLT.

344. Freitas Jr., Antonio Rodrigues de. Trabalho e direito numa economia globalizada. *Revista Nacional de Direito do Trabalho*. v. 51. Ribeirão Preto: Nacional de Direito, jul/2002, p. 61.

345. Freitas Jr., Antônio Rodrigues de. *Sindicato: domesticação e ruptura; um estudo da representação sindical no direito brasileiro*. São Paulo: OAB/SP - Departamento Editorial, 1989. p. 154.

346. Como explicitou Freitas Jr., *"a perpetuação da representação sindical formal em nossa experiência jurídica tem demandado a utilização combinada de figuras triviais, de modo a revitalizar a capacidade de manutenção dos aspectos*

Mas, pelas razões também já expostas, essas iniciativas não obtiveram a ressonância necessária no próprio movimento operário, além de contar com a notória oposição e repressão por parte das classes dirigentes do país. Mesmo as experiências com os mecanismos de representação no local de trabalho, popularizados mediante a implantação das chamadas "comissões de fábrica" foram muito modestas, sendo passíveis de certo reconhecimento somente no início dos anos 1980[347].

Assim, só mesmo a partir da criação das centrais sindicais, no início dos anos 1980, ainda sob a influência do "novo sindicalismo", é que se pode afirmar que o sistema brasileiro assimilou a relevância das instituições de *representação sindical trivial*, que constituem um sistema em que as "*unidades constitutivas predominantes não obedecem a nenhum padrão legal apriorístico, resultam de opções organizadas decorrentes da autonomia coletiva e atuam sobre um campo substantivo diversificado de modo a promover os interesses do respectivo grupo social*"[348]. Foi neste momento que passaram a canalizar não apenas as demandas locais e imediatas das entidades a elas filiadas, mas também a exercer papel relevante na interlocução com o Governo e com outros segmentos da sociedade.

Não por outro motivo, reconhecendo a relevância do ressurgimento das centrais sindicais face ao modelo formal brasileiro, Freitas Jr. apontou, ao final dos anos 1980, que a "*representação trivial, em nossos dias, apresenta importantes indicadores de que se pode constituir num fenômeno capaz de erodir conclusivamente os padrões formais da experiência jurídica brasileira*"[349]. No entanto, o quadro estimado não atingiu por completo tais expectativas. Um

---

essenciais do modelo, especialmente quando confrontadas com imperativos da democratização da representação política." (Freitas Jr., Antônio Rodrigues de. *Sindicato: domesticação e ruptura; um estudo da representação sindical no direito brasileiro.* São Paulo: OAB/SP - Departamento Editorial, 1989. p. 163).

347. Cf. Freitas Jr., Antônio Rodrigues de, *op. cit.*, p. 169. Segundo o autor, o marco inaugural do reconhecimento dessas iniciativas é 1982, em função da constituição jurídica de comissões na capital paulista e em cidades do interior do Estado.

348. *Idem, ibidem*, p. 154.

349. *Idem, ibidem*, p. 169.

dado importante na análise desse processo é a identificação da acentuação da divergência tática entre as duas principais centrais sindicais então existentes no país: enquanto a CUT demandava, na origem, o reconhecimento do irrestrito *direito de greve, da liberdade e da autonomia sindicais e a negociação articulada* e coordenada pela Central, a CGT defendia as mobilizações de categorias e a realização de *acordos isolados* por empresas, privilegiando a negociação em lugar da greve.

Com isso, o movimento sindical renovado foi dividido entre duas posturas: de um lado, o "sindicalismo combativo" ou "de contestação", representado pela CUT e, de outro, o "sindicalismo de resultados", propugnado pela CGT[350]. Isso é claramente assumido no 2º. Congresso Nacional da CUT, em julho e agosto de 1986, no Rio de Janeiro, no qual estão presentes os libelos pela "*liberdade de organização sindical e nos locais de trabalho*", "*ratificação da Convenção/151 da OIT*", "*punição com pena de prisão nos casos de responsabilidade da empresa pelos danos físicos ao trabalhador*", "*efetivação dos trabalhadores temporários e fim do trabalho temporário em todo o território nacional*" e o "*fim da sublocação da mão-de-obra*", dentre outros.

No final dos anos 1980, sucessivos desencontros ideológicos na CGT levaram à criação de outra central, com a mesma sigla. Assim, a CGT original – cujo nome fora alterado para Confederação Geral dos Trabalhadores – era comandada por Antonio Rogério Magri, e defendia um sindicalismo "apartidário e anticomunista",

350. Outra divergência entre as duas correntes era revelada pela sua posição político-ideológica em face do capitalismo. A CUT pregava expressamente a adoção do socialismo como objetivo final da luta sindical em um dos seus princípios (Gianotti, Vito; Sebastião neto. *CUT - Por dentro e por fora*. Petrópolis: Vozes, 1990. .p. 43), enquanto a CGT defendia a economia de mercado (Rodrigues, Leôncio Martins. As tendências políticas na formação das centrais sindicais. In Boito Jr., Armando (org.). *O sindicalismo brasileiro nos anos 80*. Rio de Janeiro: Paz e Terra, 1991. p. 36). Essa postura da CGT criou vários conflitos com o MR-8 e com os partidos comunistas (PCB e PC do B), levando esse último a romper com a central em 1988. Posteriormente, os militantes sindicais do PC do B ingressaram na CUT, a bordo da Corrente Sindical Classista (CSC), por eles fundada, e hoje transformada em outra central sindical, a CTB (Central dos Trabalhadores e Trabalhadoras do Brasil).

e a nova CGT adotou a nominação antiga – Central Geral dos Trabalhadores – sendo presidida por Joaquim dos Santos Andrade (o Joaquinzão), com o apoio do PCB e do MR-8[351]. Em 1991, a bandeira do chamado *sindicalismo de resultados* foi assimilada por uma central recém-criada, nominada Força Sindical, que se afirmava "*moderna, democrática, independente, apartidária, pluralista e latino-americana*", apresentando-se como alternativa à "proposta conservadora" das CGTs e ao "*radicalismo inconsequente da CUT*".[352]

No plano sindical, seus principais postulados eram a *representação sindical nas empresas* e a *eliminação da interferência do Estado nas negociações coletivas entre sindicatos e empresas.* Fora criada "*com o objetivo de se apresentar ao governo e ao patronato como uma interlocutora legítima e confiável, em nítido contraste com o sindicalismo de contestação até então associado à CUT*". Por essa razão, caracteriza-se por uma prática "*na qual o confronto é o último recurso, defendendo a conciliação com os governos e com o patronato, e uma atuação pragmática, voltada para a defesa dos interesses econômicos imediatos dos trabalhadores*".[353]

351. Ambas, no entanto, praticavam o mesmo "sindicalismo de resultados", que reunia um "confuso ideário" de caráter "neoliberal, pró-capitalista, antissocialista e anti-cutista" (Nogueira, Arnaldo José França Mazzei. *A modernização conservadora do sindicalismo brasileiro - A experiência do sindicato dos metalúrgicos de São Paulo.* São Paulo: EDUC; Fapesp, 1997, p. 152). Joaquinzão, figura folclórica e emblemática do sindicalismo brasileiro, foi protagonista de uma série de episódios marcantes de *peleguismo sindical*, ainda durante o regime militar. Um dos mais conhecidos está retratado no filme *Braços Cruzados, Máquinas Paradas*, que reproduz a construção da oposição metalúrgica na cidade de São Paulo, e todo o envolvimento de Joaquinzão, presidente do sindicato, em situações de fraude eleitoral, dentre outras práticas. Embora evidente que as eleições foram ilegítimas, o ato do interventor que reconheceu as irregularidades e determinou novas eleições foi anulado pelo Ministro do Trabalho, que referendou a (re) eleição fraudulenta de Joaquinzão. Já no período democrático ele permanece no sindicalismo, abrigado em uma das CGTs.

352. FORÇA SINDICAL. *Os princípios da Força.* São Paulo: Força Sindical, 1991. *passim.*

353. Galvão, Andréia. O sindicalismo de prestação de serviços e a flexibilização dos direitos trabalhistas. In *Revista do Departamento de Direito do Trabalho e*

Imediatamente, por reproduzir o discurso da desregulamentação do mercado de trabalho e da flexibilidade trabalhista, agradou aos governos de tendência neoliberal[354], a importantes segmentos empresariais e a parte do movimento sindical refratário ao "radicalismo" representado pela CUT, aí incluídos os remanescentes de diretorias historicamente comprometidas com o modelo corporativo. Aproveitando-se, inclusive, da fragilidade ocasionada pela disputa entre as duas CGTs, em pouco tempo, a Força passou a dividir com a CUT a condição de principal central sindical do país, e a partir de então, toda a organização sindical brasileira passa a orbitar em torno dessas duas instituições.[355]

A par da distinção ideológica de ambas e da própria diferença resultante do momento histórico em que foram fundadas[356], as duas centrais acabaram por convergir para um discurso absolutamente diverso daquele vigente desde a Revolução de 30 e confirmado pela Constituição de 1988 – inclusive com o apoio incondicional das principais lideranças sindicais. Se é verdadeiro que o movimento sindical apoiou plenamente o reconhecimento constitucional dos direitos sociais, a partir do início dos anos 90 assimilou um ideário mais contratualista e fragmentado da ação sindical, privilegiando a negociação coletiva como a forma mais legítima e adequada de regulamentação das relações de trabalho. Um dos aspectos marcantes dessa conformação é a "nova linha de ação sindical" assumida pela CUT, consagrou a defesa da *livre negociação* entre

---

da Seguridade Social, vol.3, número 05, São Paulo, Universidade de São Paulo, 2008, jan a jul, pp. 80-81.

354. Especificamente os governos de Fernando Collor de Mello, Itamar Franco e Fernando Henrique Cardoso, que adotaram o receituário neoliberal na gestão da economia e fizeram severas investidas nas relações trabalhistas.

355. Nogueira, Arnaldo José França Mazzei. *A modernização conservadora do sindicalismo brasileiro - A experiência do sindicato dos metalúrgicos de São Paulo.* São Paulo: EDUC; Fapesp, 1997, p. 152. A despeito do seu reconhecimento como entidade sindical apenas ter ocorrido no curso de 2008, desde a criação dessas duas principais centrais, elas têm plena interferência no processo político nacional, seja participando de órgãos multilaterais, como o Conselho Curador do FGTS, seja tendo representantes no Parlamento e no Poder Executivo.

356. Rodrigues, Leôncio Martins; Cardoso, Adalberto Moreira. *Força Sindical - Uma análise sócio-política.* São Paulo: Paz e Terra, 1993. pp 156-157.

trabalhadores e empresários, transformando a negociação coletiva, de elemento meramente figurativo, como fora no interior do regime corporativista, em um instrumento de conquista de direitos, que prescindia da atuação do Estado.[357]

Ao mesmo tempo, a Força Sindical – que surgiu em um momento em que o país já consolidava sua redemocratização, mas estava prostrado diante de um quadro econômico absolutamente recessivo e desfavorável – trazia geneticamente um ideário liberal,[358] pregando o fim da intervenção do Estado nas relações trabalhistas e a implantação da livre negociação e do contrato coletivo de trabalho.[359]

Com isso, há um ajuste perfeito do discurso sindical presente a partir dos anos 1990 ao estuário neoliberal que se instalou no país, especialmente após sua redemocratização. Do lado da Força Sindical, isso se compreende até mesmo pelas suas já citadas origens; já no que diz respeito à CUT, foi resultado de uma mudança do seu perfil de lutas: saiu de um "sindicalismo defensivo" ou "combativo" presente nos anos 1980 para formar um "sindicalismo participativo" ou "propositivo" dos anos 1990 em diante. É certo que a CUT,

---

357. Boito Jr. assinala que a CUT, que representava a voz do "sindicalismo combativo", estabeleceu uma revisão geral da sua estratégia sindical, pontuada por uma "autocrítica da intervenção da CUT no processo constituinte de 1986-1988, afirmando que aquela intervenção fora um erro por objetivar a inserção de direitos sociais na Constituição". (Boito Jr., Armando. *Política neoliberal e sindicalismo no Brasil*. São Paulo: Xamã, 1999. p. 150) Essa análise foi feita a partir de uma entrevista do então presidente da CUT, Jair Meneguelli, concedida em setembro de 1990, na qual ele também declara que, em um "futuro próximo", os direitos sociais poderiam ser expurgados da Constituição, transferindo as garantias trabalhistas para a negociação livre e direta entre sindicatos e empregadores.

358. Rodrigues, Leôncio Martins; Cardoso, Adalberto Moreira. *Força Sindical - Uma análise sócio-política*. São Paulo: Paz e Terra, 1993, p. 18.

359. Bem por isso, teve um papel fundamental na desregulamentação do mercado de trabalho dos anos 1990/2000, não somente apoiando a flexibilização de direitos trabalhistas como também dela participando ativamente, inclusive mediante a formulação de propostas concretas nesse sentido, como é o caso do projeto de lei que deu origem ao contrato de trabalho por prazo determinado (lei 9.601/98), inspirado em um acordo firmado pelo Sindicato dos Metalúrgicos de São Paulo com uma indústria paulista (Boito Jr., Armando. *Política neoliberal e sindicalismo no Brasil*. São Paulo: Xamã, 1999, p. 192).

na sua fundação, pregara a ratificação da Convenção 87 da OIT e todas as demais que tratam da liberdade sindical, e formulara uma proposta de adoção do contrato coletivo de trabalho em 1988. Mas reformulou suas diretrizes em 1992, criando uma alternativa global de Legislação Trabalhista, chamado de *Sistema Democrático de Relações de Trabalho*, propondo a adoção de um período de transição e uma legislação de sustento e garantia da atividade sindical, com vistas justamente a estruturar de modo adequado as entidades representativas dos trabalhadores para qualificá-las para o processo negocial permanente que esse sistema envolve.[360]

Por outro lado, em seu V Congresso Nacional, realizado em 1994, a mesma CUT, que trazia em seus paradigmas genéticos a lógica de contestação a essa estrutura, adotou uma postura conformista, avaliando que

> *A persistência do modelo sindical (unicidade, imposto, poder normativo da Justiça do Trabalho e outros) e de uma cultura corporativista permitiu a sobrevivência de todo um setor atrasado e pelego do movimento sindical, pois coexiste com essa herança do sindicalismo oficial um limitado nível de consciência classista, essencialmente transformadora*[361].

Não por acaso, essa passou a ser perspectiva da principal organização sindical de trabalhadores no decorrer dos anos que se seguiram, e era a expectativa que se carregava nesse sentido, com a eleição para a Presidência da República de um dos principais líderes do "novo sindicalismo" e fundador da CUT, Luiz Inácio Lula da Silva:

---

360. Conforme Texto-base para a 9ª Plenária Nacional da CUT, realizada em agosto de 1999 (www.cut.org.br). A informação nele constante é de que a proposta não foi mais bem desenvolvida, a despeito da instalação de um Fórum para debatê-la, realizada pelo Ministro do Trabalho da ocasião, Walter Barelli.

361. Resoluções do *V Concut* (*apud* Cruz, Antônio. *A janela estilhaçada – a crise do discurso do Novo Sindicalismo*. Petrópolis: Vozes, 2000. p. 167). A Central, assumindo sua própria crise, reconhece também que esse quadro foi agravado pela crescente adaptação dos setores mais combativos à lógica corporativista e à incorporação de práticas fisiológicas "típicas do sindicalismo-CLT por sindicatos filiados à CUT" (*Idem*).

> *Como é sabido, a ascensão à Presidência de um líder sindical historicamente identificado com propostas de mudança do sistema sindical brasileiro, fez emergir uma grande expectativa de que, afinal, o sistema sindical viesse a merecer um processo de oxigenação e de ampliação de seu feixe de autonomia, seja organizativa, seja negocial.*[362]

No entanto, essas expectativas também não se concretizaram. Além de terem sido modestas as iniciativas nesse sentido, a postura do governo federal se conduziu muito mais visando acomodação dos organismos de representação trivial ao paradigma vigente, mormente para reduzir os pontos de conflito com os movimentos sociais e assegurar razoável governabilidade. Isso se evidencia em seus dois mandatos na Presidência, nos quais teve à frente do Ministério do Trabalho dirigentes das duas principais centrais sindicais do país[363]. Ao trazê-las para o governo, o Presidente Lula estancou por completo qualquer processo de insurgência do movimento sindical contra suas políticas social, econômica e trabalhista. Em sentido diverso, mesmo tendo privilegiado diretrizes de gestão muito próximas – ou até em nítida continuidade – às de seu antecessor, o movimento sindical, sobretudo cutista, não adotou o mesmo discurso usado nos dois governos de Fernando Henrique Cardoso, portando-se de maneira conformista e ajustando-se aos paradigmas corporativos, subvertendo por completo o discurso sobre o qual fora construído.

É certo que a CUT já vinha desenhando, pragmaticamente, um caminho de diálogo mais frequente com o governo e com o patronato, sobretudo com a finalidade de se afastar daquela imagem e radicalismo tradicionalmente a ela associada[364]. Mas, ainda

---

362. Freitas Jr., Antônio Rodrigues de. Perspectivas de mudança e fatores de resistência do sistema sindical no Brasil. *Revista Magister de Direito Trabalhista e Previdenciário*, v. 28, Porto Alegre, Magister, 2009, p. 49.

363. Inicialmente Lula nomeou Luiz Marinho, que foi Presidente da CUT. No segundo mandato, Marinho foi substituído por Carlos Lupi, Presidente Nacional do Partido Democrático Trabalhista, cujo braço sindical é a Força Sindical.

364. Galvão cita que o início dos anos 1990 marcou uma mudança na posição da corrente majoritária da CUT, que paulatinamente se afasta da prática da resistência, para render-se à via da negociação. Aponta que a "criação da FS

assim, preservava uma postura de acentuada crítica, sobretudo em função da associação da central com o Partido dos Trabalhadores, que liderava a oposição ao governo. Esse quadro foi completamente modificado com a eleição de Lula: "*a proximidade entre a central e o partido afastou a CUT de manifestações e críticas ao governo, mesmo quando este ameaça direitos dos trabalhadores*"[365].

No mesmo sentido, a Força Sindical - que, pelas razões já declinadas, situava-se em polo ideologicamente antagônico ao ocupado pela CUT - adotou postura semelhante durante o segundo mandato do Presidente Lula. É certo que, nos governos Collor-Itamar-FHC, a central sempre manteve grande alinhamento, apoiando medidas econômicas e trabalhistas, estas invariavelmente tendentes à flexibilização. Bem por isso, e de forma coerente com a sua relação orgânica com a CUT, o Presidente Lula alijou a Força Sindical de seu primeiro mandato, o que fez com que a central, inicialmente, adotasse uma posição crítica a ele, especialmente por intermédio de seu presidente Paulo Pereira dos Santos.[366] No entanto, o sindicalista foi eleito em deputado federal em 2006, ocasião em houve a reeleição do Presidente da República. Desde

---

também contribuiu para isso, na medida em que a disputa de espaços com a nova central estimulou a adoção de uma posição mais 'confiável' frente aos governos e ao patronato." Por isso, assinala que a CUT aceitou negociar a maior parte da pauta reformista do governo FHC para se legitimar diante de seus interlocutores. (Galvão, Andréa. O sindicalismo de prestação de serviços e a flexibilização dos direitos trabalhistas. In *Revista do Departamento de Direito do Trabalho e da Seguridade Social*, vol. 3, número 05, São Paulo, Universidade de São Paulo, 2008, jan. a jul., p. 85).

365. *Idem, ibidem,* p. 94. A autora acrescenta que *"não deixa de ser sintomático que, justamente no governo Lula, a CUT tenha alterado significativamente a maneira de comemorar o 1º. de maio. Com efeito, no lugar de comícios, protestos e manifestações, a CUT passou a promover festas, contribuindo para despolitizar uma data tão importante para os trabalhadores."* (*Idem, ibidem*, p. 95).

366. Segundo Andréa Galvão, a Força teve dificuldades para se opor ao governo, devido ao seu caráter marcadamente governista e "pelego". Por isso, credita as críticas pontuais nesse período à necessidade de estabelecer um diferencial com relação à CUT e não propriamente às suas convicções políticas (Galvão, Andrea. O sindicalismo de prestação de serviços e a flexibilização dos direitos trabalhistas. In *Revista do Departamento de Direito do Trabalho e da Seguridade Social*, vol. .3, número 05, São Paulo, Universidade de São Paulo, 2008, jan. a jul., p. 94).

então, a central abrandou as críticas ao governo, o que culminou na nomeação de Luiz Antônio de Medeiros, fundador da Força e seu desafeto histórico, para o cargo de Secretário Nacional do Trabalho e de Carlos Lupi para o Ministério. Daí em diante, a central passou a adotar a mesma postura de sua congênere, o que restou preservado até o final da gestão presidencial, e prorrogou-se para a sucessora no cargo.[367]

Além desse alinhamento e dessa acomodação, ficou efetivamente comprovado que, mesmo com uma origem na representação trivial dos trabalhadores, uma vez incorporadas ao modelo estrutural vigente, as centrais perderam por completo o interesse na sua superação. Com efeito, tendo seus dirigentes à frente do Ministério do Trabalho, por mais de oito anos, não se viu qualquer movimentação efetiva das centrais no sentido da rediscussão concreta da estrutura sindical em vigor. Deve-se reconhecer que uma das principais iniciativas da primeira gestão do Presidente Lula foi a criação do Fórum Nacional do Trabalho, composto por representantes dos mais variados segmentos da sociedade, e que produziu um vasto e importante material para subsidiar o processo legislativo[368]. A princípio, estimava-se que o resultado desse trabalho seria bastante significativo porque traria consigo o pressuposto de que representaria a posição majoritária dos segmentos sociais representados no Fórum. Mas o trabalho não teve o êxito que se pretendia, tanto pela falta de consenso em temas substanciais

---

367. O tema é bem explorado em matéria do jornal Valor Econômico do dia 14/03/2011, obtida no sítio da própria central na internet. (Villaverde, João. *Em 20 anos, Força Sindical vai de Collor a Lula*. São Paulo: Valor Econômico, 14/03/2011. em <www.fsindical.org.br/portal/noticia.php?id_con=11534>). Destaque-se que o Ministro do Trabalho foi mantido pela Presidente Dilma Roussef, tendo deixado o cargo somente em dezembro de 2011. Após sua saída, a central manteve seu grau de influência na indicação dos ministros que o sucederam.

368. Além de realizar um amplo diagnóstico das relações de trabalho no Brasil, o FNT produziu uma Proposta de Emenda à Constituição (PEC 369/05) e um Anteprojeto de lei com mais de 200 artigos, regulando toda a organização sindical, inclusive direito de greve, negociação coletiva e processos coletivos. O FNT também motivou a retomada da tramitação do Projeto de ratificação da Convenção 87 no Senado Federal.

como por problemas de natureza política, que afetaram o final do primeiro governo Lula.

Em que pese não tenha frutificado por completo, das conclusões obtidas no FNT destacamos três que nos parecem mais relevantes. Em primeiro lugar, a preservação da *unicidade sindical* como critério, ainda que mitigado; em segundo, a estipulação de exigência de critérios de *representatividade sindical* como pressuposto para o reconhecimento da personalidade sindical; e, por fim, a determinação de que a organização de trabalhadores e empregadores seja feita por *setor econômico e por ramo de atividade*, eliminando a perspectiva vigente de estruturação por categoria.

Não há qualquer dúvida de que - à exceção da preservação da regra da unicidade - os demais postulados seriam realmente fatores de rompimento nuclear com os paradigmas corporativos, no que diz respeito à organização sindical, a que se somaria o fim da contribuição compulsória, outra medida prevista nas conclusões do Fórum. No entanto, de todo esse empenho, o único resultado objetivo foi a Lei 11.648/08, resultado da Medida Provisória nº 293/2006, que reconheceu as Centrais Sindicais como entidades sindicais, conferindo-lhes atribuições e prerrogativas, dentre elas a do recebimento de parte das contribuições sindicais. Com isso, centrais como a CUT, que surgiram no cenário sindical defendendo a eliminação do resíduo corporativo da legislação brasileira, inclusive da contribuição sindical, passaram a ser colocadas como beneficiárias diretas das contribuições sindicais compulsórias, assumindo automaticamente papel muito distinto daquele presente em sua origem. O que resultou concretamente do FNT, portanto, foi incapaz de alterar o antes exposto; do contrário, somente contribuiu para amplificar o anacronismo do sistema sobrevivente, ajudando a preservar o já conturbado modelo vigente no Brasil.[369]

369. Não é improvável que a participação das centrais sindicais na divisão das contribuições sindicais seja um dos fatores fundamentais para a sua eternização no sistema brasileiro. Freitas Jr., já em 1989, ponderava que "surpreende a extraordinária importância da contribuição sindical obrigatória para a receita

Partindo desse ponto, temos que, sem concretização das mudanças propostas pelo Fórum Nacional do Trabalho, a maior parte dos problemas relacionados à organização sindical brasileira permaneceu vigente, resultando em uma contraditória a unicidade pulverizada, persistindo um grave déficit de legitimidade, especialmente no âmbito dos trabalhadores, o que é capaz de lhes ocasionar incontáveis prejuízos.[370]

Nesse contexto é que soa absolutamente incongruente o discurso das organizações sindicais que se situam na vanguarda do movimento operário nacional. A já mencionada CNTI, entidade sindical de grau superior e que tradicionalmente defendia a preservação estrutural do modelo sindical nos anos 1970-1980, ainda reproduz um discurso muito parecido com o daquela época. Em texto de 2007, seu então Presidente, José Calixto Ramos, afirmava que:

> *O regime da unicidade sindical, apontado como a mais destacada restrição à liberdade sindical, constitui-se em outra característica do nosso sindicalismo. (...) É certo que o pluralismo não favorece a existência da 'união', que constitui o mais importante ingrediente da luta operária em busca de melhores condições de trabalho. Prevaleceu, afinal, a tese do monismo sindical, o que nos parece correto, visto que perfeitamente adequado à realidade sindical brasileira*[371].

---

no orçamento sindical, crescente à proporção que se eleva o nível de representação (federações e confederações)" (Freitas Jr., Antônio Rodrigues de. *Sindicato:* domesticação e ruptura; um estudo da representação sindical no direito brasileiro. São Paulo: OAB/SP - Departamento Editorial, 1989. p. 156). Se projetarmos essa constatação para o plano das centrais sindicais, da forma como regulado pela lei 11.648/08, concluiremos que o fim da contribuição sindical pode ser algo realmente inimaginável, ante à natural objeção que farão aqueles que outrora a atacavam.

370. Este aspecto, dentre outros, será retomado no capítulo 4 deste trabalho, quando tratarmos das adversidades do reconhecimento da representação sindical a partir dos critérios tradicionais.

371. Ramos, José Calixto. Estrutura sindical brasileira – origem e evolução. In Inácio, José Reginaldo (org.). *Sindicalismo no Brasil – os primeiros 100 anos?* Belo Horizonte: Crisálida, 2007. p. 235. O dado curioso é que tal dirigente foi

Em sentido assemelhado, identificam-se as posições das principais centrais sindicais brasileiras colhidas em Seminário realizado em 2012 pelo Tribunal Superior do Trabalho[372]. Segundo reportagem realizada e publicada pelo próprio TST, em seu sítio na Internet, o então presidente da CUT, Artur Henriques, afirmou seu apoio à ratificação da Convenção 87 da OIT, para garantir a liberdade e a autonomia sindicais, e a extinção de todas as taxas e contribuições compulsórias. Segundo ele *"é o trabalhador, em assembleia, quem deve decidir a forma de organização e de sustentação sindical, sem atrelamento ao Estado, sem interferência da empresa, da Justiça ou do Ministério Público"*. Por outro lado, João Carlos Gonçalves (Juruna), representando a Força Sindical, defendeu a unicidade sindical e enfatizou a importância de se *"valorizar os pontos positivos da estrutura sindical vigente."* Já Ricardo Patah, Presidente da UGT (União Geral dos Trabalhadores), declarou que a central *"é totalmente contra a ratificação da Convenção 87"*, defendendo a estrutura sindical em vigor e a preservação da unicidade[373].

Embora não tenham se manifestado no Seminário, outras duas importantes centrais, também defendem a preservação dos paradigmas sindicais corporativos. Na descrição dos princípios e objetivos da Central dos Trabalhadores e Trabalhadoras do Brasil (CTB) consta que,

> *Historicamente, a unicidade sindical, instituída em 1939 e consagrada no Artigo 8º da nossa Constituição, tem se revelado uma norma preciosa para garantir a unidade no âmbito dos sindicatos. A CTB defende com firmeza a unicidade, proclama a necessidade de união das centrais e combate, com vigor, todas as concepções e iniciativas que promovem a divisão das categorias e o desmembramento das bases*[374].

Ministro Classista do TST entre 1989-1995, contemporaneamente a Almir Pazzianoto, que também ocupou aquela Corte (1988-2002).

372. Seminário sobre Liberdade Sindical e Novos Rumos do Sindicalismo no Brasil, realizado no final de abril de 2012, em Brasília.

373. Matéria obtida em <www.tst.jus.br>, no *link* Notícias, com o título *Centrais Sindicais e OIT expõem divergências sobre Convenção 87*, do dia 28/04/2012.

374. CENTRAL DOS TRABALHADORES E TRABALHADORAS DO BRASIL. *Princípios e objetivos da CTB*. Disponível em [http://portalctb.org.br/site/a-ctb/princos-mainmenu-9].

No mesmo sentido, na carta de princípios da Nova Central Sindical de Trabalhadores consta que *"A NCST jamais abrirá mão da defesa incansável e permanente da unicidade sindical, como o regime que melhor interessa aos trabalhadores, quando se mobilizam para a organização das lutas da categoria"*[375]. Considerando o já citado papel proeminente das centrais sindicais na condução do movimento operário contemporâneo, tem-se uma visão bem definida a respeito da posição da atual organização sindical sobre o assunto. Com exceção da CUT – que, apesar da posição favorável à Convenção 87 tem adotado, como vimos, posturas contraditórias e antagônicas quanto à unicidade, e nada de concreto produziu enquanto esteve à frente do Ministério do Trabalho – todas as principais centrais sindicais defendem categoricamente os principais pilares do modelo estrutural em vigor, mormente o monopólio da representação e a existência de contribuições compulsórias, tema que foi afetado na chamada "reforma trabalhista" de 2017.

Outro dado relevante é que esse discurso não é apropriado apenas pela organização sindical operária, mas está presente, de modo muito evidente, também no patronato. Embora as luzes recaiam com mais frequência sobre as entidades sindicais de trabalhadores, é certo que a atividade sindical patronal é extremamente profícua, inclusive em questões que ultrapassam os limites das relações de trabalho. É notória a influência política que tais entidades exercem junto aos governantes, a ponto, inclusive, de seus dirigentes ocuparem frequentemente cargos nos Poderes Legislativo e Executivo com maior intensidade do que os representantes dos trabalhadores. No plano estritamente sindical, é de se notar que tais organizações são igualmente beneficiárias das prerrogativas e demais concessões feitas aos sindicatos de trabalhadores, detendo, nesse contexto, uma capacidade econômica considerável.

---

375. No mesmo documento, a entidade defende ainda a organização sindical fundada no modelo tradicional de classificação por categoria, inclusive as diferenciadas (NOVA CENTRAL SINDICAL DOS TRABALHADORES. *Carta de Princípios.* Disponível em [http://www.ncst.org.br/cartaprincipios.pdf]) O item da carta que trata da unicidade é o de nº. 18, sendo que a defesa dos sistemas de categorização previstos pela CLT está nos itens 16 e 20.

Logo, são entidades que detém inequívoco poder político e econômico, e que, na sua essência, também se aproveitaram da mesma estrutura corporativa que lhes assegura o monopólio da representação e a imposição de contribuição de cunho compulsório. Nessa esteira, a Federação do Comércio de Bens, Serviços e Turismo do Estado de São Paulo, entidade sindical de grau superior das mais significativas[376], publicou boletim jurídico dos meses de abril/maio de 2012, cujo editorial se dedica especificamente a tratar da possível ratificação da Convenção 87 da OIT. Sob o título *"Ratificação da Convenção nº 87 da Organização Internacional do Trabalho traz ameaça"*, o editoralista pontua que *"sob a bandeira da liberdade sindical e direitos de sindicalização a ratificação põe em risco a legitimidade do modelo de unicidade."* Em três textos coordenados, pondera-se, por exemplo, que sem o critério da unicidade, *"há probabilidade de desvirtuamento da verdadeira finalidade das entidades sindicais, que é a harmonização de interesses solidários de atividades idênticas, similares ou conexas, conforme definições do art. 511 e seguintes da CLT"*. No mesmo sentido, situa que

> *Se a investidura sindical é função de interesse público, elevada ao nível constitucional, é evidente que, no mínimo, o MTE deverá manter, de forma eficiente, informações sobre a existência e limites de representação sindical de cada entidade, para que os casos de divergência sejam subsidiados de uma fonte oficial e confiável de dados*[377].

Este exemplo não é aleatório, tanto porque colhido junto a uma entidade com grande representatividade do segmento empresarial como também pelo fato de que apenas revela parte de uma

376. Segundo informações oficiais da entidade, constantes de seu próprio sítio na internet (www.fecomercio.com.br), ela congrega 153 sindicatos patronais, que abrangem mais de 600 mil companhias e respondem por 11% do Produto Interno Bruto do Estado de São Paulo.

377. FEDERAÇÃO DO COMÉRCIO DE BENS, SERVIÇOS E TURISMO DO ESTADO DE SÃO PAULO. *Veredicto – boletim jurídico* nº. 07. São Paulo: FECOMERCIO, abr/maio de 2012. Na mesma linha, o boletim nº. 06, dos meses de fevereiro/março de 2012 defendem a preservação da contribuição compulsória em face de todos os membros da categoria, festejando decisão judicial que reconheceu tal direito à entidade.

opinião que constitui senso comum na organização sindical patronal, repita-se, mormente pelo fato de ser beneficiária direta das benesses que a estrutura oficial confere também aos sindicatos de trabalhadores, provavelmente em proporções até maiores. Nota-se, daí, que a acomodação com a preservação dos pilares corporativos está presente também ao lado das entidades sindicais patronais, que têm ainda em seu favor a já citada capacidade de influência política e econômica junto às autoridades governantes do país.

Por esses motivos é que podemos afirmar que o modelo brasileiro, em que pese tenha sido confrontado pelos preceitos fundantes da nova ordem constitucional e tenha admitido o protagonismo das centrais sindicais mesmo antes de seu reconhecimento, ainda é conformado em um prospecto tipicamente corporativo. Um exemplo dessa dualidade está relacionado às próprias centrais sindicais antes referidas: surgidas, em sua vertente contemporânea, como entidades de *representação sindical trivial*, no decorrer dos anos 1980, foram incorporadas ao modelo formal pela legislação atual, sem qualquer outra mudança estrutural significativa[378]. Na realidade, o reconhecimento das centrais como entidades sindicais fora de um completo contexto de Reforma do sistema sindical, tornou-se um daqueles fenômenos que Freitas Jr. nomina *"efeito retroalimentador do próprio sistema", que decorre de um conjunto de interesses produzidos ou ampliados pelos privilégios conferidos pelo quadro legal vigente, "apto a renovar a trama de cumplicidades e/ou de indiferenças voltadas à preservação do sistema sindical".*[379]

---

378. Conforme explica Freitas Jr., as entidades de representação sindical trivial seriam aquelas em que "as unidades constitutivas predominantes não obedecem a nenhum padrão legal apriorístico", resultando de "opções organizativas decorrentes da autonomia coletiva". Em sua análise, as centrais sindicais constituíam exemplos típicos, no Brasil, de organizações de representação sindical trivial, ao lado das comissões de empresa (Freitas Jr., Antônio Rodrigues de. *Sindicato: domesticação e ruptura; um estudo da representação sindical no direito brasileiro.* São Paulo: OAB/SP - Departamento Editorial, 1989. p. 166).

379. O mesmo autor, em outro trabalho (Freitas Jr., Antonio Rodrigues de. Trabalho e direito numa economia globalizada. *Revista Nacional de Direito do Trabalho.* v. 51. Ribeirão Preto: Nacional de Direito, jul/2002, p. 66) detalha esses privilégios nominando, especificamente, o já citado monopólio jurídico da representação judicial e extrajudicial pelos sindicatos, independentemente de

De outro lado, sem negar a importância histórica que esses mecanismos de representação trivial exerceram na evolução do sindicalismo brasileiro, não podemos deixar de afirmar que sua mobilidade ideológica acaba por legitimar a preservação dos paradigmas corporativos, justamente por incorporar alguns de seus aspectos mais estruturais, como o monopólio da representação, o financiamento compulsório da atividade sindical e a organização por categoria. Esse panorama exige até que se revejam algumas das postulações clássicas do sindicalismo independente: a simples ratificação da Convenção 87, da OIT, como diagnosticado nas discussões do Fórum Nacional, não teria o condão de promover alterações relevantes no plano paradoxal que se formou na organização sindical brasileira. É o que pensa, igualmente, Freitas Jr., respondendo exatamente a essa mesma questão:

> *Retornando ao caso brasileiro, minhas suspeitas orientam-se na direção de alguma cautela, nas prospecções em torno do alcance prático da ratificação da Convenção 87; mesmo se acompanhada, como dito, da remoção de todos os obstáculos constitucionais ao implemento de seus princípios. (...) Diversamente do que se verificou em outras experiências jurídicas, no interior das quais a transição para um cenário institucional de plena autonomia (Itália, Espanha e Portugal, só para mencionar alguns), parece-me bastante improvável que o edifício institucional do sindicalismo, em cenários de estabilidade política, possa vir a ser a um só passo posto de lado em seus principais fatores constitutivos; se não ao preço de um amplo consenso político de reforma institucional.*[380]

Essa é uma reflexão oportuna, porque o atual governo, de orientação fascista, mas conduzida por uma perspectiva ultraliberal, já manifestou o intento de retirar a unicidade sindical da Constituição, mediante um "aprofundamento" da "reforma traba-

---

vínculo associativo e a permanência das contribuições parafiscais de caráter compulsório, exatamente o que foi implementado pela lei em comento.

380. Freitas Jr., Antônio Rodrigues de. Trabalho e direito numa economia globalizada. *Revista Nacional de Direito do Trabalho*. v. 51. Ribeirão Preto: Nacional de Direito, jul/2002. p. 67.

lhista".[381] No entanto, isso seria feito sem qualquer compromisso com a essencialidade da liberdade sindical, mas sim "*para que os sindicatos passem a funcionar com a lógica de livre mercado*", segundo a mesma matéria. Isso denota que a prioridade não é a de construir uma alternativa democrática de representação sindical, mas sim destruir completamente o sindicalismo. Foi exatamente o que se fez na "reforma trabalhista" de 2017: eliminou-se a compulsoriedade das contribuições sem qualquer transição e sem a adoção de outras medidas saneadoras da estrutura sindical, como o monopólio da representação.[382]

Não deixa de ser irônico que o desmantelamento dos pilares do sindicalismo corporativo, que já foi bandeira de vanguarda do movimento sindical, tenha sido concretizado por governos de orientação ultraliberal, com objetivos completamente dissociados daqueles que estão nas raízes e nos fundamentos da liberdade associativa. Se algum aprendizado deve ser colhido desse processo, é exatamente o fato de que a acomodação sindical no *neocorporativismo* abriu espaços para essa apropriação, e que comprometeu a já combalida estrutura do sindicalismo brasileiro.

---

381. Matéria do Jornal Folha de São Paulo, assinada pelos jornalistas Thiago Rezende e Thais Arbex, com o título *"Proposta de reforma sindical acaba com registro e fiscalização do governo"*, publicada em 07-12-2019. ([https://www1.folha.uol.com.br/mercado/2019/12/proposta-de-reforma-sindical-acaba-com-registro-e-fiscalizacao-do-governo.shtml]).

382. Tanto a medida adotada em 2017 como a que foi anunciada em 2019 têm outra característica comum. Não foram objeto de ampla discussão com o movimento sindical, e sim gestadas dentro do próprio governo, com a lastimável contribuição de magistrados do trabalho que, despidos do suposto compromisso institucional com o valor social do trabalho, dispuseram seus serviços para construir propostas de destruição de direitos.

SUBINDO NO PRÓPRIO TELHADO: A NEGOCIAÇÃO COLETIVA OU FLEXIBILIZAÇÃO À BRASILEIRA

Será, que será?
O que não tem decência nem nunca terá
O que não tem censura nem nunca terá
O que não faz sentido
Chico Buarque, O Que Será – A flor da terra

CONTEXTUALIZANDO A AUTONOMIA COLETIVA E O PODER NEGOCIAL DOS SINDICATOS

Desde o princípio de sua organização celular, a sobrevivência da classe trabalhadora sempre dependeu da sua capacidade de mobilização e de reivindicação, especialmente nos períodos de ausência regulatória por parte do Estado. Isso faz com que as relações de trabalho, quando enxergadas em seu formato supra-individual, tragam consigo outro atributo genético, aquilo que hoje nominamos *negociação coletiva*, entendida como um dos processos utilizados para a solução dos conflitos de trabalho. Afinal, quando esses conflitos são de natureza coletiva, eles não decorrem da necessidade de aplicação do direito, mas sim da *necessidade de construção ou reconstrução de um direito*, em termos que a legislação heterônoma ainda não alcançou.

Sendo assim, instaurado um conflito coletivo de trabalho, e não sendo de interesse específico ou geral da comunidade envolvida que ele se eternize ou permaneça sem solução, o caminho natural para sua conformação é a instauração de um processo de negociação que possa estabelecer as bases consonantes com os interesses envolvidos. Portanto, conflito e negociação são duas estruturas fundamentais nas relações de trabalho que, de um lado, não podem ser vislumbradas senão como fatores a elas inerentes e, de outro, também são fenômenos que não podem ser enxergados de maneira isolada ou desconexa. Nos dizeres sempre poéticos e delicados de Márcio Tulio Viana, "*do mesmo modo que a crisálida traz em seu corpo o DNA da borboleta, o conflito também carrega nas entranhas os elementos formadores do novo Direito: quando tudo corre bem, ele próprio – o conflito – se transforma em convenção.*"[383]

Portanto, não há nenhuma heresia na afirmação de que a *negociação* incidente sobre os interesses dos sujeitos coletivos das relações de trabalho é um marco diretivo dessas relações, ao lado do também inerente conflito de interesses antes já descrito. Essa inerência revela certo *estado natural* do que poderíamos chamar de *direito à negociação,* que não surgiu dos fenômenos regulatórios ulteriormente verificados, mas é algo que está presente nas relações de trabalho como contraponto natural e necessário ao conflito. Dizendo-se de outro modo, não se pode compreender as relações de trabalho nem os fenômenos que delas decorrem sem admitirmos que em sua essência estão os conflitos de interesses entre o capital e o trabalho, que trazem consigo o estado permanente de negociação, como um atributo da própria formação dessa relação.[384]

Observa-se, com isso, que a concepção pluralista é fundada na observação de que nesta não existe apenas um, mas sim vários

---

383. Viana, Márcio Túlio. 2000. Conflitos coletivos de trabalho. *Revista do Tribunal Superior do Trabalho.* janeiro-março de 2000, Vol. 66, 01 p. 118.

384. No mesmo sentido:"*El origen y evolución de estos instrumentos de halla íntimamente ligado con los procesos de lucha de clases, y muy especialmente, com el nacimiento y desarollo de los sindicatos obreros, a cujo amparo la clase trabajadora inició la reivindicación de sus demandas salariales frente a los patronos. Todo ello inmerso en um contexto político como el liberalismo, en el que las leyes sociales eran poco menos que una quimera debido a la inhibición del Estado en relación com la contratación laboral en la que los obreros, individualmente considerados, se hallaban en total indefensión".* Viña, Jordi García. 2006. *Derecho sindical – cuestiones actuales en España.* Curitiba: Juruá, 2006, p. 95.

centros geradores de normas jurídicas, resultando na valorização da *autonomia da vontade* como instrumento de formulação de soluções jurídicas para situações concretas, com a devida liberdade de pactuação conferida pela entidade estatal. Em regra, usa-se a expressão "autonomia da vontade" para designar um aspecto principiológico do Direito Civil, fundado na liberdade contratual dos contratantes, consistindo no poder de estipular livremente, como melhor lhes convier, mediante acordo de vontades, a disciplina de seus interesses.[385-386]

Mas isso desvela apenas um dos *aspectos* da autonomia da vontade, visto que o pluralismo jurídico abre espaço para o incremento da *autonomia coletiva privada* ou *autonomia da vontade coletiva,* da qual decorrem as capacidades de auto-organização e autogovernabilidade dos diversos *grupos sociais,* relativamente aos interesses das suas respectivas comunidades. Nesse caso, não falamos apenas na *liberdade contratual*, mas o elemento mais relevante é a possibilidade dessa liberdade ser exercida no que diz respeito aos interesses metaindividuais.

Com isso, permite-se às organizações da sociedade ou grupos sociais unitários que estabeleçam padrões de regulação dos interesses envolvidos em suas relações jurídicas, na ausência da regulação estatal heterônoma ou como forma de sua complementação, naqueles modelos que convalidam a coexistência dessas duas formas regulatórias. O que distingue a autonomia individual da coletiva é o âmbito da liberdade contratual: nas relações individuais, isso é traduzido pelo poder de contratar conferido ao titular de um direito; nas relações coletivas, em regra, esse poder é atribuído a

---

385. Diniz, Maria Helena 1998. *Dicionário Jurídico.* São Paulo: Saraiva, 1998. Vol. 1, verbete "Autonomia da vontade", p. 34. Embora a autora trate, em verbete distinto, da chamada "Autonomia privada", o conteúdo deste é muito próximo do conceito reproduzido - na realidade, enquanto o trata como *princípio*, ao falar de "autonomia privada" refere-se como "poder", mas inequivocamente esse "poder" deriva do princípio geral, tanto assim que alguns autores também falam em "autonomia da vontade privada".

386. Apesar de ainda guardar características principiológicas, a chamada "autonomia da vontade" teve esse seu caráter mitigado pelos preceitos fundantes do Código Civil de 2002, com a prevalência dos princípios da socialidade, da boa-fé e da função social do contrato.

uma organização com poderes representativos da coletividade. Por conseguinte, outra distinção está na natureza do interesse jurídico objeto dessa liberdade contratual. Assim, temos a *autonomia coletiva privada* como sendo a *capacidade de auto-organização e autorregulamentação de suas relações por certos grupos sociais, ou "autorregulamentação dos próprios interesses."*[387]

A distinção formulada também produz efeitos de outra natureza. O elemento jurídico resultante da autonomia individual da vontade é o *contrato* que, dada a sua especificidade de formulações e restrição de abrangência, não é considerado por muitos doutrinadores de nomeada como sendo fonte formal de direitos, senão somente fonte de obrigações e de direitos específicos: *"o contrato, de fato, não se qualifica como diploma instituidor de atos-regra, de comandos abstratos, gerais, impessoais. Ao contrário, compõem-se de cláusulas concretas, específicas e pessoais, envolvendo apenas as partes contratantes. Não se configura, assim, como fonte de regras jurídicas, mas como fonte de obrigações e direitos específicos, concretos e pessoais, com abrangência a seus contratantes."*[388] Já no plano das relações coletivas, a autonomia da vontade tem outras características, pois efetivamente assinala a possibilidade de formulação de disposições jurídicas positivadas, mas de abrangência geral, abstrata e impessoal, incidente sobre a coletividade representada pela instituição dotada de legitimidade para condução dos interesses comuns.

Como já fora apontado, a autonomia coletiva privada é um traço marcante do Direito do Trabalho, inclusive por seu perfil genético, caracterizando as relações justrabalhistas em todos os sistemas democráticos de economia capitalista. *"A origem peculiar desse ramo jurídico especializado é fundamental no processo de caracterização de padrão normativo do Direito do Trabalho nos países*

---

387. Magano, Octavio Bueno. 1999. Limitações à autonomia da vontade coletiva. *Trabalho e Doutrina*. Março de 1999, Vol. 20.

388. Delgado, Mauricio Godinho. 2007. *Curso de direito do trabalho*. 6ª. São Paulo: LTr, 2007, p. 90). O autor fundamenta sua assertiva na conceituação de Léon Duguit, que estabelece o caráter de fonte para os atos jurídicos criadores de normas jurídicas gerais, abstratas, impessoais e dotadas de sanção, compondo o que ele chama de *ato-regra*.

desenvolvidos ocidentais (...) a circunstância de surgir o Direito do Trabalho de um processo de luta, organização e representação de interesses do conjunto da classe trabalhadora, (...) fez com que esse novo ramo jurídico incorporasse, em seu interior nuclear, as dinâmicas próprias da ação coletiva."[389]

As divergências que observamos nos diversos sistemas estão relacionadas com o predomínio ou não da negociação como fonte produtora de direitos, donde verificamos desde aqueles de cunho mais intervencionista até aqueles nos quais prevalece a *autonomia coletiva privada*. Com isso, embora a plurinormatividade também esteja presente em outros ramos da ciência jurídica, sua dimensão é amplificada em matéria trabalhista em razão da existência latente dos mecanismos de autocomposição dos conflitos, permitindo até mesmo a afirmação que a negociação coletiva é a instituição do Direito do Trabalho que mais caracteriza esse plurinormativismo.

Além disso, a aplicação multiforme de fontes normativas no Direito do Trabalho é marcada por outro fenômeno, de ordem principiológica: o reconhecimento do *princípio da norma mais favorável*, que exige do operador justrabalhista a observância da fonte que mais beneficie o trabalhador, dentre todas as que com ela concorrem, *independentemente de sua hierarquia formal ou nomogenética*. Essa matriz considera todas as modalidades de fontes formais de Direito do Trabalho com a mesma valorização de eficácia, sejam elas estatais, negociais, heterônomas ou autônomas, o que hiperdimensiona, em sentido positivo, a plurinormatividade, especialmente fazendo do Direito do Trabalho um importante instrumento de justiça social.

Nesse mesmo contexto, a mutabilidade das relações de trabalho, invariavelmente condicionadas pela superestrutura econômica das relações de produção, torna o padrão heterônomo de regulação um instrumento ineficiente, sobretudo pela dificuldade de um acompanhamento legislativo que possa atender a toda essa dinâmica. Além disso, "*a própria ideia de ordenamento legal como conjunto de princípios normativos com vida própria e aplicáveis a cada caso*

389. *Idem*, p. 91.

concreto por dedução, contrasta em grande parte com a riqueza e mutabilidade dos fenômenos de interesse do Direito Sindical."[390]

Logo, o caráter plurinormativo permite o incremento de outros mecanismos regulatórios, possibilitando que o ordenamento jurídico acompanhe minimamente essas mutações no mercado de trabalho, sobretudo por formas autocompositivas de conflitos.[391]

A *autonomia coletiva privada* é, portanto, um elemento característico dos sistemas trabalhistas plurinormativos, identificada pelo reconhecimento da possibilidade de autorregulação das relações sociais a partir da manifestação dos próprios envolvidos, por intermédio das suas organizações sindicais. A propósito essa conexão com o sindicalismo, desvela-se outra face da *autonomia coletiva privada:* ela é também uma decorrência do princípio da *autonomia sindical,* segundo o qual a gestão dos sindicatos em um regime de liberdade é autônoma, permitindo-se-lhes governar por si mesmo, escolhendo seus objetivos, sem interferências alheias que regulem sua independência. Este princípio, assumido no artigo 8º, I, da Constituição da República, é um dos pilares essenciais do sindicalismo democrático e é representado pela *garantia de autogestão às organizações associativas e sindicais dos trabalhadores, sem interferências empresariais ou do Estado.*[392] Considerando-se que é dos sindicatos o monopólio da representação dos interesses dos sujeitos coletivos das relações trabalhistas, é nas organizações sindicais que se concentra o estudo da problemática da autonomia coletiva privada no mercado de trabalho.

A Organização Internacional do Trabalho, fez inserir, no texto da Convenção nº 98 (1949), dispositivo que conclamava os

---

390. Giugni, Gino. 1991. *Direito Sindical.* [trad.] Eiko Lúcia Itioka. São Paulo: LTr, 1991, p. 44.

391. *"A autonomia dos particulares rompeu o monopólio do Estado na elaboração das normas jurídicas. O poder normativo dos particulares tem maior relevância no âmbito das relações coletivas de trabalho, onde os sindicatos e outros entes representativos dos trabalhadores lograram contrabalançar a superioridade econômica do empregador, negociando coletivamente condições de trabalho."* (Claro, 2001 p. 28, *apud* Silva 2003, p. 126).

392. Delgado, Mauricio Godinho. *Direito Coletivo do Trabalho.* 3ª. ed. 2ª tiragem. São Paulo: LTr, 2010, p. 47.

seus Estados-membros a adotar medidas apropriadas às condições nacionais, "*para fomentar e promover o pleno desenvolvimento e a utilização dos meios de negociação voluntária entre empregadores e organizações de trabalhadores com o objetivo de regular, por meio de convenções, os termos e condições de emprego*".[393] Conteúdo muito similar também apareceu na Convenção 151 (1978), aplicável às relações de empregados com a Administração Pública, mas a efetiva estipulação a respeito do tema somente veio com a Convenção 154, de 1981.[394] Desde então, o Direito Internacional nos apresenta um conceito de negociação coletiva, insculpido no art. 2º. da Convenção nº. 154.[395]

A despeito do relevante substrato ali presente, o conceito traçado pela Convenção 154 não apresenta uma técnica primorosa que permita identificar propriamente o significado da expressão: volta-se muito mais às funções do processo negocial do que à sua conformação definidora. Por isso é que, na doutrina, encontramos conceitos de variados matizes, mas que apresentam definições com maior precisão científica, como é aquela traçada por Pinho Pedreira: para ele, a negociação coletiva é o "*procedimento (complexo de tratativas, verbais ou escritas) utilizado para se chegar a uma convenção coletiva ou a um acordo coletivo que ponha termo*

---

393. Artigo 4º. da Convenção 98, da OIT - Todos os textos das Convenções da OIT citadas neste artigo foram obtidos em [http://www.ilo.org/brasilia/convencoes/lang--pt/index.htm]. Acesso em 14/06/2020.

394. Em reunião convocada a partir do reconhecimento, na Declaração da Filadélfia, da "obrigação solene de a Organização Internacional do Trabalho estimular, entre todas as nações do mundo, programas que permitam (...) alcançar o reconhecimento efetivo do direito de negociação coletiva", e levando em consideração que tal princípio é 'plenamente aplicável a todos os povos'". *Consideranda* da Convenção nº 154, da OIT.

395. Artigo 2º., da Convenção 154 da OIT - *"Para fins da presente Convenção, a expressão negociação coletiva se aplica a todas as negociações entre um empregador, um grupo de empregadores ou uma organização ou várias organizações de empregadores de um lado, e uma ou várias organizações de trabalhadores, de outra parte, com o fim de a) fixar as condições de trabalho e de emprego e/ou b) regular as relações entre empregadores e trabalhadores e/ou c) regular as relações entre empregadores ou suas organizações e uma ou várias organizações de trabalhadores".*

ao conflito ou satisfaça a reivindicação formulada por uma das partes interessadas".[396]

Com outros pressupostos metodológicos, também já se afirmou que a negociação coletiva é um processo dialético por meio do qual os trabalhadores e as empresas debatem uma agenda de direitos e de obrigações, envolvendo matérias pertinentes à relação trabalho-capital, na busca de um acordo que possibilite o alcance de uma convivência pacífica em que impere o equilíbrio, a boa-fé e a solidariedade humana. Já no plano internacional, encontramos em Ruprecht a assertiva de que "*a negociação coletiva é a que se celebra entre empregadores e trabalhadores ou seus respectivos representantes, de forma individual ou coletiva, com ou sem intervenção do Estado, para procurar definir condições de trabalho ou regulamentar relações laborais entre as partes.*"[397]

Sistematizando as diversas manifestações de sua definição, podemos extrair a suma dos conceitos reproduzidos, a partir do que pudemos identificar alguns pontos fundamentais que indicam ser a negociação coletiva, a um só tempo:

> *um* ***processo****, formado pela conjugação de uma série de atos (e não um ato único), que envolvem desde o reconhecimento do conflito, as mobilizações em torno das reivindicações dele decorrentes e os mecanismos de seu encerramento;*
>
> *um* ***modo de solução de conflitos,*** *porque é um dos meios pelos quais se encerram os desajustes havidos no desenvolvimento das relações coletivas de trabalho;*
>
> *um* ***instrumento de equilíbrio*** *das relações coletivas de trabalho, porque a potencialidade de sua instauração limita a investida do poder econômico nos interesses dos trabalhadores;*
>
> *uma* ***fonte material de direito****, porque pode resultar em um instrumento normativo que estipula direitos e deveres para os que estão envolvidos no âmbito de sua aplicação;*

---

396. *Apud* Peixoto, Aguimar Martins. Negociação coletiva. *Trabalho e Doutrina.* março de 1999, Vol. 20, p. 3.

397. Ruprecht, Alfredo J. 1995. *Relações Coletivas de Trabalho.* São Paulo: LTr, 1995, p. 35.

> *um **instrumento de justiça social**, dado que é uma das formas mais apropriadas de serem conferidas melhorias à condição social dos trabalhadores, assegurando-se sua emancipação.*

Esse caráter multifacetário da negociação coletiva deixa claro o porquê da sua relevância dentro de qualquer sistema de relações de trabalho. Somente os regimes autoritários é que suprimem a importância desse mecanismo autocompositivo dos conflitos, e ainda assim de maneira artificial, justamente como forma de mitigar os conflitos capital-trabalho e não com a perspectiva de solucioná-los. Foi por causa dessa característica democrática da negociação coletiva é que a Organização Internacional do Trabalho a reconheceu, ao lado da liberdade sindical, como sendo *um dos princípios e direitos fundamentais do trabalho,* cuja observância deve ser cumprida por todos os seus membros, ainda que não tenham ratificado as respectivas convenções, como indica seu item 1, "a" e "b" e 2.[398]

Por sua singular característica compositiva, a negociação coletiva assume um fundamental papel dentro da tipologia de *modelos jurídicos trabalhistas* no mundo capitalista, sendo certo que sua maior ou menor intensidade, inclusive, é quem vai determinar as características fundamentais de um dado sistema jurídico. Afinal, a partir das variadas conformações da organização do mercado de trabalho, há, nas sociedades democráticas, algumas linhas centrais que permitem o agrupamento desses diversos modelos em dois grandes grupos: o *primeiro*, em que há uma preponderância – quase

---

398. Declaração sobre os Princípios e Direitos Fundamentais do Trabalho, proferida na 86ª. Reunião da Conferência Geral da Organização Internacional do Trabalho, de 19/06/1998, em cujo item 2 consta: "*Declara que todos os Membros, ainda que não tenham ratificado as convenções aludidas, têm um compromisso derivado do fato de pertencer à Organização de respeitar, promover e tornar realidade, de boa-fé e de conformidade com a Constituição, os princípios relativos aos direitos fundamentais que são objeto dessas convenções, isto é: a) a liberdade sindical e o reconhecimento efetivo do direito de negociação coletiva; b) a eliminação de todas as formas de trabalho forçado ou obrigatório; c) a abolição efetiva do trabalho infantil; e d) a eliminação da discriminação em matéria de emprego e ocupação*".

que de forma exclusiva – da *normatização autônoma* estabelecida pelos próprios agentes propulsores das relações de trabalho, e o *segundo*, em que a autocomposição dos conflitos tem um peso relevante, mas a partir de um processo heterônomo, regulado pelo Estado. Ambos os modelos podem ser nominados como sendo de *Normatização Privatística*, evidenciando o caráter nomogenético de cunho particular ou privado. Mas a distinção entre os dois modelos está justamente na sua vinculação ou não aos parâmetros estabelecidos pelo Estado: daí porque o que os diferencia seja a adjetivação – "Autônoma" para o primeiro modelo e "Subordinada" para o segundo.[399]

Nesse contexto, tem-se que "*o padrão de normatização autônoma e privatística supõe a plena legitimação do conflito entre particulares, que, mediante sua negociação autônoma, induz à criação da norma jurídica" (Idem).* Com isso, nas sociedades em que vigora esse modelo de normatização trabalhista, temos uma predominância da autorregulação dos conflitos de trabalho, de modo que a produção das normas para resolução dos conflitos advém dos próprios sujeitos sociais neles envolvidos. A instituição e a possibilidade de generalização da norma jurídica não dependem de manifestação institucional do Estado, senão somente da vontade política dos atores sociais protagonistas do conflito estabelecido.

Já no padrão de normatização autônoma, mas subordinada, "*a criação e a reprodução da norma jurídica faz-se mediante uma dinâmica em que o peso básico é conferido pelos particulares, mas segundo um processo heteronomamente regulamentado pelo Estado*" (*Ibidem*). Dito de outro modo, embora a normatização dos conflitos seja permitida aos agentes sociais, não há autonomia criativa de sua parte, porque os envolvidos estão subordinados aos paradigmas determinados ou autorizados pela autoridade estatal.[400]

---

399. Delgado, Mauricio Godinho. *Direito Coletivo do Trabalho*. 3ª. ed. 2ª tiragem. São Paulo: LTr, 2010, p. 107.

400. A despeito da notória interferência limitativa do Estado, Delgado defende que esse modelo se mantém democrático visto que não inviabiliza a auto-organização coletiva dos trabalhadores e a sua autoadministração dos conflitos (DELGADO, Mauricio Godinho. *Direito Coletivo do Trabalho*. 3ª. ed. 2ª tiragem. São Paulo: LTr, 2010, p. 109).

Nos dois modelos gerais verificados em sociedades capitalistas democráticas, notamos a significativa importância da negociação coletiva, seja nos sistemas em que ela é plenamente admitida como instrumento regulador do mercado de trabalho, seja naqueles em que sua incidência depende da concessão heterônoma. Com essa referência, vemos que o papel das negociações coletivas em um dado sistema também *afeta a sua própria classificação conforme são confrontados os diversos padrões existentes.* Por isso, uma das possibilidades de se classificar os modelos de negociação coletiva passa justamente pela forma de participação do Estado nesse processo.[401]

De tais padrões de normatização jurídico-trabalhista extrai-se que, naqueles modelos em que se admite a negociação coletiva, ela pode ser *plena* ou *condicionada* ou, em outra classificação, pode ser *voluntarista* ou *intervencionista*: nesse caso, sistemas autônomos (voluntaristas) "*são caracterizados pela ausência de regulamentação legal ou, ainda, pela existência de um mínimo de regulamentação legal, de apoio, unicamente, à livre negociação, para permitir maior espaço de autonomia das partes*".[402] Já os sistemas intervencionistas "*são modelos com exaustiva regulamentação legal, disciplinadora de todos os principais aspectos (...)*" e que atingem seu grau máximo de heteronomia "*quando o Estado suspende, transitoriamente, as negociações coletivas, como em alguns países, medida extrema de*

---

401. A doutrina cita pelo menos outra classificação da negociação, *a partir dos critérios de organização sindical*, sobre a qual não desenvolveremos maiores considerações, em razão das finalidades deste trabalho. Nesse caso, as negociações podem envolver *pluralidade ou unidade de organização*, dependendo da estrutura organizacional vigente - há sistemas em que há unicidade e outros nos quais existe pluralismo sindical. (Nascimento, Amauri Mascaro. 2005. *Compêndio de direito sindical.* 4ª. Edição. São Paulo: LTr, 2005, p. 166). Mas, independente do formato das organizações, pode haver *pluralidade ou unidade de negociação*. Em casos de unicidade, pode haver fracionamento de sindicatos na mesma categoria (respeitado o limite territorial, por exemplo), e múltiplas negociações com o empregador, envolvendo até mesmo representantes de categorias diferenciadas. Ou, no caso de pluralismo sindical, a negociação pode ser pulverizada ou concentrada em uma comissão ou em um sindicato eleito pelos demais para conduzi-la.

402. *Idem*, p. 313.

combate à inflação."[403] O mesmo paradigma é usado por Perone, que qualifica os modelos como sendo *voluntários* ou *estatais*.[404]

A par da denominação utilizada, nota-se que o traço comum nessas formas doutrinárias de classificação é justamente a presença ou não do Estado condicionando o processo negocial. Esse condicionamento, quando existente, pode envolver tanto o próprio procedimento de negociação, como também outros aspectos formais ou materiais dela. Com outro enfoque, "*quanto à existência ou não de regulamentação estatal, a negociação pode ser livre ou desregulamentada, na hipótese de as próprias partes, baseadas no direito de negociação, estabelecerem as regras, ou regulamentada, quando o Estado impõe, pela lei, as regras para a negociação.*"[405]

Como já dissemos, o elemento definidor do *modelo de regulação do mercado de trabalho* é a maior ou menor intervenção do Estado, regulando heteronomamente essas relações, ou abrindo espaços – limitados ou amplos – para a negociação. Por isso, encontramos desde sistemas em que ocorre a plena liberdade de negociação – que constitui forma preponderante de solução de conflitos de trabalho – até aqueles em que ela é condicionada pelas diretrizes estatais heterônomas, ou mesmo sistemas em que há somente estipulação estatal de diretrizes justrabalhistas, sem espaço para a negociação. Na mesma esteira, pode-se dizer dos sistemas intervencionistas que eles são marcados pela disciplina legal de aspectos como a legitimidade para contratação, o procedimento, o conteúdo, os efeitos sobre o contrato individual de trabalho, dentre outras figuras. Já os sistemas voluntaristas asseguram autonomia aos contratantes, seja na definição dos níveis e procedimentos de contratação, prazo de vigência e efeitos dos instrumentos coletivos e ainda quanto ao conteúdo a ser negociado.

Notamos, com isso, que há sistemas que emprestam maior valorização à *autonomia coletiva privada* do que em outros. Para os

---

403. *Ibidem.*

404. Perone, Giancarlo. *A Ação Sindical nos Estados-Membros da União Europeia.* São Paulo: LTr, 1996, p. 42.

405. Brito Filho, José Cláudio Monteiro. 2007. *Direito Sindical.* 2ª. Edição. São Paulo: LTr, 2007, p. 35.

sistemas intervencionistas, há preceitos legais fundamentais a serem respeitados pelas partes contratantes, fatores que, em sistemas voluntaristas, cedem lugar à *autonomia da vontade* dos agentes sociais. Dentre os modelos voluntaristas, há que se destacar o modelo da União Europeia, marcado pela valorização do *princípio do diálogo social* por quase todos os seus Estados-Membros. Nesse modelo, são legitimados institutos de natureza consensual, assim considerados os acordos resultantes de entendimentos, desenvolvidos em esferas mais elevadas, pelas representações empresariais e de trabalhadores.[406] No outro polo, tem-se que os sistemas vigentes nos países latino-americanos são, por regra, tipicamente intervencionistas, como ensina Nascimento. Citando Uriarte, em estudo de 1993, ele aponta que o pesquisador *"assinalou a excessiva intervenção do Estado na negociação coletiva sobre o procedimento, tornando-o rígido e formal, sobre o conteúdo, afetando-o, em alguns casos, com resoluções administrativas ou decisões judiciais, e na estrutura da negociação, com a determinação dos níveis em que pode dar-se."*[407]

Em que pese a maior parte dos países sul-americanos tenha sido impactado fortemente pelas influências neoliberais a partir de meados dos anos 1980, os padrões intervencionistas na negociação coletiva foram, em linhas gerais, preservados, seja por meio de "*modulação*" da normatização heterônoma por parte dos tribunais trabalhistas, seja por meio de "*novos esquemas de proteção flexível dos trabalhadores.*"[408] Mas a manutenção de um modelo tido como excessivamente regulatório da negociação coletiva - ou nos seus aspectos formais, ou no que diz respeito ao seu conteúdo - sempre foi objeto de crítica mesmo daqueles que são contrários à flexibilização de direitos trabalhistas.

A NEGOCIAÇÃO COMO INSTRUMENTO DE PRECARIZAÇÃO: AS IDAS E VINDAS DA JURISPRUDÊNCIA

As mutações das relações de produção que foram traçadas desde a parte final do século XIX fizeram com que o século seguinte

---

406. Nascimento, Amauri Mascaro, *op. cit.*

407. *Idem*, p. 327. O estudo citado é *Intervención y Autonomia en las Relaciones colectivas de trabajo*, Montevidéu: Fundación de Cultura Universitária, 1993.

408. *Ibidem*, p. 327.

presenciasse um arco evolutivo que transitou desde uma intensificação na sistematização regulatória do mercado de trabalho até seu momento crítico, no qual foram colocadas em xeque as políticas intervencionistas de proteção dos interesses da classe trabalhadora. O século XX, portanto, conheceu o florescimento e o ápice do Direito do Trabalho e representou, para alguns, o momento de seu próprio esgotamento histórico. Superada a fase inicial do liberalismo, estabeleceu-se a necessidade de uma concepção de Estado que afirmasse a prevalência do Bem-Estar Social como um valor universal, sobre o qual deveria se assentar toda a estrutura de uma sociedade, inclusive a superestrutura econômica nela fundada.

Esse foi o motor da valorização institucional dos preceitos de proteção ao trabalho, levada a efeito pela criação da Organização Internacional do Trabalho e pelo papel regulador da atividade econômico-produtiva assumido por ela, antes mesmo de serem articulados preceitos de internacionalização de direitos substanciais do cidadão de modo mais efetivo. Não por acaso, o momento histórico em que é reconhecido o primado do Constitucionalismo Social coincide com o da afirmação categórica dos direitos trabalhistas como fatores substanciais de construção de uma identidade para a classe trabalhadora, e como componentes indeclináveis da preservação de sua dignidade. A propósito, é esse também o momento em que a dignidade da pessoa humana se revela como elemento fundamental para a reconstrução dos direitos humanos, que iria se estender até o ocaso do mesmo século.

No seu último quartel, em inversa razão da valorização dos direitos humanos concretizada pela própria concepção política hegemônica – que resgatou das profundezas ideológicas o receituário próprio do liberalismo – iniciou-se um forte ataque aos direitos sociais, como se eles pudessem ser destacados dos demais direitos fundamentais dos cidadãos. Em tentativa de total mitigação do *valor-trabalho,* que havia sido elevado ao grau de indispensabilidade no contexto histórico do capitalismo, o que se seguiu foi uma intensificação nas iniciativas de redução da sua relevância, notoriamente forçada pela aceleração do desenvolvimento tecnológico dos meios de produção. O trabalho, figura central desde os primórdios da estruturação do capitalismo, fora sendo deslocado para a marginalidade, assumindo uma posição periférica e com sua importância reduzida, a ponto de ter decretada a sua expiração, com sucessivas previsões catastróficas que insistentemente pregaram o seu fim.

Nos países de capitalismo central, a hegemonia do pensamento liberal revisitado estabeleceu uma notável reversão do processo de estruturação de uma economia social e solidária, mediante a instituição de políticas públicas de desregulamentação e flexibilização do mercado de trabalho. Nos países periféricos, a maior parte retomando seus processos democráticos e economicamente dependentes dos mais ricos, o ideário hegemônico também prevaleceu, seja por voluntária iniciativa de seus dirigentes, seja em razão de imposições multilaterais, acarretando-lhes uma violenta supressão de fases históricas do capitalismo. Bem por isso, a maior parte dos hoje chamados países em desenvolvimento *foi inserida em um contexto liberalizante da economia, sem ao menos ter iniciado a conformação de seu próprio Estado de Bem-Estar Social.* Como toda castração histórica, isso representou um represamento ainda mais intenso e evidente das demandas emancipatórias das classes menos favorecidas, o que envolve não somente aspectos econômicos, mas também étnicos e culturais.[409] Com isso, a disseminação da concentração da renda nos países da periferia mundial revelou marcas próprias do desrespeito ao processo histórico de cada nação, formando-se, em cada qual, uma grande maioria de desfavorecidos não só pelos critérios econômicos que os colocam como integrantes de uma "*classe-que-vive-do-trabalho*", mas associando-se esse pre-

409. Faoro, Raymundo (*Os donos do poder. Formação do patronato político brasileiro.* 7ª. Rio de Janeiro: Ed. Globo, 1987. p. 735) assinala que Trotsky já houvera identificado que a adaptação ao ritmo mundial impõe a combinação original de bases diversas ao processo histórico, registrando que "*selvagens lançaram fora os arcos e flechas e apanharam imediatamente os fuzis, sem percorrer o caminho que havia entre essas duas armas no passado*" (cf. Deutscher, Isaac, *Trotksy – o profeta banido.* Rio, Civilização Brasileira, 1968, p. 240). Embora essa constatação tivesse sido feita por ocasião da Revolução Russa, a sua pertinência resta evidente quando examinado o processo histórico de assimilação do liberalismo revisitado nos países em desenvolvimento ou periféricos.

ceito ao fato de serem integrantes de etnias ou gêneros subjugados no decorrer de cada fator colonizador.[410]

Da mesma forma, o novo século iniciou com um turbilhão ideológico movido pelas palavras de ordem da "nova" economia global: competitividade internacional, lucratividade e capital predominantemente especulativo-financeiro. A *mercantilização do trabalho* atingiu seu ápice quando os atributos conquistados no curso das lutas sociais do período anterior passaram a ser meramente considerados "*custos de produção*", conduzindo as demandas pela sua diminuição ou até mesmo sua eliminação. O *valor-trabalho,* que fora alçado ao patamar dos direitos fundamentais, é agora colocado em uma planilha eletrônica, como algo a ser dimensionado segundo os interesses da já consolidada "*mão invisível do mercado*": o mundo globalizado do século XXI inverte a proposição histórica, caracterizando-se pelo primado do mercado sobre o trabalho, e se locomove no sentido da destruição do arcabouço de proteção conquistado no decorrer da história, representada por políticas de desmantelamento do trabalho e do emprego que exacerbam os seus efeitos deletérios sobre esses institutos fundamentais.

No Brasil, a reconstrução da democracia não inviabilizou a implementação do receituário neoliberal estabelecido pelos países de capitalismo central; do contrário, serviu-lhe de suporte, na esteira das palavras de ordem que dominaram o cenário nacional desde o final dos anos 80 até os anos 90. Contando com um Direito do Trabalho de conformação muito particular, as inflexões dos fenômenos dessa nova fase do capitalismo foram as principais motivações utilizadas para fomentar o discurso em favor de sua demolição, sendo costumeiramente interpretado como um entrave

410. Esse é o caso sintomático dos negros e indígenas, não somente no Brasil, mas em toda a América Latina, que constituem grupos étnicos que foram escravizados e destituídos de sua propriedade natural, e que nunca conquistaram qualquer reparação histórica pelo que sofreram seus antepassados, nem tiveram a implementação de políticas institucionais compensatórias que permitissem sua inserção na sociedade em condições de igualdade com os demais componentes sociais.

no desenvolvimento econômico e à competitividade.[411] Outrossim, o alegado excesso de encargos sociais motiva contratações ditas informais, sem qualquer contribuição ao Estado ou sem reconhecimento de direitos trabalhistas básicos, o que subvenciona o discurso da necessidade de "*modernização trabalhista*", inclusive como pressuposto para a ampliação do leque de proteção social.

Ao lado disso, o sindicalismo que se consolidou após a redemocratização foi se acomodando cada vez mais às estruturas formais de poder. Ainda que parte significativa do movimento sindical mais combativo se mantivesse à frente das oposições aos governos neoliberais dos anos 1990, outras organizações relevantes foram sendo assimiladas conforme as diretrizes político-institucionais conferidas pelo pensamento que despontava hegemonicamente, por nítida influência das inflexões do liberalismo revisitado.[412] Além disso, o cenário de estagnação e reorganização econômica gerou "*um contexto não só desfavorável ao emprego como também à ação coletiva dos trabalhadores.*"[413] Assim, se é verdadeiro que o Brasil houvera consagrado um padrão de regulação estatal das relações de trabalho, no decorrer dos anos 1990, tanto os governos como o empresariado obtiveram, no movimento sindical, um aliado estratégico na desconstrução desse modelo. Isso porque o principal

---

411. Fato que não corresponde à verdade, pois o modelo regulatório subsistiu a sucessivas alterações de ordem macroeconômica e ciclos sucessivos de recessão e de crescimento.

412. A referência genérica refere-se ao modelo estabelecido a partir do Consenso de Washington, que configurou as relações de mercado a partir dos anos 1970/80, marcada pela revisitação dos conceitos clássicos do liberalismo político e econômico, que trouxe como marcara característica o discurso da flexibilidade (v. a respeito, Boltanski, Luc e Chiapello, Ève. *O novo espírito do capitalismo*, São Paulo: Martins Fontes, 2009, pp. 240-241). Quanto ao adesismo sindical, o caso mais emblemático é o da Força Sindical que, criada em 1991, desde sempre reivindicou um sindicalismo pragmático, autoqualificado como sendo "de resultados", em contraposição ao modelo combativo propugnado pela CUT. Isso se conjugou perfeitamente aos propósitos não somente dos governos de índole neoliberal como também se ajustou à lógica empresarial, focada substancialmente em buscar meios de flexibilização do mercado de trabalho para sua adequação à "nova ordem mundial."

413. Krein, José Dari. *As relações de trabalho no Brasil na primeira década do século. In* Carta Social e do Trabalho, nº 22, Campinas: CESIT, abr-jun, 2013, p. 6.

recurso retórico usado nesse processo foi uma suposta valorização da autonomia negocial dos sindicatos, o que demandaria, a um só tempo, a flexibilização das normas estabelecidas pelo "padrão-CLT" e também a adoção de medidas que importassem a supremacia da negociação coletiva sobre o que estivesse estabelecido na legislação.

No entanto, a despeito da hegemonia do pensamento neoliberal na gestão pública que marcou a década de 1990, um elemento de caráter jurídico-normativo impediu que houvesse uma investida maior, no plano legislativo, sobre o modelo regulado então vigente. É que, em 1988, grande parte dos direitos trabalhistas dispostos na legislação ordinária foi elevada ao plano constitucional, o que tornou mais difícil a aprovação de modificações estruturais.[414] Dessa maneira, apesar das várias tentativas de modificação legislativa, nem todas efetivamente levadas a efeito[415], ao contrário do que ocorreu em outros países, nos quais operou-se ampla desconstrução.[416] Bem por isso, a flexibilização brasileira seguiu dois caminhos paralelos, que passaram ao largo da reforma legislativa: o da ampliação da contratação de trabalho em condições precárias[417] e o do reconhecimento da *prevalência do negociado sobre o legislado*.

---

414. Fundamentalmente, a maior dificuldade se encontra no fato de que a Constituição Federal exige, para a aprovação de Emendas Constitucionais, o *quorum* de 3/5 de cada Casa Legislativa, enquanto as modificações da legislação ordinária demandam apenas maioria simples.

415. Como, p.ex., a ampliação das modalidades de contratação por prazo determinado e o banco de horas (lei 9601/98); o contrato de trabalho a tempo parcial (art. 58-A, da CLT) e a suspensão do contrato de trabalho (art. 476-A, da CLT).

416. Alguns exemplos relevantes dessa desconstrução situam-se na Argentina, no Chile e na Espanha, além de situações pontuais realizadas na Itália, como decorrência da mesma inflexão neoliberal. Nesse sentido, v. Delgado, Mauricio Godinho. *Capitalismo, trabalho e emprego – Entre o Paradigma da Destruição e os Caminhos de Reconstrução.* São Paulo: LTr, 2006.

417. Denotada por contrato de trabalhos atípicos, ou seja, de trabalhadores que, mesmo preenchendo os pressupostos de uma relação empregatícia, eram juridicamente tratados sob outras modalidades, como contratos de estágio, trabalho cooperado, prestação de serviços e, naturalmente, com a expansão da admissibilidade da terceirização. O efeito natural desse processo é que esses trabalhadores, em que pese a sua condição substancial de "pessoas-que-vivem-do-trabalho" não são reconhecidos institucionalmente como empregados, situando-se fora do plano de proteção institucional do aparato

Quanto a esse último postulado, à míngua de uma legislação precisa sobre os limites da negociação coletiva, a jurisprudência trabalhista assumiu o papel de vetor da legalidade contratual e, guiada pelas orientações interpretativas do TST, construiu um pensamento conservador e ultraliberal, admitindo que os sindicatos pudessem derrogar dispositivos previstos na legislação.[418]

Nesse contexto, o mercado de trabalho formado no curso dos anos 1990 e até o início dos anos 2000 viveu movimentos paradoxais. Sufragado pelas sucessivas crises cambiais e econômicas[419], intensificou-se o movimento de desconstrução dos direitos trabalhistas, com foco fundamentalmente baseado no livre mercado, mas sob as falsas vestes de uma regulação pública, mormente aquela praticada pela atividade negocial dos sindicatos. No entanto, a referendar a assertiva que sustenta o artificialismo dessa ponderação está no fato de que o sindicalismo que aderiu a esse modelo foi exclusivamente o de resultados, cujo discurso viu-se ineludivelmente alinhado com os preceitos afirmados pelos defensores do neoliberalismo político e econômico.

---

normativo formado nos anos 1930. Segundo José Dari Krein, nesse contexto foram introduzidas, no todo, nove figuras de contratação atípica (Krein, José Dari, *op. cit.*, p. 7, nota 15).

418. Essa tendência encontrou sustentação no próprio texto constitucional, que reconhece as negociações coletivas de trabalho mas, naturalmente, direciona seu foco para a consagração da fundamentalidade desse direito em favor dos trabalhadores. Leituras tendenciosas, no entanto, foram produzidas com o intuito de assegurar a precariedade do trabalho formal pela via da negociação coletiva, aproveitando-se do fato de que a mesma Constituição permite a negociação flexibilizante em alguns dos seus dispositivos, pelo critério da incrementação constitucional, o que se manteve, pelo menos, até 2005.

419. Nesse sentido, *"Antes e depois da estabilização de 1994, o Brasil não conseguiu levar adiante o crescimento e diferenciação de sua estrutura industrial. Antes do Plano Real, a crise aguda de balanço de pagamentos e a ameaça da hiperinflação afastaram o país das estratégias de migração e reorganização da grande empresa transnacional. Depois da vitória contra a inflação, a valorização do real, além de reanimar a vulnerabilidade externa, desfavoreceu a participação brasileira nas cadeias produtivas globais, sobretudo nos setores em que ocorriam com mais intensidade as transformações estruturais e tecnológicas mencionadas acima."* (Beluzzo, Luiz Gonzaga de Mello. *A internacionalização recente do regime de capital. In* Carta Social e do Trabalho, nº 27, Campinas: CESIT, jul-set, 2014, p. 9).

Assim, com essa identificação no discurso, a linha de atuação do movimento sindical contemporâneo acabou servindo aos neoliberais, pois desviou a rota histórica de defesa dos direitos sociais em prol da pregação de um modelo de contratação coletiva de trabalho, "*desarmando os trabalhadores diante da ofensiva neoliberal.*"[420] Com esse quadro é que foi fundamentada a possibilidade de flexibilização de diversos direitos trabalhistas por disposições ajustadas em negociações coletivas, normalmente atenuando a incidência de garantias legais, seja por autorização *legal* ou pela *jurisprudência*, mediante a interpretação da extensão de certas normas trabalhistas.

Completando o paradoxo, o sindicalismo que surgira combativo nos anos 1970/1980 – e que pregara, desde a origem, a liberdade sindical, a autonomia negocial e a abolição do "padrão-CLT" de regulação[421] – passou a defender a subsistência do modelo como forma de garantir minimamente a preservação dos padrões de civilidade no mercado de trabalho, o que já se situava em condições de risco acentuado.[422]

O resultado imediato desse quadro é que, com raras e honrosas exceções, se expandiram as hipóteses de negociações coletivas ineficazes e ineficientes, no mais das vezes reprodutoras da lei ou derrogadoras de garantias históricas dos trabalhadores, porque produzidas preponderantemente por um representantes de sindicalismo sem legitimidade e sem representatividade, alçado a essa condição com base nas mesmas e intocadas estruturas corporativas do Estado Novo.

---

420. Boito Jr., Armando. *Política neoliberal e sindicalismo no Brasil.* São Paulo: Xamã, 1999, p. 151.

421. Sobre este tema já tratamos no texto anterior deste livro.

422. O quadro mais agudo desse processo se deu no fim de 2001, quando foi desengavetada uma antiga proposta de "modernização das leis trabalhistas", e que foi encaminhada ao Congresso Nacional, em regime de urgência: trata-se do Projeto de Lei 5.483/2001, que alterava o texto do art. 618 da CLT, que passaria a admitir uma negociação coletiva ampla, sempre predominando sobre a maior parte dos dispositivos legais. Depois de muitos embates, o projeto foi arquivado, já na gestão do Presidente Lula.

Portanto, desde a última década do século XX, o quadro que se consolidou no Brasil foi o de franca permissividade da negociação coletiva, não apenas para aqueles temas que lhe foram delegados pela lei ou pela Constituição, mas também para toda a matéria que viesse a ser de conveniência das classes envolvidas no conflito. Naturalizou-se uma lógica perversa e equivocada, de que o modelo brasileiro admitia a total prevalência do negociado sobre o legislado, disseminando uma série de situações em que a negociação coletiva passou a regular situações antes tratadas pela lei, não somente com vistas à sua suplementação, mas também estabelecendo parâmetros inferiores àqueles que foram estabelecidos pelo padrão heterônomo de regulação. Essa distorção funcional da negociação coletiva revela uma nítida associação com a evolução do sindicalismo brasileiro que, tentando se desgarrar da estrutura corporativa, foi cunhando um modelo próprio de condução e de sobrevivência, ao sabor dos efeitos econômicos perversos, em uma economia instável como era a brasileira até meados dos anos 1990.

Em um mercado de trabalho recheado de incoerências e de problemas estruturais, uma das principais preocupações que floresceu dessa tendência foi a constatação de que o primado da negociação coletiva elasteceu, de forma acentuada, a investida sobre os direitos sociais, com a permissividade e participação das entidades sindicais, debilitadas por uma anacrônica estrutura dirigista e por uma fragilidade decorrente das oscilações econômicas e produtivas. A negociação coletiva, que deveria ser um instrumento de construção dos direitos trabalhistas, tornou-se um grave meio de precarização e de exclusão dos trabalhadores do sistema protetivo estabelecido pelo Direito do Trabalho.

A partir da reconfiguração do TST, ocorrida após a extinção da representação classista (Emenda Constitucional 24/99) e restauração promovida pela Emenda 45/04, iniciou-se uma profunda modificação na jurisprudência daquele tribunal, evidenciando uma nova perspectiva no que diz respeito às relações coletivas de trabalho. As investidas precarizantes que marcaram a década anterior sofreram claro refluxo a partir de 2005, desde quando se observou o refreamento na admissibilidade da prevalência da negociação coletiva em face de preceitos assegurados por lei. O que antes se admitia com fundamento apenas no postulado da autonomia coletiva passou a ser encarado sob o prisma do seu conteúdo: a predominância do que fora negociado subordina-se a um critério de validade relacionado à matéria versada na negociação. Desenharam-se, dessa maneira, lampejos da formulação de critérios mais objetivos para essa flexibilidade, buscando-se o respeito aos patamares mínimos de civilidade nas relações de trabalho. Em outras palavras, a negociação coletiva só prevaleceria sobre as diretrizes garantidas por lei naqueles casos em que a própria legislação elege essa via para tanto ou quando a natureza do direito negociado assim permitir.[423]

Novos fatos ocorrem a partir de 2015, e são responsáveis diretos pela restauração de uma ampla discussão sobre o tema. O STF, historicamente, vinha adotando posições refratárias ao reconhecimento da amplitude do poder negocial dos sindicatos, limitando a validação de sua atuação às situações autorizadas constitucionalmente. No entanto, no julgamento do Recurso Extraordinário 590.415, tribunal afirmou a seguinte tese:

423. Esse processo se consumou quando da realização da 1ª. Semana do TST, em maio de 2011, quando alguns verbetes que admitiam a flexibilização pela via negocial foram cancelados ou modificados, como foi o caso do inciso II da Súmula 364, por exemplo. Outras diretrizes, no entanto, foram preservadas, como aquela inserida em 2009 na Orientação Jurisprudencial 342, da SBDI-I, admitindo a redução do intervalo interjornada de motoristas e cobradores de veículos rodoviários de empresas de transporte coletivo público urbano, em exceção à regra constante do inciso I do mesmo verbete. O quadro foi ampliado na 2ª. Semana, ocorrida em 2012, quando o texto da OJ 342, foi cancelado, porquanto aprovada Súmula versando sobre o assunto. Mais do que isso, no entanto, a supressão do inciso II na nova Súmula reforça a ideia de que a flexibilidade trabalhista pela via negocial não é ampla e só é admitida em condições específicas, quando autorizada expressamente por texto legal, ou quando envolve tema de indisponibilidade relativa, enunciando uma diretriz que passou a ser paradigmática na análise dos instrumentos negociais. Além dessas mudanças em entendimentos antes consolidados, o TST também deixou de editar verbetes sumulares validando negociações precarizantes, à exceção de um ou outro de teor mais polêmico - como é o caso da súmula 444, que autorizou o regime de trabalho de 12x36, mediante pactuação coletiva.

> *A transação extrajudicial que importa rescisão do contrato de trabalho, em razão de adesão voluntária do empregado a plano de dispensa incentivada, enseja quitação ampla e irrestrita de todas as parcelas objeto do contrato de emprego, caso essa condição tenha constado expressamente do acordo coletivo que aprovou o plano, bem como dos demais instrumentos celebrados com o empregado.*

Nos fundamentos do voto há expressa remissão do Relator a respeito da validade constitucional da negociação coletiva, relacionando sua relevância a partir do regramento internacional antes já mencionado. Isso fez com que alguns dos defensores da tese da "*total prevalência do negociado sobre o legislado*" fizessem uma leitura equivocada da decisão, como se ela referendasse a supremacia incondicional da negociação coletiva. Mas um exame mais acurado do tema evidencia que não foi esse o vetor usado pela Suprema Corte, ao menos naquela ocasião. A tese aprovada – e que é o elemento definidor, inclusive, do caráter vinculante da decisão – diz respeito especificamente a um tipo de direito, e que pode, em tese, ser considerado como sendo de disponibilidade relativa, sobretudo porque indica uma contrapartida financeira vantajosa ao empregado. Embora não concordemos com a conclusão adotada pelo STF, também entendemos que o critério adotado não recomenda a extensão da aplicação da mesma solução a quaisquer outros direitos, em especial aqueles que são qualificados como direitos de indisponibilidade absoluta.[424]

Não por outro motivo, o Tribunal Superior do Trabalho, em setembro de 2016, no julgamento dos Embargos Declaratórios em Recurso de Revista nº 205900-57.2007.5.09.0325 deliberou que *"a autonomia negocial coletiva não é absoluta"* e que *"os precedentes do STF sobre a matéria comportam a técnica do 'distinguishing' para não incidência dos precedentes no caso concreto."* Em voto convergente, o

424. Os conceitos de direitos de indisponibilidade relativa e absoluta são trazidos por Delgado em seu clássico *Curso de direito do trabalho*, citado na bibliografia, quando explicita do conceito do *princípio da adequação setorial negociada* e compõe o núcleo de direitos que podem, ou não ser transacionados a partir da fixação do *patamar civilizatório mínimo*, igualmente afirmado pelo autor.

Ministro Mauricio Godinho Delgado ponderou que *"não podemos inferir que o STF tenha autorizado que a negociação coletiva trabalhista passar a reduzir direitos imperativos oriundos da Constituição da República, das leis brasileiras e das convenções internacionais radicadas no Brasil"*.[425]

A par disso, a despeito de a jurisprudência tornar-se menos tolerante quanto à flexibilidade dos direitos pela via negocial – à exceção das citadas decisões do STF –, a realidade demonstrou que a disciplina normativa existente confere um campo limitado para negociação, que dependeria apenas do voluntarismo da entidade e do seu grau de legitimidade institucional. Diante do quadro estático da representação sindical – ainda focado em uma unicidade impositiva, inclusive com delimitação de gênero (por categoria) e de base territorial e com cobrança compulsória de contribuições – o número de entidades sindicais que atua efetivamente em prol dos trabalhadores no processo negocial é ínfimo. Como já afirmado, parte significativa das normas coletivas de trabalho continuam a ser meras reprodutoras de garantias legais ou inserem cláusulas de cunho precarizante.

Por isso, em nosso juízo, a apatia sindical que congelou a atuação da maior parte do sindicalismo nos últimos anos levou à consolidação de um panorama artificial de regulação pública do trabalho, em que o papel da negociação coletiva é extremamente reduzido e moldado, ora pelos interesses do mercado – que, para tanto, manipula parte significativa dos representantes do sindicalismo tradicional –, ora por iniciativas pontuais e fragmentadas de entidades dotadas de um amplo grau de representatividade,

425. A referência aos precedentes leva em conta não apenas o RE 590.415, mas também a decisão monocrática na qual o então Ministro Teori Zavascki deu provimento a recurso para afastar a condenação de uma empresa ao pagamento das horas *in itinere* e dos respectivos reflexos salariais. Na decisão, S. Exa. ponderou *"Ainda que o acordo coletivo de trabalho tenha afastado direito assegurado aos trabalhadores pela CLT, concedeu-lhe outras vantagens com vistas a compensar essa supressão. Ademais, a validade da votação da Assembleia Geral que deliberou pela celebração do acordo coletivo de trabalho não foi rechaçada nesta demanda, razão pela qual se deve presumir legítima a manifestação de vontade proferida pela entidade sindical."*

mas que não conseguem se afastar do padrão regulatório estatal.[426] Na prática, o artificialismo da negociação e o modelo estático de representação fizeram com que a negociação coletiva tivesse um papel bem menor do que aquele que poderia desenvolver, especialmente após a redemocratização.

Em maio de 2019, já na vigência da "reforma trabalhista", o STF reconheceu a repercussão geral para o tema, sinalizando que a questão será objeto de reanálise. Na situação concreta, determinada empresa interpôs recurso extraordinário, com fundamento na alínea "a" do inciso III do artigo 102 da Constituição Federal, contra acórdão no qual o Tribunal Superior do Trabalho manteve o entendimento do Juízo acerca da invalidade de supressão, por meio de acordo coletivo, do tempo despendido pelo empregado até o ambiente laboral no cômputo da jornada, assentando decorrer o direito de lei.

A alegação é de que estariam violados os artigos 5º, incisos II, XXXV e LV, 7º, incisos XIII e XXVI, e 8º, inciso III, da Constituição, assinalando a validade dos instrumentos coletivos de trabalho, porquanto seria permitida a flexibilização, mediante negociação coletiva, de direitos trabalhistas relativos a salário e jornada de trabalho. O apelo ainda afirmou estarem ultrapassados os limites da intervenção judicial e inobservados os princípios da prevalência da negociação coletiva e segurança jurídica.

---

426. Um dos exemplos mais significativos dessa situação foi o projeto de lei concebido no Sindicato dos Metalúrgicos do ABC, entidade historicamente representativa e combativa. Justamente fundada na sua capacidade de mobilização e de articulação, propôs a criação de um novo instrumento negocial, chamado Acordo de Propósito Específico (APE), que permitiria que os sindicatos e as empresas pactuassem condições especiais e excepcionais de trabalho, diante de justificativas determinadas. No plano teórico, seria um projeto extremamente avançado, inclusive porque tinha como pressuposto o reconhecimento das comissões de fábrica, atendendo a uma demanda tradicional do sindicalismo combativo (a representação nos locais de trabalho). No entanto, se atendia adequadamente os propósitos de um sindicato engajado como o proponente, seria uma verdadeira arma de destruição em massa nas mãos de representantes descomprometidos com os seus representados, pois a proposta previa que não haveria restrições quanto ao conteúdo da negociação, pressupondo que ela poderia até mesmo derrogar direitos legalmente previstos.

O Ministro Gilmar Mendes, Relator do recurso, admitiu a existência de repercussão geral da controvérsia alusiva à necessidade de revisão das teses firmadas nos Temas no 357 e 762 da sistemática da repercussão geral, nas quais fora adotado entendimento de que a discussão atinente a disposição de direitos trabalhistas por instrumento coletivo de trabalho teria natureza infraconstitucional. A seguir, ponderou que a autonomia coletiva da vontade não se encontra sujeita aos mesmos limites que a individual, ante a inexistência de assimetria de poder e antecipou seu voto de mérito para prover o recurso extraordinário, reformando o acórdão recorrido e julgando improcedente o pedido de pagamento do tempo de deslocamento do empregado ao trabalho. Ao final, propôs a seguinte tese: *"Os acordos e convenções coletivos devem ser observados, ainda que afastem ou restrinjam direitos trabalhistas, independentemente da explicitação de vantagens compensatórias ao direito flexibilizado na negociação coletiva, resguardados, em qualquer caso, os direitos absolutamente indisponíveis, constitucionalmente assegurados."*[427]

Por ocasião do julgamento, a maioria dos ministros reconheceu a repercussão geral, mas, no mérito, não reafirmou nem revisou a jurisprudência, que foi remetida ao Plenário Físico. A decisão, no entanto, ensejou a suspensão de todos os processos em que há discussão sobre a prevalência ou não da negociação coletiva sobre direitos legalmente previstos.[428]

A análise dos precedentes recentes do STF sobre questões relacionadas a direitos sociais, especialmente trabalhistas, nos causam grande preocupação com o possível resultado desse julgamento. Prenuncia-se forte tendência de que a tese proposta pelo Relator – ainda não acolhida, repita-se – venha a prevalecer, o que representaria um enorme prejuízo aos trabalhadores e trabalhadoras brasileiras, além de não encontrar ressonância, a nosso sentir, no modelo constitucional brasileiro.

---

427. ARE 1121633 RG / GO.

428. Tema 1046 da Repercussão Geral do STF.

O PAPEL E OS LIMITES DA NEGOCIAÇÃO COLETIVA SEGUNDO O MODELO CONSTITUCIONAL BRASILEIRO

Em um mercado de trabalho recheado de incoerências e de problemas estruturais, uma das principais preocupações que floresceu dessa tendência foi a constatação de que o primado da negociação coletiva elasteceu, de forma acentuada, a investida sobre os direitos sociais, com a permissividade e participação das entidades sindicais, debilitadas por uma anacrônica estrutura dirigista e por uma fragilidade decorrente das oscilações econômicas e produtivas. A negociação coletiva, que deveria ser um instrumento de construção dos direitos trabalhistas, tornou-se um grave meio de precarização e de exclusão dos trabalhadores do sistema protetivo estabelecido pelo Direito do Trabalho. A questão fundamental que exsurge é justamente se o exercício do poder negocial dos sindicatos é um atributo exclusivo da sua autonomia ou se deve sofrer limitações advindas do sistema heterônomo normativo ou judicial. Por isso, o grande debate dos últimos vinte anos fundou-se na existência ou não de limites para a negociação coletiva trabalhista.

Por certo que a autonomia sindical é um dos pilares essenciais do sindicalismo democrático, representada pela garantia de autogestão às organizações associativas e sindicais dos trabalhadores, sem interferências empresariais ou do Estado, dentro do que se insere o direito de sua livre estruturação interna, sua livre atuação externa, sua sustentação econômico-financeira e sua desvinculação de controles administrativos estatais ou em face do empregador. Não por acaso, a Convenção 87 da OIT preconiza, no item 2 de seu art. 3º., que *"as autoridades públicas deverão abster-se de qualquer intervenção que possa limitar esse direito ou entravar o seu exercício legal"*. Conquanto não tenha sido ratificada pelo Brasil, a disposição internacional desvela um conteúdo extremamente apropriado para aquilo que a Constituição brasileira estipulou.

No entanto, o primado da autonomia sindical não pode ser entendido como um elemento autorizador da plenitude do poder negocial dos direitos trabalhistas. A autonomia de negociação dos sindicatos deve ser subordinada a diversos fatores, tanto de ordem conceitual como de natureza conjuntural. Por primeiro, o poder de negociação não pode assimilar uma diretriz contraditória com as suas funções estruturais. Afinal, o plurinormativismo próprio do Direito do Trabalho tem como pressuposto que as fontes autônomas de criação de direitos devem servir à melhoria da condição social da classe trabalhadora, e não forma adicional de sua subjugação. As modalidades de negociação que atuam em prejuízo dos trabalhadores se mostram absolutamente incompatíveis com os preceitos protetivos do Direito do Trabalho e com fatores que lhe são principiológicos. Com efeito, "*as regras autônomas juscoletivas podem prevalecer sobre o padrão geral heterônomo justrabalhista, quanto à comunidade profissional e econômica envolvida, desde que implementem padrão setorial de direitos* superior *ao padrão geral oriundo da legislação heterônoma aplicável, ou desde que transacionem* setorialmente parcelas justrabalhistas de indisponibilidade apenas relativa".[429]

Outra conclusão não se poderia formular pois, o Direito do Trabalho se consolidou como um dos mais eficientes e disseminados mecanismos de distribuição da renda e de poder no plano da sociedade capitalista, dado o seu caráter garantidor de um patamar básico de afirmação da cidadania e universal, capaz de atingir a maior parte dos integrantes do sistema econômico vigente no decorrer do desenvolvimento capitalista. Se nele reconhecermos uma estrutura imanente que se preste à precarização de direitos fundamentais do trabalhador, dizimaremos todo o processo histórico que resultou no seu desenvolvimento e afirmação como instrumento de justiça social, pois "*a valorização do trabalho – que se deve fazer pelo Direito do Trabalho, evidentemente –, portanto, é ponto crucial da cidadania e da própria sociedade democrática*".[430] A disseminação dessa mitigação por meio de negociação coletiva pode representar o retorno ao estado anterior a esse processo de regulamentação, em que novamente se vê a luta intensa dos tra-

---

429. Delgado, Mauricio Godinho. *Capitalismo, Trabalho e emprego,* São Paulo: LTr, 2001 p. 57.

430. Souto Maior, Jorge Luiz. *O direito do trabalho como instrumento de justiça social.* São Paulo: LTr, 2000, p. 120.

balhadores pelo trabalho, sem estar abraçado pela gama protetiva da legislação trabalhista.

Além disso, um importante efeito da institucionalização do Direito do Trabalho foi o seu reconhecimento como direito fundamental da pessoa humana, estatuído para que qualquer um possa ter uma existência minimamente digna, cujo aparato também integra os instrumentos de proteção ao meio ambiente de trabalho, tema nos quais os interesses preservados ultrapassam o trabalhador envolvido e até mesmo sua categoria. Sendo assim, a simples valorização da autonomia da vontade não pode ser o referencial elementar para autorizar a atenuação das diretrizes de proteção trabalhista. Mesmo que se estivesse lidando com algo que decorre estritamente da vontade dos trabalhadores, a gama de interesses envolvidos nas relações de trabalho alcança uma dimensão muito superior, que justifica a intervenção estatal, a exemplo do que ocorre em outras áreas, muitas delas essenciais para a própria subsistência do capitalismo. Por outro lado, o próprio sistema normativo em vigor já estabelece os parâmetros de negociação em prejuízo do trabalhador – como a citada redução de salários – comportando-se como limite negativo a ser adotada em situações de extrema gravidade e importância. Por isso mesmo, não se legitima que esse tipo de conduta seja amplificado para outras matérias não reguladas constitucionalmente.

Se esses fatores conceituais não fossem suficientes para se afirmar a necessidade de serem estabelecidos limites à autonomia privada nas relações coletivas de trabalho, há fatores conjunturais que igualmente nos conduzem à mesma conclusão. De um lado, é fato que a negociação coletiva no Brasil vem se sustentando nos pilares corporativos, que fazem com que apenas categorias mais bem organizadas e conduzidas por entidades sindicais fortes consigam fazer prevalecer a sua função elementar. O padrão dirigista de negociação coletiva não conduz as partes para um processo permanente de autocomposição, mas, do contrário, estimula a permanência do conflito ao negar a manutenção da vigência das normas coletivas quando a negociação não é concretizada. Em última análise, concede um caminho para uma solução jurisdicional de um problema que se situa na esfera política, resultando numa espécie de condicionamento da negociação estabelecido pela jurisprudência dos tribunais do trabalho em sede de dissídios coletivos, alheando do conflito os próprios interessados nele.

A esse propósito, o poder normativo da Justiça do Trabalho, a unicidade sindical e a contribuição sindical obrigatória[431], são heranças do modelo corporativo que foram preservadas pela Constituição, fatores que potencializam as contradições da organização sindical brasileira e são fundamentais para a configuração de estrutura sindical totalmente debilitada. A sobrevivência desses institutos retira dos sindicatos a necessidade de representatividade, porque o sistema lhes assegura o monopólio da representação da categoria e uma relevante fonte de recursos, mesmo que não detenham qualquer legitimidade dos representados. Por mais paradoxal que pareça, o sistema de unicidade não impediu a disseminação de entidades sindicais, em total descompasso com as necessidades de organização dos trabalhadores e empresários, gerando uma pulverização representativa que, invariavelmente compromete a legitimidade do processo negocial. Com isso, paradigmas do sindicalismo contemporâneo não foram capazes de suplantar vícios históricos das organizações corporativas e preservaram algumas práticas de má-representação sindical, sobretudo alçando a participação política do trabalhador a plano absolutamente secundário.

Não menos grave é o fato de que a falta de prática negocial é também um atributo da organização sindical brasileira – tanto no âmbito profissional como no empresarial. Isso se mostra pelo descompromisso que se tem com o chamado de *dever de influência*, que é o comprometimento subjetivo dos agentes das relações coletivas de influenciar os seus representados para que efetivamente apliquem as disposições pactuadas em um contrato coletivo de trabalho. Há um traço cultural característico que permeia as relações produtivas no Brasil, identificado pela prática de se buscar interpretações mais favoráveis aos interesses empresariais

431. Atualmente tornada facultativa, consoante modificações realizadas pela Lei 13.467, mas que foi a principal fonte de financiamento sindical por mais 70 anos.

nos instrumentos normativos, em regra conduzida pelos próprios sujeitos das relações coletivas.

Se isso já é grave quando essas estipulações estão em regras heterônomas, é ainda mais impróprio quando elas decorrem de negociações coletivas. Afinal, o pressuposto de uma negociação concretizada é o exercício da autonomia privada na fixação de regras de conduta para as partes envolvidas, não se concebendo que haja tentativas de interpretação em favor de um ou de outro lado sem que isso revele uma carga de intensa má-fé. Um sistema legítimo e eficiente de negociação coletiva pressupõe o compromisso dos seus agentes no implemento das diretrizes que foram negociadas, mas essa realidade é um tanto distante para uma sociedade habituada a cultuar práticas autoritárias de transformação dos instrumentos legais em formas de favorecimento pessoal.

Demais disso, se a própria lei não consegue assegurar sua eficácia nas relações de trabalho, o grau de cumprimento de uma norma oriunda de negociação coletiva é muito menor. Esse é um dos elementos que mais compromete o assentamento de uma cultura negocial no Brasil, pois o fato de se concretizar uma negociação coletiva para pôr fim a um conflito não tem a capacidade de produzir efeitos imediatos nas relações jurídicas objeto deste ajuste. Com isso, o processo negocial tende apenas a resolver o conflito em abstrato, não produzindo efeitos concretos nas relações de trabalho, o que reduz a sua abrangência e sua importância.

Todas essas adversidades denotam que, apesar a relevância da negociação coletiva como fator de democratização das relações de trabalho, as características da sociedade brasileira e de seu mercado de trabalho não permitem que ela seja elevada a um grau de prevalência que elimine a necessidade interventiva do Estado ou que admita sua realização de forma ilimitada, inclusive em detrimento do regramento heteronormativo. Embora isso esteja presente em outras sociedades, a absorção de padrões de regulação do trabalho existentes em outras nações sem uma adequação socioeconômica à realidade brasileira constitui um grave equívoco. Com efeito, ao contrário do ocorrido na Europa, o Brasil promoveu uma transição direta do trabalho escravo para o trabalho livre, em um processo simultâneo de transformação da economia, que saiu de um modelo agrícola, de produção monocultora e exportadora, para alcançar uma industrialização tardia, já no decorrer do século XX.

Logo, o surgimento das relações de trabalho livre no Brasil teve características bem distintas, não só pela sua localização temporal como, sobretudo, pela manutenção dos traços tipicamente coloniais e escravistas. Enquanto na maior parte do mundo ocidental desenvolvido o escravismo foi sucedido por um regime intermediário – e que, por ter tido longa duração e sofrer declínio paulatino no curso do tempo, foi sendo adaptado às necessidades locais e temporais – a transição brasileira ocorreu de forma abrupta, inclusive sem nenhum tipo de política de inclusão social dos ex-escravos. Explica-se, portanto, ainda que não se justifique, o fato de que as relações de trabalho livre terem preservado traços escravistas que subsistem em pleno século XXI.

Ao lado disso, a formação da própria sociedade brasileira, com conteúdo nitidamente patriarcal e autoritário, fez com que a conformação dessas mesmas relações produtivas conservasse um grau de submissão muito mais intenso do que aqueles vistos nas já subordinadas relações de trabalho dos países de economia capitalista. Esse padrão social compõe uma cultura secular arraigada nas relações interpessoais, inclusive de trabalho, e bem por isso sua superação é extremamente difícil. Ao contrário do que uma superficial apreciação possa induzir, essa afirmação não estabelece um *determinismo histórico* a ponto de encerrar a sociedade brasileira nas amarras de sua conformação originária. É apenas uma constatação que respeita as mediações históricas de sua formação e que não pode ser desconsiderada nas análises que pretendem ser comprometidas com um resultado eficiente. Por certo que determinados comportamentos podem e devem sofrer modificações evolutivas, e temos a franca esperança de que esses traços sociais venham um dia a ser superados, mesmo porque produzem muitos efeitos maléficos para a própria sociedade. Mas entendemos que, enquanto estiverem presentes, eles devem ser devidamente ponderados nas avaliações e proposições que envolvam as relações de trabalho, pois são caracteres muito profundos, cunhados ao cabo de trezentos anos de colonização, em contraposição a um pequeno período de trabalho livre, no seio capitalista.

Dito isso, temos que identidade peculiar da sociedade brasileira que foi historicamente cunhada e a manutenção dos seus elementos característicos que foram explicitados são os motivos que fomentam nossa conclusão no sentido de que a conformação socioeconômica das relações de trabalho no Brasil torna imprescindível a regulação do mercado de trabalho e o reconhecimento da limitação à autonomia negocial coletiva, pois conquanto instrumento adequado de solução de conflitos, a negociação nunca poderá ser um perverso meio de destruição dos princípios, das regras e dos institutos fundamentais do Direito do Trabalho.

Por fim, o mais importante: a Constituição brasileira elegeu um modelo de regulação das relações de trabalho, e nele está contemplada a convivência harmônica de diretrizes heteronormativas e normas autônomas, resultantes do processo negocial. O texto constitucional é eloquente nesse sentido, e em várias circunstâncias. Por primeiro, o *caput* do art. 7º. da Constituição assegura que o rol de direitos ali consagrado sem prejuízo de outros que visem à melhoria de sua condição social. Isso denota que o texto constitucional assimila o *princípio do não-retrocesso social* e, ainda, evidencia a função emancipatória dos institutos do Direito do Trabalho.

De outra parte, esse mesmo artigo 7º., ao reconhecer a validade das normas coletivas de trabalho – o que frequentemente é suscitado como fundamento para sua prevalência sobre as garantias legais – está longe de ser um autorizador da precariedade. Afinal, o texto constitucional nada mais faz do que garantir aos trabalhadores urbanos e rurais o reconhecimento da negociação coletiva, como assinala a Convenção 154, da OIT. Ao afirmar a validade das normas que dela resultam, o legislador constitucional consolida a já indicada intenção de estabelecer um modelo de convivência harmônica entre normas autônomas e heterônomas. Não há, em qualquer disposição da Constituição, autorização para que a negociação coletiva suprima qualquer direito assegurado por lei. Além disso, essa possibilidade afronta o paradigma constitucional, de matriz plurinormativa.

É corrente o discurso – inclusive oriundo de algumas lideranças sindicais, no passado – de que o modelo ideal de regulação do trabalho seria aquele derivado da autonomia coletiva. No entanto, isso é incompatível com o modelo constitucional brasileiro, que elegeu o critério da convivência harmoniosa entre as normas oriundas da legislação e aquelas que decorrem da negociação. E assim se fez exatamente amparado nas mediações históricas que descrevemos, as quais indicam a imprescindibilidade de se preservar a intervenção do Estado nas relações individuais de trabalho. As características do mercado de trabalho brasileiro não oferecem espaço para a substituição completa da regulação heteronormativa, e nem tampouco o permite a Constituição Federal, construída sob essa perspectiva.

Portanto, em nossa análise, enquanto vigente o texto constitucional – cujas regras a respeito do tema, a propósito, estão albergadas pela imutabilidade do art. 60, § 4º, dada a sua fundamentalidade – não se pode admitir um mercado de trabalho regido somente pela negociação coletiva, nem tampouco que as normas que dela resultam possam se sobrepor, incondicionalmente, às garantias estabelecidas na legislação.

Evidencia-se um dos maiores paradoxos enfrentado pelo sindicalismo brasileiro na passagem para o século XXI: a autonomia coletiva, festejada como instrumento de emancipação da classe trabalhadora, foi apropriada pelos neoliberais, que se aproveitou de um sindicalismo fragmentado e anacrônico para transformá-la em instituto de precarização. Assim, à míngua de uma reformulação normativa mais ampla, a flexibilização do mercado de trabalho no Brasil ocorrida até meados dos anos 2000 foi feita, de forma prioritária, pela via da negociação coletiva, devidamente referendada pelo Poder Judiciário trabalhista.

GOLPE E "REFORMA": A RUPTURA DEMOCRÁTICA E O PRINCÍPIO DA DESTRUIÇÃO

Você deve rezar pelo bem do patrão
E esquecer que está desempregado
Você merece, você merece
Tudo vai bem, tudo legal
Gonzaguinha, Comportamento geral

OS CONTEXTOS DE UMA "REFORMA" ILEGÍTIMA

Após um controvertido processo afastamento da Presidenta eleita, foram potencializados os esforços voltados à desconstrução do modelo regulatório trabalhista. O Presidente que assumiu fez coro ao intento manifestado pelas classes econômicas de promover reformas trabalhistas tendentes à eufemística "modernização", supostamente com vistas à retomada do crescimento, que teria sido comprometido pelos efeitos retardados da crise global de 2008. Dentre as medidas preconizadas pelo Governo foi apresentado à Câmara dos Deputados o Projeto de Lei 6.787 cujo objetivo seria "modernizar" a legislação trabalhista. Tal projeto – que continha apenas sete artigos em sua conformação original – foi trazido com o mote de, supostamente, valorizar a negociação coletiva, mediante a inserção de dispositivos tendentes a fomentar a sua prática.

Ainda na Câmara dos Deputados, o projeto original foi transformado em um vasto arsenal de modificações em elementos centrais da CLT, envolvendo formas de contratação, mudanças forçadas na interpretação jurisprudencial de diversos institutos e até mesmo em alterações na legislação processual, que sequer houvera sido cogitado na origem. Dessa forma, um projeto de lei com sete artigos, apresentado em dezembro de 2016 ao Congresso Nacional, foi transformado em um documento com alteração de mais de cem dispositivos consolidados, sem que houvesse nenhuma discussão ampla e abrangente com a sociedade e sequer com os segmentos representativos de trabalhadores e empregadores, como recomenda a Convenção 144 da OIT.[432]

O que se sabe é que a metamorfose do projeto de lei foi arquitetada na Câmara dos Deputados pelo seu relator, Rogério Marinho, com o devido apoio do Ministro do Trabalho, Rogério Nogueira.[433] Marinho contou com a colaboração de uma comissão em cuja composição havia magistrados do trabalho, em uma atuação de legalidade controvertida, diante das restrições próprias para o cargo. No entanto, apesar de algumas críticas, a atuação desses juízes não redundou qualquer consequência de ordem funcional, mesmo porque contou com o apoio do então Presidente do Tribunal Superior do Trabalho, não apenas detentor de relações pessoais com o Presidente da República como também um crítico contumaz do modelo de relações de trabalho no Brasil.

Esses fatos são relevantes, pois percebe-se, no resultado final da "reforma", um intento declarado de instituir um verdadeiro *lawfare* trabalhista[434], que não poderia ter outra origem senão naqueles

---

432. A Convenção 144 trata das Consultas Tripartites sobre Normas Internacionais do Trabalho, foi ratificada pelo Brasil em 1994 e passou a vigorar em 1995. Na realidade, os órgãos de imprensa noticiaram a participação ativa de entidades empresariais no processo de construção da "reforma", denotando a nítida preferência governista. Os representantes dos trabalhadores, no entanto, não foram ouvidos previamente, de modo que o preceito do tripartismo foi completamente abandonado nesse processo, o que, a nosso sentir, compromete a legitimidade da "reforma", como iremos tratar a seguir.

433. Rogério Marinho, filiado ao PSDB, não foi reeleito em 2018, mas viria a ser o artífice de outra medida desestruturante do Estado brasileiro. Nomeado Secretário da Previdência do Ministério da Economia - já que o novo governo extinguiu o Ministério do Trabalho - foi o articulador da "reforma" da Previdência, aprovada em 2019, e que traz enorme prejuízo à classe trabalhadora.

434. *Lawfare*, resultado da contração das palavras *law* (lei) e *warfare* (guerra) pode ser compreendido como o uso estratégico da lei (ou do Direito) para fins políticos, geopolíticos, militares e comerciais. Trata-se de conceito usa-

que, a despeito de seu convívio diário com os processos trabalhistas, tratam com desprezo as relações humanas a eles imanentes. Algumas deficiências estruturais no processo de seleção de juízes e juízas, aliadas a fatores geracionais e recortes socioeconômicos têm produzido um fenômeno crescente de rejeição de valores intrínsecos ao exercício da magistratura trabalhista, especialmente o respeito à centralidade do trabalho. Esse número cresceu assustadoramente após a "reforma" trabalhista, o que é mensurável pela quantidade de adesões incondicionais de magistrados do trabalho a diretrizes perversas da nova norma, muitos se abstendo de realizar qualquer juízo crítico a seu respeito. Por essas e outras razões, consideramos lastimável que esse processo de destruição do Direito do Trabalho e da própria Justiça do Trabalho contenha digitais de profissionais cujo papel principal seria o de assegurar o valor social do trabalho consagrado na Constituição.

O resultado disso é que o projeto redesenhado com a contribuição de tal infausta comissão foi aprovado de forma célere na Câmara e seguiu para o Senado, onde teve rito igualmente precipitado, acarretando na conclusão do processo legislativo em julho de 2017. Para cumprir os regimentos internos das Casas Legislativas foram abertos debates e audiências públicas, mas isso foi feito apenas com finalidade formal: o texto definitivamente aprovado foi o que saiu da comissão, de sorte que as contribuições colhidas – que apontavam inclusive o despropósito de algumas das inserções apresentadas – foram solenemente ignoradas pelos parlamentares.

A aprovação pelas duas Casas legislativas, esem que o Senado Federal promovesse nenhuma alteração no texto, teve como motor o fato de que não havia certeza sobre a permanência ou não do governo. Comprimido, desde o início do mandato, com uma

---

do predominantemente no Direito Penal, que envolve o uso ilegítimo da legislação em manobras jurídicas com a finalidade de causar danos a um adversário político de modo que este não possa perseguir objetivos, tais como concorrer a uma função pública. Como iremos tratar mais adiante, a transposição desse conceito para o Direito do Trabalho decorre da criação de instrumentos destinados a coibir o exercício do direito de ação por parte de trabalhadores, o que foi feito de forma intensa pela "reforma trabalhista".

sucessão de denúncias, havia grande probabilidade de afastamento do Presidente, o que inviabilizaria, ao menos naquele momento, o projeto da burguesia, de destruir o Direito do Trabalho.[435] Por isso, era mais do que conveniente a aceleração do processo legislativo, a fim de que se ultimasse antes de um provável fim do ciclo.

O arranjo envolveu até um episódio curioso, que revela bem o caráter da "reforma": o relator do projeto de lei no plenário do Senado foi o então líder do governo, Romero Jucá, que rejeitou todas as emendas apresentadas. Mas a resistência oriunda de alguns Senadores fez com que ele formalizasse uma promessa de que, caso fosse aprovado sem alterações, o governo corrigiria eventuais equívocos com vetos e uma possível medida provisória. A manobra evitaria a necessidade de devolução do PL à Câmara, retardando o processo. Embora tivesse a maioria acatado a proposta do relator, os vetos não apareceram e a medida provisória anunciada só foi apresentada no dia 14 de novembro de 2017, três dias depois da vigência da lei e, diante da falta de articulação política do governo, ela caducou em abril de 2018. Portanto, sua aprovação pelo Senado foi estruturada sobre um compromisso político que restou descumprido, o que denota um desrespeito absoluto ao processo democrático.

O desfecho desse trágico teatro do absurdo foi a Lei 13.467, que constitui um dos piores textos legais já produzidos em matéria trabalhista, eivado de contradições, redundâncias, idiossincrasias e inconsistências. Um verdadeiro "remendo", que injetou alterações pontuais na CLT, com o propósito de desconstruir o Direito do Trabalho e prejudicar o acesso dos trabalhadores à Justiça, mas sem nenhuma preocupação sistemática, sequer de harmonização com o texto remanescente. E mais do que isso: a despeito de usar o pretexto da "modernização" da legislação, não cuidou de realmente eliminar dispositivos incongruentes do texto.

---

435. A despeito de existirem motivos relevantes para eventual afastamento do Presidente, seu governo se arrastou até o fim do mandato, mas não conseguiu o intento de aprovação da "reforma" da previdência, que estava nos mesmos planos.

Consumou-se, assim, o maior ataque aos direitos trabalhistas conquistados desde a formação do mercado de trabalho livre no Brasil. Nem mesmo nos períodos ditatoriais do século XX viu-se investida tão forte e solene contra direitos duramente adquiridos. Completando o cenário, os movimentos sociais não tiveram articulação suficiente para criar objeções, como fora feito em outros momentos históricos. Mas isso não foi nada casual. Além de conduzida por razões notoriamente escusas e movida por interesses muito mais pessoais do que sociais – como o fato de haver uma forte representação empresarial no Congresso Nacional –, ela é apenas um sintoma da atuação de uma composição parlamentar das mais conservadoras da história recente do país, o que motivou afirmações no sentido de que "*são sérios os riscos de retrocessos em relação aos direitos civis e à legislação trabalhista*" logo após as eleições de 2014.[436]

A motivação essencial da "reforma trabalhista" de 2017, no entanto, é resultado direto da ruptura de certo pacto político das elites econômicas nos últimos 15 anos, que parecem ter se enfastiado do pequeno progresso social auferido nos últimos anos. No início da primeira década deste século, havia expectativas de que poderia se formar um consenso na ampliação do papel do Estado, sobretudo para se voltar para a situação dos mais pobres e iniciar um projeto de efetivo combate à pobreza. Por isso, as políticas compensatórias consolidadas naquele período, que começariam a reduzir discretamente a desigualdade latente no país foram ra-

436. A fala é o diretor do Departamento Intersindical de Assessoria Parlamentar (DIAP), Antônio Augusto Queiroz, que fez uma análise do perfil dos parlamentares eleitos para compor a legislatura iniciada em 2015. Segundo a análise, isso decorre, sobretudo, pelo fato de terem sido formadas bancadas consistentes com demandas pontuais e conservadoras, como a chamada "Bancada da Segurança", formada por policiais, militares e apresentadores de programas populares e a "Bancada Evangélica", com bispos e cantores de música gospel. Sem embargo da legitimidade da representação que esses segmentos podem exercer, o fato é que as diretrizes ideológicas que defendem denotam pouca simpatia para direitos e garantias fundamentais que tendem a colidir com elas. Informações em "Congresso eleito é o mais conservador desde o fim da ditadura, diz Diap", *on line*, 07/10/2014, [http://www.cartamaior.com.br/?/Editoria/Politica/Congresso-eleito-e-o-mais-conservador-desde-o-fim-da-ditadura-diz-Diap/4/31948].

zoavelmente assimiladas pelas elites. Mas isso não tardaria a ter seu termo. Para uma elite patriarcal, reacionária, preconceituosa e escravista como a brasileira, soa inadmissível qualquer tipo de transição que permita aos integrantes das classes pobres ter um mínimo de conforto. Ainda que jamais possam sequer se aproximar dos padrões de vida dos integrantes dessa elite, a simples coexistência de "pobres" nos mesmos espaços que os "ricos" é capaz de gerar um profundo desconforto nestes últimos.[437] E ainda contou com a inestimável contribuição da chamada "classe média", elemento de conteúdo indefinido[438], que assimilou essa lógica do preconceito e ajudou na formação de um contexto que tende a se voltar contra ela. Em situações como a vivenciada em 2016 – que surgem de um inconformismo desses mesmos segmentos com o resultado das eleições de 2014, emergem os "limites de tolerância", e *"os preconceitos sociais que nos guiam na vida prática vêm à tona sem fingimento ou vergonha."*[439] Por isso, *"as classes dominantes brasileiras declararam, com veemência, sua inconformidade com a*

---

437. Daí porque o simbolismo da "revolta" das elites tem representação no fato de que as classes pobres passaram a usar regularmente o transporte aéreo, antes reservado aos degraus superiores da sociedade.

438. Como ensina Jessé Souza, não existe *"classe média como conceito genérico e homogêneo."* Ela é composta por um núcleo de pessoas que socialização familiar diferencial, que lhes permite melhores condições de acesso a estudos e ao mercado de trabalho. Com isso, monopoliza o capital cultural valorizado pelo mercado e pelo Estado para se reproduzir. Sua existência é fundamental para que Estado e mercado realizem os seus propósitos, mas ela está muito distante de ser protagonista em algum desses processos. (Souza, Jessé, *A elite do atraso - Da escravidão à Lava jato,* Rio de Janeiro, Leya, 2017, p. 146). No mais das vezes, ela serve de instrumento de manobra dos interesses das classes dominantes, que se beneficiam do sentimento de orgulho e arrogância que interpenetra em boa parte dos seus integrantes. É a típica "ilusão de riqueza", que faz alguns membros da classe média - especialmente os que exercem funções importantes no mercado, profissionais liberais e altos servidores públicos, inclusive magistrados e membros do Ministério Público - se projetarem nos realmente ricos e mimetizarem sua forma de agir e pensar. Todavia, como ilustra um professor da Universidade de São Paulo, "rico não é quem compra um Camaro amarelo; rico é o dono da fábrica de Camaros..."

439. Souza, Jessé, *op. cit.,* p. 154.

primazia dadas às – modestas – políticas sociais compensatórias e a disposição de usar meios extralegais para revertê-las."[440]

A ruptura se instrumentalizou com o golpe jurídico-judicial-parlamentar de 2016, institucionalizado sob as vestes de um procedimento de *impeachment* que, embora legítimo e constitucionalmente previsto, não tinha qualquer justificativa para se deflagrado naquele contexto. É incontestável que governo tivesse altos índices de rejeição e que fazia péssima gestão, mas esses atributos nunca foram suficientes para o afastamento de qualquer governante. A prática do *lawfare* foi elevado ao seu mais alto grau e contou com a inestimável colaboração do Poder Judiciário. A violação do sigilo das comunicações da Presidenta, feita por um juiz federal com o evidente objetivo de fomentar o seu afastamento não mereceu nenhuma admoestação formal,e só lhe rendeu um "pedido de escusas".

Cessada a trégua das elites, elas se aproveitaram do lapso de democracia originário do *impeachment* para iniciar o processo de desfazimento das políticas sociais construídas nos últimos anos e, não satisfeitas, abriram espaço para o aprofundamento da destruição do próprio Estado brasileiro, que vai sendo consumada a cada dia. Destaca-se, nesse contexto, que o grupo que assumiu o governo após o golpe, o fez em condições excepcionalíssimas, em desacordo, inclusive, com os elementos retóricos que justificaram, na perspectiva de alguns, o rompimento institucional. Com isso, o primeiro ponto a considerar é que havia um grave *déficit* de legitimidade democrática para que fossem processadas reformas como a trabalhista. Afinal, o novo Presidente compunha a chapa de sua antecessora, e não havia em sua plataforma eleitoral nada que suscitasse a possibilidade de alterações tão substanciais na legislação trabalhista. Portanto, propor uma modificação tão profunda sem que isso tivesse sido submetido ao escrutínio eleitoral configura verdadeiro estelionato, pois muitos dos eleitores que levaram a chapa à vitória provavelmente não empenhariam seu voto se isso

---

440. Miguel, Luiz Felipe. *O colapso da democracia no Brasil - Da Constituição ao golpe de 2016*. São Paulo: Fundação Rosa Luxemburgo: Expressão Popular, 2019, p. 17.

ficasse explícito no processo. Mas isso foi completamente ignorado pelo Presidente, que rapidamente resgatou suas origens aristocráticas e assumiu a sua *persona* de representante das elites – o que, a rigor, nunca deixou de ser.

Em segundo lugar, a ilegitimidade da "reforma" se traduz pela já mencionada ausência completa de debates com a sociedade, especialmente com as representações dos trabalhadores, em um total desprezo ao *princípio do tripartismo*. Nenhuma modificação legislativa significativa como a que foi feita poderia ser considerada legítima sem um processo complexo de discussões, especialmente envolvendo representantes dos trabalhadores e empregadores, em respeito ao citado princípio. Não poderia haver resultado diverso do que se produziu: um texto feito por tecnocratas, identificados apenas com as elites dominantes, que não fizeram a mínima questão de enxergar as relações de trabalho sob o prisma da classe operária e nem tampouco da grande gama de trabalhadores precários e excluídos.

Por fim, a aprovação da "reforma" foi facilitada pelo fato de que o Presidente Michel Temer conquistou a façanha de se tornar o mais impopular de toda a história republicana. Em junho de 2018 sua taxa de reprovação chegou a 82%[441], evidenciando que ele não tinha qualquer comprometimento eleitoral que pudesse refrear impulsos de adotar medidas tão rigorosas em desfavor dos mais pobres. Mesmo antes da "reforma", além de não ter certeza do tempo de duração de seu governo, ele já convivia com altas taxas de rejeição, minando qualquer perspectiva de êxito nas próximas eleições, caso fosse candidato. Aliando-se a fisiológicos históricos, que pouco se importam com essas inflexões, ele se empenhou na destruição do Direito do Trabalho, em um arroubo que nem os governos neoliberais dos anos 1990 ousaram. Apesar de sua clara orientação econômica, os governos Collor-Itamar e Fernando Henrique não tiveram êxito na desconstrução normativa do Direito do Trabalho, embora tenham se empenhado nesse

441. [https://exame.com/brasil/com-82-de-rejeicao-temer-se-torna-presidente--mais-impopular-da-historia/].

sentido. Houve mudanças, mas elas foram tímidas, a ponto de abrirem espaço para a disseminação da flexibilização negociada, como vimos no texto anterior deste trabalho.

A impopularidade do Presidente, portanto, foi um elemento adicional que permitiu que ele transitasse por um terreno extremamente complexo e, para nossa ingrata surpresa, de forma quase intocada, pois os movimentos sociais não foram capazes de se mobilizar de forma eficiente para impedir a derrocada da proteção aos trabalhadores e trabalhadoras do Brasil.

"REFORMA TRABALHISTA": MODERNIZAÇÃO OU PRECARIEDADE?

Em olhar retrospectivo, não há dúvidas de que a Lei 13.467/2017 procurou realizar um amplo desmonte na estrutura de proteção consagrado da Consolidação das Leis do Trabalho. Isso já era antevisto desde sua aprovação pelo Congresso Nacional, especialmente pelo fato de que suas justificativas estavam todas relacionadas a uma suposta mudança de paradigma nas relações de trabalho. A "reforma", aliás, surgiu eivada de inverdades, como a promoção da *modernização da legislação trabalhista*; a *inexistência de redução de direitos*; a *ampliação da empregabilidade* e a *valorização da negociação coletiva*.

As modificações foram sustentadas em cinco pilares: a *"prevalência" das normas negociadas coletivamente* e da *autonomia da vontade* sobre a legislação do trabalho; a *ampliação da terceirização*; a *adoção de contratos atípicos, temporários, intermitentes*; e a *instituição de jornadas de trabalho flexíveis* com redução da porosidade do trabalho e a *imposição de limites e amarras à atuação da Justiça do Trabalho*. Além assimilar mecanismos efetivos de contratação precária, a "reforma" buscou agir de maneira a afetar diretamente as estruturas protetivas do Direito do Trabalho, estabelecendo uma inversão da sua lógica: as novas diretrizes estabelecem uma espécie de proteção do capital, sob o fundamento de que a legislação trabalhista seria um entrave ao desenvolvimento econômico e à competitividade das empresas. Esse, aliás, o ponto de partida do discurso oficial para justificar a reforma, mas ele é ontologicamente falso.

Como se sabe, o desenvolvimento é um fenômeno multicausal, que depende da realização de uma série de fatores, sobretudo de caráter macroeconômico. O crescimento da economia mediante incremento de políticas de desenvolvimento tem responsabilidade direta nesse processo, mas os governos de perfil neoliberal preferem adotar práticas rentistas, priorizando o ajuste fiscal. Na mesma linha, o aquecimento econômico é derivado, em boa medida, da ampliação da renda nas camadas menos favorecidas, prática que também não se encontra nos manuais do neoliberalismo que, do contrário, costumam propor o seu achatamento. Assim, em uma economia que já vinha dando sinais de debilidade, a falta de investimentos públicos na retomada produtiva só poderia acarretar o início de um processo recessivo, que jamais reverteria com modificações na regulação do mercado de trabalho, especialmente para precarizá-lo ainda mais. Dito de outro modo, não há nenhuma evidência científica que aponte para o fato de que as mudanças nas leis de proteção ao trabalho seriam capazes, por si só, de promover a retomada do crescimento econômico das empresas. Para isso ocorrer, seria fundamental que as a adoção de políticas públicas de fomento à produção, como ocorreu na primeira década dos anos 2000.

De outra parte, deve-se considerar que a legislação trabalhista brasileira foi traçada desde as décadas de 1930-40 e, em boa medida, preservava suas estruturas até a "reforma". Nesse período de mais de oitenta anos, foram vários os ciclos da economia do país, ora em franco desenvolvimento; ora em recessão, o que sempre decorreu das políticas econômicas adotadas, além de repercussões de crises internacionais, como aquelas derivadas do petróleo. Em nenhum momento, a legislação trabalhista foi fator determinante no maior ou menos desenvolvimento da economia brasileira; muito pelo contrário, em períodos de bonança econômica e de franca produtividade empresarial, era a mesma legislação que fora "demonizada" para justificar a "reforma". É um sofisma, portanto, atribuir essa responsabilidade à existência de um conjunto normativo que era exatamente o mesmo dos períodos de franco crescimento da economia brasileira, como foi o período 2002-2010, conforme gráfico a seguir:

GRÁFICO II.1 – PIC E PIB *per capita*

Taxa (%) de crescimento anual[442]

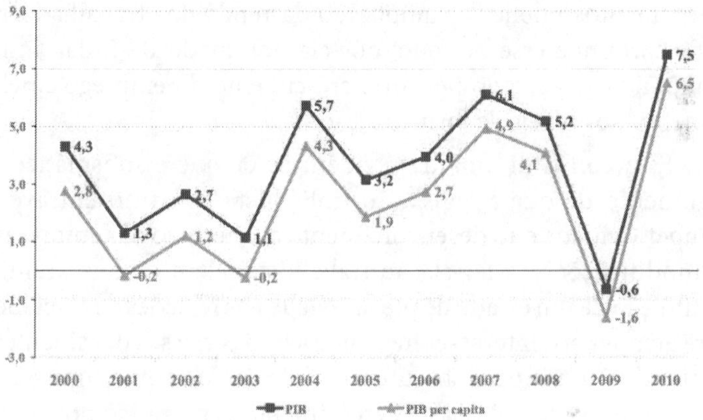

Como se nota, na maior parte dos anos dessa década, o PIB brasileiro teve um crescimento significativo, chegando aos 7,53% em 2010. E o desmembramento dos dados daquele ano indica um franco crescimento em praticamente todas as atividades produtivas, e sem que houvesse, no período, nenhuma modificação legislativa relevante no âmbito das relações de trabalho. Do contrário, aliás, como já fora analisado em outro artigo deste trabalho, foi justamente nesse período que a jurisprudência trabalhista também começou a refrear o impulso precarizante que vinha sendo adotado na convalidação das normas coletivas voltadas à flexibilização. Além disso, no período, houve grande incremento no poder de compra do salário mínimo[443], o que também contradiz as principais correntes de pensamento liberal, que sustentam que, *quanto maior*

442. Dados obtidos em [ftp.ibge.gov.br/Contas_Nacionais/Contas_Nacionais_Trimestrais/Fasciculo_Indicadores_IBGE/2010/pib-vol-val_201004caderno.pdf]. Acesso em 22-06-2020.

443. Entre 2003-2005 o aumento real do salário mínimo foi de 6,8% e entre 2006-2010 foi de 5,9% Já entre 2011-2014 foi de 3,0% e entre 2015-2016 foi de

a flexibilidade das leis trabalhistas e menor o custo com a mão de obra, maior a geração de empregos", de modo que "*quando o salário mínimo cresce mais do que a produtividade do trabalho, a economia sofre com maiores taxas de desemprego e maior grau de informalidade.*"[444] No entanto, como explica Laura Carvalho, houve grande mudança no padrão de consumo – mediante expansão do crédito, investimentos públicos e ampliação da renda dos trabalhadores –, de sorte que esse período, por ela nominado de Milagrinho econômico, é marcado por forte crescimento do emprego e pelo aumento dos níveis de formalização.[445]

Essa constitui uma das evidências de que é sofismático o argumento de que a legislação trabalhista constitui entrave à competitividade e ao desenvolvimento econômico das empresas: as modificações na legislação trabalhista, além de buscarem a instituição de um estado de precariedade nas relações de trabalho, para atender aos interesses hegemônicos das classes dominantes, também foi usada para obscurecer a falta de iniciativas consistentes na adoção de políticas de crescimento econômico por parte do governo Temer.

Por outro lado, também não se sustenta a propalada "modernização", que foi anunciada no contexto da "reforma". Apesar do uso impróprio do termo[446], a ideia que ele carrega é de reformulação, no sentido de "*designar, sinonimicamente, o novo, o recente, o inovador, o avançado, o atual, o desconhecido, como referência necessária para a oposição ao passado (antigo).*"[447]

---

pífios 1,2%. Cf. Carvalho, Laura. *Valsa Brasileira - Do boom ao caos econômico.* São Paulo: Todavia, 2018, p. 12.

444. *Idem*, p. 34.

445. *Ibidem.*

446. Como ensina Eduardo Bittar, o termo moderno *"não foi inventado pela modernidade, pois suas origens remontam ao século V (para significar o novo, o cristão, em oposição ao velho, pagão) como afirma Habermas, encontrando forte reinserção semântica a cada nova época histórica dos sucessivos períodos de transformação da Europa, especialmente durante o renascimento."* (*O Direito na pós-modernidade.* 2ª. ed., rev. ampl., Rio de Janeiro: Forense Universitária, 2009, p. 33).

447. *Idem.*

Nada há de renovador, no entanto, na "reforma trabalhista" de 2017: o seu mais evidente sentido é o da institucionalização da precariedade nas relações de trabalho. Em tal contexto, a primeira onda ocorreu com a aprovação da Lei 13.429, que promoveu alterações na Lei do Trabalho Temporário (Lei 6.019/74). A chamada terceirização, amplamente praticada no Brasil desde a década de 80, jamais havia sido regulamentada. Desde 2004 tramitava no Congresso Nacional um projeto de lei (PL 4330) que, embora universalizasse a terceirização, foi sendo aprimorado para reduzir seus impactos negativos no mercado de trabalho.[448]

No entanto, as trapalhadas governistas foram tão intensas que seus agentes trabalharam pela aprovação de uma proposta legislativa muito mais antiga, desatualizada e insuficiente para os fins a que se propunha. Assim, as primeiras mudanças realizadas acabaram por apenas amplificar os efeitos da contratação temporária, sem afetar a terceirização, não havendo sequer referências consistentes sobre aquilo que seria o tema central. Por isso, poucos meses depois a Lei 6.019/74 foi novamente alterada - desta feita pela Lei 13.467 - para então universalizar as possibilidades de interposição de mão-de-obra.

Com isso, houve uma significativa mudança paradigmática no tratamento jurídico da terceirização. Até a vigência da "reforma", os limites para a prática da interposição de mão-de-obra eram delineados na Súmula 331 e, embora permitissem razoável dose de subjetividade, ainda constituíam algumas amarras a essa prática.[449] A nova norma eliminou qualquer entrave à terceirização da

---

448. Em artigo publicado em 2016 fizemos uma análise detida sobre o PL 4330, visto que prenunciava-se sua possível aprovação. O texto está em Santos, Lorival, *et alii, O Direito do Trabalho e o Processo do Trabalho no século XXI - livro comemorativo dos 30 anos do TRT da 15ª. Região,* São Paulo: LTr, 2016. O artigo está nas páginas 165-176 e é nominado *A terceirização no Direito do Trabalho: o PL 4.330 e a desconstrução dos direitos sociais.*

449. O que não impediu a profusão de contratações terceirizadas, mesmo em situações explicitamente contrárias ao espírito da súmula, naquilo que Márcio Pochmann chama de "superterceirização", na obra adiante citada. De qualquer sorte, em agosto de 2018, o STF por maioria, aprovou a seguinte tese: *"É licita a terceirização ou qualquer outra forma de divisão do trabalho entre*

força de trabalho, permitindo-a em qualquer atividade, inclusive naquelas voltadas para a finalidade principal da empresa. Nesse sentido, relevante destacar que a terceirização no Brasil quase sempre foi utilizada como mecanismo de redução de custos da produção, raramente estando vinculada a um processo de especialização técnica, como seria mais razoável. A "reforma" acentua essa possibilidade, afirmando que *"poderá haver a transferência de quaisquer atividades, inclusive na atividade principal"*. Como se nota, não houve uma preocupação primordial do legislador reformista em promover a busca pela especialização, o que sempre se sustentou tecnicamente em favor da terceirização. O intento evidente foi a redução de custos do trabalho mediante a retirada de direitos trabalhistas, que decorre do processo de transferência de atividades típica dessa modalidade de contratação. É indiscutível que a terceirização nesses moldes promove a redução de direitos, aprofunda as desigualdades de pactuação da força de trabalho, precarizando substancialmente as condições de trabalho as quais são submetidos os trabalhadores terceirizados.

Isso não é novidade no Brasil, pois desde que a terceirização aqui se instalou como forma preferencial de solução de determinados problemas estruturais das empresas, ela assumiu um papel adicional, que acabou se tornando o protagonista: uma forma de retirar o trabalhador do sistema de proteção construído no início do século XX. Nesse sentido, a lição de Márcio Pochmann: *"O movimento de terceirização dos contratos de mão-de-obra pelas empresas no Brasil atendeu ao objetivo maior de assegurar a sua própria sobrevivência num contexto demarcado pela ampliação da competição intercapitalista desregulada e vinculada à inserção su-*

---

pessoas jurídicas distintas, independentemente do objeto social das empresas envolvidas, mantida a responsabilidade subsidiária da empresa contratante" (ADPF 324 e RE 958252). Em uma interpretação bastante superficial e, a nosso sentir, contrária ao espírito constitucional, o STF deitou por terra décadas de construção jurisprudencial, oferecendo sua contribuição para a precarização do mercado de trabalho brasileiro.

bordinada e passiva da economia nacional à globalização."[450] Dessa maneira, desde que começou a ser desenvolvida em solo brasileiro, ela se tornou um dos instrumentos de desqualificação da mão-de-obra com vistas a suprimir ou, ao menos, reduzir o impacto de abrangência do sistema de proteção do trabalho. Em outras palavras, tornou-se instrumento de precarização, e não apenas em um modelo produtivo voltado ao incentivo da especialização.[451]

Em outra frente de atuação, a Lei 13.467/17 promoveu a redução da porosidade do trabalho, com eliminação de tempo não produtivo, introduzindo no ordenamento jurídico brasileiro o contrato intermitente, independentemente do tipo de trabalho ou atividade do empregado ou do empregador. Neste precarizante contrato, a prestação de serviços não é contínua, podendo ocorrer com alternância de períodos de prestação de serviços e períodos de inatividade, determinados em horas, dias ou meses. Evidente que esta modalidade contratual atende exclusivamente aos interesses do capital, reduzindo os custos do trabalho pela precariedade da inserção do trabalhador, remunerando apenas a força de trabalho despendida segundo a demanda da empresa. O atípico e precário contrato intermitente intensifica a subordinação jurídica e, sobretudo econômica do trabalhador, não oferecendo qualquer garantia mínima de subsistência, sem remuneração dos períodos de inatividade, que podem durar horas, dias, semanas ou meses, conforme a exclusiva necessidade de demanda por mão de obra das empresas e interesses do capital.

O contrato intermitente traz consigo outra possibilidade concreta, bem ao sabor das pretensões de desestruturação do mercado de trabalho. Em momentos de retração econômica, havendo menos ofertas de trabalho, há uma contração natural da

---

450. Pochmann, Márcio. *Debates contemporâneos, economia social e do trabalho: a superterceirização do trabalho.* São Paulo: LTr, 2012, p. 54.

451. É o que Ricardo Antunes chama de "subproletarização do trabalho", "presente nas formas de trabalho precário, parcial, temporário, subcontratado, 'terceirizado', vinculados à 'economia informal', entre tantas modalidades existentes." (Antunes, Ricardo. *Adeus ao trabalho? Ensaio sobre as Metamorfoses e a Centralidade do Mundo do Trabalho*, 7ª. ed., São Paulo/Campinas: Cortez, Editora da Unicamp, 2000, p. 52).

renda, porquanto o trabalhador recebe apenas e tão somente pelos dias trabalhados. Como dissemos, o permissivo legal autoriza que ele permaneça dias ou meses sem ser convocado para o trabalho, desestabilizando qualquer perspectiva de planejamento financeiro. A par disso, estando ativo seu registro de empregado, as estatísticas de empregabilidade podem revelar um fato inusitado: a existência de um mercado de trabalho com número reduzido de desempregados, mas sem que os que estão sujeitos a este contrato tenham renda suficiente para sustentar suas famílias. O próprio Governo Federal, ao normatizar a inclusão desses contratos no CAGED (Cadastro Geral de Empregados e Desempregados) do Ministério do Trabalho, admitiu a possibilidade de a inclusão simultânea de diversos contratos resultar em informações distorcidas.[452]

Em um contexto economicamente mais favorável, o sistema permite que haja a substituição dos contratos de trabalho regulares por contratos intermitentes, abrangendo a totalidade dos períodos de necessidade empresarial, mas exigindo desses trabalhadores que tenham mais de um contrato ativo. Esse, aliás, foi um dos argumentos dos defensores da "reforma": a possibilidade de o empregado ter vários empregos simultâneos, o que naturalmente compromete outros elementos relevantes da vida pessoal e social do trabalhador. Na prática, deita por terra todo o sistema de proteção que envolve limites de trabalho e de descanso para os trabalhadores.

Por outro turno, a "reforma" institucionalizou a figura do "autônomo-dependente", com a inclusão, na CLT, da figura descrita no art. 442-B. Segundo o texto, *"a contratação do autônomo, cumpridas por este todas as formalidades legais, com ou sem exclusividade, de forma contínua ou não, afasta a qualidade de empregado prevista no*

---

452. Segundo a Agência da Empresa Brasileira de Notícias, o coordenador de Estatísticas do Ministério do Trabalho, Mário Magalhães, reconheceu a possibilidade de ocorrerem essas distorções. *"Isso porque, com a possível inclusão de trabalhadores em trabalho intermitente por diversos empregadores, pode-se criar a ideia de que há mais pessoas contratadas e, portanto, menos desempregadas. 'A nossa intenção é que as estatísticas do trabalho contem com toda a transparência possível', afirma Magalhães."* ([http://agenciabrasil.ebc.com.br/economia/noticia/2017-12/trabalho-intermitente-parcial-e-teletrabalho-ja--devem-ser-informados-ao], acesso em 05-03-2020).

art. 3º desta Consolidação." O enfrentamento da situação apontada no texto legal não é novo. Há muito tempo são levados à apreciação do Poder Judiciário situações de trabalhadores e trabalhadoras falsamente contratados sob a designação de "autônomos", mas com relações jurídicas mascaradas sob as formalidades deste tipo de contrato. A identificação da relação de emprego passaria pela análise dos elementos essenciais de sua configuração, traçados nos artigos 2º. e 3º. da CLT, que permanecem, aliás, intocados.

Nada disso foi alterado com o novo dispositivo que, de resto, não revogou e nem poderia revogar um dos *princípios estruturais* do Direito do Trabalho, que é o *da primazia da realidade,* Logo, a contratação de trabalhadores na condição de autônomos, ainda que atuando de forma exclusiva e cumpridas as formalidades legais para tanto, não afastaria a possibilidade de vir a ser reconhecida a relação empregatícia, pela aplicação do citado princípio e pela incidência direta dos dispositivos da CLT ainda vigentes – inclusive o art. 9º., igualmente inalterado pela Lei 13.467. Um dos sintomas da falta de técnica da "reforma" foi justamente a ausência de preocupação com a sistematização dos textos legais inseridos e modificados e sua harmonização com os já existentes, além da total falta de preocupação com a integridade dos princípios jurídicos.[453] O trabalho elementar de qualquer intérprete é aplicar os dispositivos legais em conformidade com o contexto em que eles se situam, além de harmonizá-los com as demais normas, aqui consideradas não apenas as regras, mas também os princípios. De nada adianta a lei afirmar algo que não se sustenta quando confrontada com outros preceitos normativos. Portanto, ousamos afirmar que, para aplicadores legítimos do Direito do Trabalho, a existência de uma relação empregatícia mascarada sob a forma de contrato de prestação autônoma de serviços continua a ser passível de reconhecimento, com todos os efeitos jurídicos dessa condição.

453. Outro exemplo advém do fato de que, em tese, a "reforma" permitiria modificações no contrato de trabalho, para a adesão das novas normas aos pactos vigentes, mas isso é obstado pelo art. 468, da CLT, cujo conteúdo não foi alterado.

O problema é que a simples existência de dispositivo tão inútil como o que se ora comenta, é capaz de acarretar a elaboração de uma expectativa social de sua plena eficácia. Foi o que ocorreu, há alguns anos, com o par. 2º., do mesmo art. 442, da CLT, que "autorizava" a contratação de cooperados, sem que houvesse reconhecimento da relação de emprego. A exemplo do art. 442-B, o texto legal não resistiu ao princípio da primazia da realidade, e rapidamente foi desconstruída qualquer interpretação que induzia à ideia de imunização pela simples formalidade na contratação por intermédio de cooperativas, a ponto de resultar até mesmo na mudança normativa, a fim de impedir que isso se realize. No entanto, muitos foram os estragos causados pela existência dessa previsão, o que se prenuncia, igualmente, com o novo texto, que possibilita a disseminação de contratações dessa natureza, cuja ilegalidade só virá a ser reconhecida – se o for – judicialmente, e muito tempo depois de consumado o dano.

A suposta lógica na qual se fundam essas formas de contratação segue a mesma tendência precarizante: os direitos elementares dos trabalhadores contratados são reduzidos para "estimular a criação de novos empregos". Qualquer análise econômica superficial, no entanto, identifica que essa é uma leitura equivocada, como antes exposto. Com efeito, as altas taxas de desemprego no Brasil têm razões macroeconômicas, e decorrem de múltiplos fatores, inclusive alguns que refogem ao controle direto do governo. Para combater esses efeitos, cabe aos governantes a instituição de políticas públicas voltadas ao desenvolvimento, à capacitação e o incentivo ao consumo equilibrado. Não se criam empregos precarizando salários e demais direitos trabalhistas, pois a contração do mercado não apenas não se altera com essas medidas como também tem a possibilidade de maior encurtamento.

Na mesma linhada precarização, a Lei autoriza a redução de jornada de trabalho e de salário por acordos e convenções coletivas de trabalho e considera que as normas sobre duração do trabalho e intervalos não são normas de saúde e segurança, e que por este motivo podem ser flexibilizadas de forma ampla, admitindo, com isso, que questões estruturais na proteção ao trabalhador sejam relativizadas ou até mesmo suprimidas.

Por outro lado, a "reforma" permitiu que o banco de horas poderá ser pactuado por acordo individual e que o intervalo para descanso e alimentação poderá ser reduzido para até trinta minutos por meio de negociação coletiva. Prevê, também, que a jornada 12x36 poderá ser adotada para qualquer tipo de trabalho, inclusive em ambientes insalubres, por acordo coletivo e sem concessão de intervalo para alimentação, que poderá ser meramente indenizado. No regime 12 x 36 ora universalizado, o trabalhador poderá será obrigado a cumprir doze horas ininterruptas de trabalho produtivo, o que também incentiva à procura de outros empregos nos períodos de descanso, como já ocorria em setores como o de saúde e o de vigilância e ainda sem garantia do intervalo intrajornada.

Essas possibilidades de negociação sem a participação sindical contrariam o discurso de valorização da negociação coletiva, pois empresta-se a negociações individuais um peso equivalente àquela celebrada pelas entidades sindicais. A propósito, a lei fragilizou ainda mais as entidades sindicais, estabelecendo a facultatividade da contribuição sindical; autorizando a negociação direta pelo empregado com o empregador; permitindo a dispensa coletiva, independentemente de autorização sindical ou da celebração de convenção ou acordo coletivo de trabalho e tornando desnecessária a assistência sindical nas rescisões individuais de contratos de trabalho. A lei esvazia as atribuições dos sindicatos, retira-lhes a força e a capacidade de intervenção em situações reais de ofensa a direitos dos trabalhadores, privilegiando exclusivamente os interesses do capital. Os trabalhadores, segundo a nova legislação, não estarão protegidos pela atuação sindical nos momentos de maior fragilidade, com sói acontecer nas rescisões individuais ou coletivas de contratos de trabalho.[454]

O interesse empresário na redução da porosidade do trabalho é também garantido por normas que flexibilizam o regime de duração de trabalho. A lei aprovada considera que a temática da jornada de trabalho não envolve normas de saúde e segurança, e assim estabelece a possibilidade de ampla flexibilização dessas

454. Sobre as contradições do discurso de "valorização" da negociação coletiva trataremos mais adiante.

regras por meio de acordos individuais ou coletivos. Seu objetivo é intensificar a produtividade do trabalho, remunerando apenas as horas efetivamente dedicadas à produção da mais-valia. Nesse sentido, não se considera tempo à disposição do empregador – e, portanto, não integra a jornada de trabalho – o tempo despendido pelo empregado até a efetiva ocupação do posto de trabalho e para o seu retorno, caminhando ou por qualquer meio de transporte, inclusive o fornecido pelo empregador. Ignorou-se por completo o histórico e significativo debate jurisprudencial que culminou no reconhecimento do direito ao pagamento das horas de percurso, nas situações em que o local de trabalho é de difícil acesso ou não servido por transporte público.

Neste contexto de ampla flexibilização das normas de duração do trabalho, a estrutura da relação de emprego permeada pela subordinação, a desigual correlação de forças entre capital e trabalho determinarão sempre o estabelecimento de regimes de trabalho que atendam ao interesse da produção, e não o contrário.

Há uma nítida contradição entre esses postulados e as consequências estimadas para o mercado de trabalho a partir da implantação da Reforma Trabalhista no Brasil. Em um espectro mais amplo, já se nota que a precariedade que tende a ser produzida pelas formas flexíveis de contrato tende a produzir um trágico cenário macroeconômico. Ainda que os efeitos concretos das alterações legislativas ainda não possam ser aferidos de maneira plena, eles já se manifestam de forma desalentadora. Em que pese a lei contenha incontáveis imperfeições, e tenda a produzir mais insegurança jurídica, não foram poucos os que aderiram incondicionalmente aos modelos flexíveis de contratação, seduzidos por uma ideia superficial de que poderão ter redução de custos operacionais. Não é preciso muito brilhantismo para se concluir que há uma forte tendência futura de profusão de ações judiciais – a despeito das restrições ao acesso à justiça promovidas pela lei – e até que a jurisprudência venha a se conformar em um ou outro sentido. Até lá, supõe-se que haverá certa consolidação de condutas claramente voltadas à precariedade do próprio mercado de trabalho.

Como explica Guy Standing, *"a precariedade também implica a falta de uma identidade segura baseada no trabalho, considerando que os trabalhadores em alguns empregos de baixa renda podem estar construindo uma carreira.*"[455] Os modelos flexíveis admitidos pela legislação interditam essa ideia. Tanto pela terceirização – que tende a fragmentar ainda mais o mercado de trabalho – como pela adoção do trabalho intermitente, o legado concreto poderá ser o da total desqualificação dos trabalhadores para a construção de uma carreira profissional, terminando por reduzir a importância do trabalho qualificado. Segundo o autor, a *busca de relações de emprego flexível* tem sido a principal *causa direta do* crescimento do *precariado global.*[456] Para ele, "*o precariado tem características de classe. Consiste em pessoas que têm relações de confiança mínima com o capital e o Estado, o que as torna completamente diferentes do assalariado. E ela não tem nenhuma das relações de contrato social do proletariado, por meio das quais as garantias de trabalho são fornecidas em troca de subordinação e eventual lealdade, o acordo tácito que serve de base para os Estados de bem-estar social.*"[457]

De outra parte, é notório que o achatamento da renda da população trabalhadora irá reduzir o consumo e a utilização dos serviços, que configuram motores relevantes da economia, além de impactar diretamente na produção industrial. Esses contratos flexíveis tendem, inclusive, a afetar o crédito, já que o mercado financeiro possui critérios rigorosos para a concessão de empréstimos, que demandam garantias reais ou algum tipo de proteção relacionada ao trabalho – invariavelmente ao trabalho "formalizado". A ampliação do acesso ao crédito, a propósito, foi um dos pilares da expansão da economia na primeira década dos anos 2000, promovendo verdadeiro processo de *inclusão financeira,* vez que "*o acesso maior ao crédito, combinado à redução das desigualdades e crescimento do emprego, reforçou o dinamismo do consumo das famílias e do mercado interno durante o período do Milagrinho.*"[458] Com renda reduzida e modalidades flexíveis de trabalho, os tra-

455. Standing, Guy. *O precariado: a nova classe perigosa.* Belo Horizonte: Autêntica, 2015, p. 27).

456. *Idem*, p. 56.

457. *Ibidem*, p. 25.

458. Carvalho, Laura, *Op. cit.*, p. 27.

balhadores terão mais dificuldades para obter linhas de crédito, inclusive as voltadas para o consumo de bens duráveis.

Essa também é a tendência a partir da incrementação de regras mais flexíveis que permitem a exploração do trabalho sem a devida contraprestação, seja pela ampliação da jornada, pela redução de salários ou outras formas de eliminação de direitos. Tais práticas, que já estão sendo amplamente disseminadas pelas empresas, tende a reduzir a massa financeira, interditando a crescente expansão do processo de integração das camadas mais modestas da sociedade a bens de consumo. Com isso, aqueles segmentos que se popularizaram nos últimos anos e se tornaram acessíveis aos mais pobres, tendem a retrair suas ofertas, produzindo cada vez mais um modelo de consumo elitizado. Esse é um dos equívocos provocados pelas elites brasileiras, quando apostam na precariedade da "classe-que-vive-do-trabalho". Nenhuma economia é capaz de sobreviver apenas às custas dos muito ricos e nem tampouco da já citada "classe média". Além de representar um quantitativo populacional muito menor, há segmentos de consumo que atendem, quase de forma exclusiva, as classes mais pobres, por terem preços mais acessíveis. Os integrantes das classes mais abastadas jamais se sujeitariam a essa prática, não apenas porque não necessitam, mas, sobretudo, porque jamais admitiriam qualquer "equiparação" aos menos favorecidos. Isso faz parte do DNA das elites brasileiras, como já foi antes apontado: a classe média, aliás, faz de tudo para se espelhar na classe rica, e jamais admitirá que tem os mesmos hábitos de consumo dos mais pobres. No entanto, estabelecimentos de apelo popular têm grande responsabilidade no desenvolvimento da economia do país, e dependem, de forma quase exclusiva, do consumo das classes pobres para se sustentar. Sem o poder de compra dessas classes, os nichos da economia que os atende podem ser gravemente comprometidos.[459]

459. Um dos mais bizarros exemplos dessa contradição das elites é um conhecidíssimo empresário, proprietário de uma rede de lojas de Santa Catarina. Fez sua fortuna com base no comércio popular, conduzido primordialmente por pessoas de baixa renda. No entanto, foi um dos maiores defensores da "reforma" trabalhista e entusiasta da candidatura fascista à Presidência da República, ignorando que as medidas que vêm sendo adotadas podem

Os modelos de trabalho trazidos pela "reforma", além das possibilidades variadas de ampliação do tempo de trabalho tende a comprometer de vez a possibilidade de o trabalhador realizar outras atividades sociais ou culturais. A nova regulação do trabalho encarcera, novamente, o trabalhador à vida devotada ao labor, segregando-o socialmente e impedindo que ele tenha acesso a outros meios e satisfação e progressão pessoal. A tendência de ampliação indefinida de jornada e o incentivo à multiplicidade de empregos acarreta a impossibilidade de o trabalhador ter tempo livre para convívio social e com sua família, interditando, igualmente, suas possibilidades de emancipação. Soma-se a isso o fato de que esse processo gerará um impacto severo também na formação intelectual e acadêmica dos segmentos mais modestos. Como se sabe, a ampliação dos cursos universitários e dos programas de financiamento estudantil foram responsáveis pela inserção de milhares de pessoas em um mundo que lhes fora historicamente sonegados. A ausência de políticas que permitissem o ingresso em universidades públicas e a dificuldade econômica de custear os estudos em instituições privadas fez com que grande parcela da classe trabalhadora fosse alheada deste contexto. A superação verificada a partir das políticas públicas enunciadas criou novas balizas para a formação acadêmica, profissional e também para a satisfação pessoal desses trabalhadores e trabalhadoras. A regulação flexível do trabalho, ao expandir a necessidade e a possibilidade de exploração da mão-de-obra tende a causar, a um só tempo, o afastamento dessas pessoas da vida acadêmica como também, por decorrência, compromete a própria sobrevivência desse segmento econômico, que tende a ser cada vez mais absorvido pelas grandes corporações internacionais da área de educação.

Esse processo vai ao encontro do perfil das elites brasileiras, que nunca se conformaram com o fato de as classes de baixa renda terem maior acesso à educação e a formas de lazer. Em sua visão escravocrata, quem vive do trabalho que aliena a outrem não deve

---

refletir diretamente no êxito de seus negócios. Como já disse Jessé Souza, em diversas de suas entrevistas, a elite brasileira, além de escravocrata e retrógrada, é burra.

ter direito ao descanso ou a usufruir de qualquer prazer em sua vida social. Muito menos deve ter o direito de viajar – em especial de avião! – e tampouco de ter assegurado seus estudos. Nessa visão aristocrática, curso superior deve ser privilégio dos ricos que, ademais, devem estudar nas boas universidades públicas, cujo acesso não deve ser permitido aos pobres.

Como se nota, nada existe de *moderno* na "reforma" trabalhista, nem mesmo no sentido renascentista do termo. Toda a lógica usada em sua formulação decorreu do resgate da visão restrita e limitada das elites brasileiras, comprometidas integralmente com a consagração do amplo retrocesso social que se iniciou com golpe de 2016, e que almeja o fortalecimento da formação do precariado brasileiro, bem ao gosto de suas práticas escravocratas e dominantes.[460]

SUAS DEFINIÇÕES FORAM ATUALIZADAS: SURGEM O "DIREITO DO TRABALHO DO INIMIGO" E O "LAWFARE TRABALHISTA"

Umberto Eco ensina que "*o elitismo é um aspecto típico de qualquer ideologia reacionária, enquanto fundamentalmente aristocrática. No curso da história, todos os elitismos aristocráticos e militaristas implicaram o* desprezo pelos fracos."[461] Uma das formas mais recorrentes de se atingir os mais fracos é mediante o endurecimento da legislação penal ou, na mesma medida, na adoção rigorosa das suas disposições, com vistas a intensificar o punitivismo pelas ditas condutas ilícitas. Não se quer dizer com isso que as normas penais não sejam importantes: do contrário, é inegável o reconhecimento de que a disciplina das condutas é um elemento fundamental para a existência pacífica das sociedades e, naturalmente, para a sua própria sobrevivência. O problema central é que, ao final do século XX, sedimentou-se a concepção de que o Direito Penal deve servir para fomentar a segregação entre

460. Souza, Jessé de. *A elite do atraso. Da escravidão à lava jato.* Rio de Janeiro: Leya, 2017. p. 25.

461. Eco, Umberto. *O fascismo eterno.* 5ª. ed., São Paulo: Record, 2019, p. 53.

"bons" e "maus", vale dizer, entre "pessoas" e "não-pessoas". Essa percepção oficializa o discurso de que a evolução da sociedade só é possível com a aplicação rigorosa da legislação penal, dado que aqueles que cometem crimes não podem merecer a mesma qualificação que os "cidadãos de bem": devem ser considerados verdadeiros "inimigos" do Estado. E, como ensina Zaffaroni, *"la esencia del trato diferencial que se depara al enemigo consiste en que el derecho le niega su condición de persona y sólo lo considera bajo el aspecto de ente peligroso o dañino."*[462]

É o que se nomina, filosoficamente, de "Direito Penal do Inimigo", conceito introduzido pelo jurista alemão Günther Jakobs, professor na Universidade de Bonn. Para o autor, os considerados *inimigos da sociedade ou do Estado* não merecem todas as proteções penais e processuais penais que são dadas aos demais indivíduos, o que autoriza a supressão de certas garantias, justificada pela necessidade de proteção aos demais cidadãos.Partindo dessa lógica perversa, a distinção entre *cidadãos* e *inimigos* permite o reconhecimento de que existem seres humanos *"que son privados de ciertos derechos individuales en razón de que se dejó de considerarlos personas."*[463]

A questão fundamental é que, nos regimes neoliberais, o Direito Penal não tem apenas função civilizatória, mas é instrumentalizado como fator de diferenciação social. Afinal, os pobres continuam a ser a "clientela preferencial" da justiça criminal: o combalido sistema carcerário brasileiro, reconhecido como Estado de Coisas Inconstitucional pelo STF[464] é primordialmente habitado por integrantes das classes desfavorecidas e por afrodescendentes. Parte significativa da chamada "classe média" brasileira cultiva um grande ódio à diferença, inclusive quando essas distinções têm caráter econômico. Daí porque simpatiza com a pena de morte, com a redução da maioridade penal e com a execução sumária de transgressores, levando ao sucesso expressões como "bandido bom

---

462. Zaffaroni, Eugenio Raul. *El enemigo en el Derecho Penal.* Buenos Aires: Ediar, 2018, p. 18.

463. Zaffaroni, Eugenio Raul. *Op. cit.*, p. 18.

464. Conforme ADPF 324, julgada em setembro de 2015.

é bandido morto", que alimenta a escalada da violência policial, dirigida com especial voracidade para moradores das periferias e das comunidades pobres dos centros urbanos.[465] Inevitável a associação desse diagnóstico com a lógica da "gestão dos indesejáveis", como explica por Rubens Casara:

> *"Para dar uma resposta simbólica aos pleitos por segurança e, ao mesmo tempo, atender aos fins do mercado, ocorre o endurecimento das políticas policiais, penitenciárias e judiciárias. (...) Com a substituição tanto da lógica do trabalho assalariado fordista (...) pela lógica da competição, eliminação dos concorrentes e da responsabilidade individual irrestrita, restou ao Estado a função de manter a ordem (o que significa: viabilizar o mercado)."*[466]

O Brasil não se distanciou desse contexto: a hegemonia neoliberal do período pós-redemocratização abriu espaço para a disseminação desse comportamento, fomentado pela "necessidade" de exclusão dos indivíduos tidos como indesejáveis, especialmente os *"incapazes de produzir ou consumir mercadorias"*.[467]

Mas nesse conceito também foram incluídos os inimigos políticos ou, ao menos, aqueles que simbolizavam a perda do controle político hegemônico por parte das elites. O julgamento da Ação Penal 470, pelo Supremo Tribunal Federal, foi um marco jurídico fundamental nesse sentido. A decisão, transmitida ao vivo e a cores, naturalizou essa prática, tanto por institucionalizar o "processo penal do espetáculo" como para permitir a transfor-

---

465. Recomendamos a consulta do Atlas da Violência, produzido pelo Instituto de Pesquisas Econômicas Aplicadas (IPEA), que possui vários índices com recortes de diversos matizes, que ajudam a compreensão das causas da violência no Brasil [https://www.ipea.gov.br/atlasviolencia/].

466. Casara, Rubens, *Estado pós-democrático,* Rio de Janeiro: Civilização Brasileira, 2017, p. 188. O autor demonstra que, por essa razão, *"instaurou-se a crença na necessidade da 'guerra ao crime', expressão que na realidade esconde um processo de exclusão ou extermínio da população indesejada e despossuída (indesejada, em regra, por ser despossuída) que se dá nos locais que essas pessoas ocupam nas cidades."* (p. 189).

467. Casara, Rubens, *op. cit.*, p. 191.

mação do litígio em instrumento de persecução política. Como explica Marcio Sotelo Felipe,

> *"O STF distorceu doutrinas jurídicas, desrespeitou a própria jurisprudência, decidiu diversamente do que havia decidido pouquíssimo tempo antes para declarar-se competente (apenas três dos trinta e sete réus teriam foro privilegiado, e nesse caso o processo deveria ter sido remetido a outra instância). Um ministro declarou em sessão, ao vivo para todo o país, que estabelecia a pena sob medida para que não houvesse prescrição. Confessou um ato de vontade à margem da lei para que houvesse a condenação. Nesse momento desapareceu a figura do julgador e surgiu a do inquisidor. Não queria julgar, queria condenar. Uma ministra reconheceu que não havia provas suficientes, mas a "literatura" permitia condenar..."*[468]

Isso se desenhou para seguir uma lógica de "higienização da política", mediante condenação e prisão de líderes políticos identificados com a esquerda, para fornecer uma associação subliminar de que os não-conservadores seriam inquestionavelmente ligados ao mundo do crime.[469] A prática foi escancarada durante a Operação Lava Jato que, definitivamente, categorizou o Direito Penal a partir dessa visão de mundo, interferindo de forma direta nos rumos da política do país, como já antes assinalado. Esse contexto só foi possível porque também contou com a leniência do STF que, a despeito dos incontáveis abusos cometidos na 13ª. Vara Federal de Curitiba, manifestou-se de forma tardia e comedida, mesmo após as revelações escandalosas da existência de conluio entre o juiz e membros do Ministério Público, até hoje não explicadas de maneira convincente. Some-se a esse fato, aliás, a adesão do Supremo ao populismo penal, quando relativizou o princípio constitucional da presunção de inocência, de forma casuística e superficial, para rever sua posição pouco tempo depois.

---

468. Felipe, Marcio Sotelo. *Fascismo no Brasil Hoje. In* Revista EMERJ, Rio de Janeiro, v. 18, n. 67, jan. - fev. 2015, pp. 456-457.

469. *Idem.*

Leitores e leitoras mais críticos devem estar se perguntando se, realmente, estão diante de um texto focado no Direito do Trabalho ou, mais precisamente, na "reforma trabalhista". Ocorre que é impraticável compreender o sentido da Lei 13.467 sem levar em conta também as dimensões da transformação do Direito Penal brasileiro nos últimos anos. Partimos de um contexto de amplas garantias constitucionais, justificadas pela necessidade de resposta ao ciclo autoritário recentemente encerrado, para um modelo jurídico-judiciário altamente repressivo e punitivo, desta feita movido por concepções genéricas e de conteúdo indefinido, como o propalado "clamor social".

A "reforma trabalhista' de 2017 não destoa desseconjunto. Patrocinada pelas mesmas elites econômicas que financiaram a mudança nos paradigmas do Direito Penal, ela parte dos mesmos pressupostos: o trabalhador, protegido pela legislação social, é inimigo do mercado e das empresas. Logo, justifica-se que sejam tratados como "não-pessoas", porque nocivas ao desenvolvimento da economia, segundo a lógica neoliberal. Por isso, o desenho cruel da "reforma" foi cirúrgico: criou formas de contratação precária; enfraqueceu o sindicalismo; esvaziou relevantes espaços ocupados pela negociação coletiva; reduziu a proteção ao trabalho da mulher e instituiu regras comprometedoras dos períodos de descanso dos trabalhadores, o que tende a aumentar o número de acidentes de trabalho e doenças originadas no labor. Acima de tudo, a "reforma" visou suprimir direitos historicamente assegurados aos trabalhadores e trabalhadoras, muito embora o discurso oficial tenha sido de negação desse fato.

Parte significativa dessa supressão ocorreu pela reversão forçada da consolidação da jurisprudência trabalhista. Há tempos que o TST tem uma significativa produção jurisprudencial consolidada, resultando em Súmulas e Orientações Jurisprudenciais. Como já afirmamos em outro texto deste livro, houve momentos em que essa jurisprudência era o fato legitimador da flexibilização negociada das relações de trabalho. Mas nos últimos anos, a construção dos precedentes do TST havia adotado outra orientação, de caráter responsivo: ao responder, propositivamente, às promessas constitucionais do legislador que não são concretizadas, o Judiciário cumpre uma das suas funções primordiais. O papel do juiz é cumprir e fazer cumprir as leis e a Constituição. Quando a Constituição assegura direitos que não são concretizados, isso autoriza ao cidadão a procura pelo suprimento jurisdicional. E nesse mister, é legítimo que o Judiciário reafirme as garantias constitucionais, mediante o incremento daquilo que o sistema promete, mas não entrega. É o caso típico das prestações positivas prometidas pela Constituição e que nem sempre são viabilizadas pelos poderes Executivo e Legislativo. Ao decidir pelo reconhecimento desses direitos, o Judiciário age com *responsividade*, que representa a necessidade de o Judiciário atuar na tarefa de responder às promessas criadas pelas normas positivadas que não são concretizadas.

Em tempos de pós-verdade, no entanto, isso é facilmente "confundido" com *ativismo judicial*[470],que só irá ocorrer quando o magistrado se afasta daquilo que estabelece a Constituição para impor as suas próprias concepções de mundo aos jurisdicionados. Isso se dá, p. ex., quando se relativiza o princípio constitucional da presunção de inocência, como fez o STF. Ou quando um magistrado comete crime ao violar sigilo de conversas telefônicas indevidamente gravadas, em nome de um suposto "interesse público". Ou, ainda, quando se decide com fundamento em meras convicções pessoais, sem evidências concretas de culpabilidade ou autoria.

Não é o que ocorreu na jurisprudência responsiva da Justiça do Trabalho. Conforme já afirmamos em outro texto, entre os anos 1990 e meados dos anos 2000, a jurisprudência do TST foi majoritariamente conservadora e abriu as comportas para o reconhe-

---

470. Como apontamos em outra obra, de natureza coletiva, esse discurso foi usado inclusive pelo ex-Presidente do TST, quando ainda comandava aquele tribunal. Em evento realizado em Washington, afirmou que a reforma trabalhista "é uma reação a um movimento de ativismo da Justiça do Trabalho" que teria extrapolado suas funções ao criar direitos não previstos na legislação. Segundo o palestrante, que fundamentou sua conclusão na terceira lei de Newton (!), *"em 2011 e em 2012, nós mudamos 34 precedentes para criar e estender direitos aos trabalhadores. Fizemos isso sem mudança na lei e sem estudar os casos especificamente. Em minha visão, nós legislamos."* Matéria de 13/06/2017, disponível em [http://www.valor.com.br//politica/5003080/reforma-trabalhista-e-reacao-ativismo-do-tst-diz-gandra-filho]. Acesso em 14/06/2020.

cimento de uma função anômala da negociação coletiva, ou seja, a de produzir redução de direitos assegurados legalmente. Nessa ocasião, os críticos do suposto "ativismo" do TST, não pareciam incomodados: do contrário, festejavam a conivência do tribunal com o desmonte negocial dos direitos trabalhistas. A atuação propositiva passa a ser alvo de crítica a partir do momento em que são construídas interpretações mais favoráveis aos trabalhadores. Vale dizer: enquanto o TST atuou concretamente para restringir ou reduzirdireitos, inclusive estrangulando o movimento sindical com a imposição de multas impagáveis em virtude de greves, ele não extrapolava seu papel. Quando, no entanto, reafirma certos direitos ele estaria agindo de forma indevida, justificando uma "intervenção divina" para salvar o capital.

Como se nota, a chamada crítica ao "ativismo" é a maneira mais simples de se tentar manietar o Judiciário de atender aquilo que foi desejado pela Constituição de 88 que, ao assegurar um amplo espectro de direitos, outorgou aos juízes a responsabilidade última por protegê-los. Na perspectiva dos autores e coautores da "reforma", no entanto, a atuação da Justiça do Trabalho só é justificada se ela protege os empresários. Não por outro motivo, quando começaram a surgir manifestações de resistência à aplicação incondicional da "reforma" pelos juízes, houve ameaças de retaliação disciplinar.[471] No entanto, atribuir-se as cruéis alterações feitas pela Lei 13.467 à atuação dos juízes do trabalho é um argumento sofismático, próprio daqueles que não têm nenhum compromisso com a verdade. Todos sabem que "reforma" é fruto de uma articulação feita pelas elites visando a desconstrução do Direito do Trabalho.

Essa desconstrução passa, por exemplo, pela modificação da natureza da remuneração pela supressão do intervalo para refeição e descanso, tornando-a indenizatória; pela determinação de que o desrespeito a esse intervalo seria remunerado apenas pelas horas

---

471. A esse respeito, vide nosso texto *O macartismo judicial avança: quem serão os próximos?*, publicado no site Justificando em 13-11-2017 (acesso em [www.justificando.com/2017/11/13/o-macartismo-judicial-avanca-quem-serao-os-proximos/]).

suprimidas, e não pela totalidade; pela eliminação do tempo de percurso até o posto de trabalho como tempo à disposição do empregador; pela suposta eliminação das horas *in itinere*, dentre outras situações. Revela-se aqui mais uma das mentiras usadas para justificar a reforma. Como fica claro na análise detida do texto, as modificações legislativas suprimiram diversos direitos que vinham assegurados na própria CLT ou pela evolução interpretativa da jurisprudência, afetando de forma severa o poder aquisitivo dos trabalhadores, que possuem apenas sua força de trabalho. Isso sem contar na ampliação das possibilidades de aumento de jornada de trabalho e a redução dos intervalos para descanso, que tende a causar um número maior de doenças e acidentes de trabalho, resultando também maiores ônus para a previdência social.

Impossível não aproveitarmos a oportunidade para escancarar uma contradição latente no que diz respeito ao propalado ajuste fiscal e algumas medidas implantadas com a reforma. Houve mudança de tratamento de algumas parcelas remuneratórias, que passaram, pelo texto da lei, a ter caráter indenizatório. Isso tem um efeito direto na renda do trabalhador - eis que essas parcelas deixam de ser computadas em outros títulos, nos chamados "reflexos" - mas também acarreta perda de arrecadação dos tributos incidentes sobre elas. Assim, essa desoneração indireta resultando da redução de direitos, e que opera em benefício exclusivo dos empregadores, é incoerente com o discurso que aponta para a necessidade de maior equilíbrio das contas públicas, que justificou a Emenda Constitucional 95.

Tudo o que vimos até o momento configura um novo paradigma no Direito do Trabalho brasileiro, mas que não é, como já vimos, derivado de um processo visando sua modernização. Conforme apontamos em outro trabalho, constituiu-se verdadeiro Direito do Trabalho do Inimigo[472], figura inspirada em seu congênere penal, e justificado pela identificação do trabalhador com o

472. A referência aparece na introdução da obra *Comentários à Lei da Reforma Trabalhista,* escrita em conjunto com Guilherme Guimarães Feliciano, José Antônio Ribeiro de Oliveira e Silva e Manoel Carlos Toledo Filho (São Paulo: LTr, 2018, p. 21).

inimigo das empresas, e que deve ser combatido. Esse movimento veio ao encontro das expectativas da aristocracia brasileira e sua lógica escravocrata, segundo a qual as classes subalternas devem ser tratadas como humanamente inferiores. Esse foi o "pecado original" do Direito do Trabalho: tratar o trabalhador como sujeito de direitos, o que é insuportável para as classes dominantes, que só tolera a sua presença, porque não consegue prescindir da sua força de trabalho.

É o que pensam Joaquín Perez Rey e Adoración Guaman, reproduzindo cenário que se replica em diversos países do mundo:

> *"No podemos olvidar que la anulación del trabajo com derechos, la implantación del derecho neoliberal del trabajo, conlleva y persigue la anulación del trabajo como clase. En esta tarea hays discursos y prácticas comunes que permean las distintas realidades que examinamos y que suponen una clara ofensiva contra el poder del sujeto trabajo, para convertirlo en un individuo que presta un servicio."*[473]

No caso brasileiro, esse processo foi um pouco mais além. A par da desumanização do trabalho que se assiste a partir da "reforma", ela também agiu precisamente para o desenvolvimento de medidas voltadas ao *lawfare trabalhista.* Como já explicamos, configura-se o *lawfare* quando a legislação é usada de forma estratégica, para fins políticos, invariavelmente para coagir, constranger e sancionar seu adversário. É sabido que o processo do trabalho sempre teve algumas características peculiares, voltadas especialmente à garantia do acesso à justiça. Por razões como essa, construiu uma principiologia própria, em que se destacam a gratuidade, a simplicidade, a oralidade, a concentração dos atos, e capacidade postulatória dos litigantes, por exemplo. Todo esse complexo se voltou, historicamente, à facilitação do manejo da

---

473. Rey, Joaquín Perez e Guamán, Adoración, *Derecho del trabajo del enemigo: aproximaciones histórico-comparadas al discurso laboral neofacista. In* Neofascismo La bestia neoliberal. Guamán, Adoración, et alii (orgs). Madrid: Siglo XXI, 2019, pp. 156-157.

ação trabalhista, mormente em razão da natureza alimentar dos direitos que nela são perseguidos.

Na atual quadra, no entanto, o cultivo da pós-verdade fez com que se disseminasse uma falsa ideia de que há um número excessivo de ações trabalhistas. Em discurso proferido em evento no Reino Unido, o Ministro Luís Roberto Barroso, do STF, fez as seguintes afirmações:

> *"Recentemente, em um debate com o economista Eduardo Gianetti, ele afirmou que só um banco privado brasileiro tinha mais reclamações trabalhistas do que todas as ações dessa natureza existentes nos Estados Unidos. Há pouco tempo, também, li uma entrevista do Presidente das Lojas Riachuelo, Flávio Rocha, em que ele afirmou o seguinte: 'O Brasil, com 2% da população mundial, gera mais ações trabalhistas que os restantes 98% do mundo".*[474]

O problema fundamental é que o Ministro não apresentou nenhum elemento científico para sustentar suas afirmações, senão somente uma suposta entrevista de um empresário – conhecidíssimo, aliás, pelo seu contumaz desrespeito à legislação trabalhista e pelas sucessivas condenações da Justiça do Trabalho – cuja fonte sequer foi citada. Essa afirmação foi sucessivamente desmentida, tanto por matérias jornalísticas[475] como por manifestações doutrinárias, devidamente comprovadas, como é o caso do brilhante texto de Cássio Casagrande no *site* Jota, em que ele desconstrói completamente as assertivas do Ministro Barroso.[476] No entanto, como é comum ocorrer em tempos da pós-verdade,

---

474. Discurso proferido no "Brazil Forum UK", no Reino Unido, em maio de 2017. A íntegra do discurso está em [https://www.conjur.com.br/dl/discurso-barroso-uk.pdf].

475. Como p.ex., a matéria assinada por Ricardo Marchesan, com título "Brasil é campeão de ações trabalhistas no mundo? Dados são inconclusivos", publicada em [https://noticias.uol.com.br/confere/ultimas-noticias/2017/06/27/brasil-e-campeao-de-acoes-trabalhistas-no-mundo-dados-sao-inconclusivos.htm].

476. Brasil, "Campeão de ações trabalhistas", publicado em 25-06-2017, disponível em [https://www.jota.info/paywall?redirect_to=//www.jota.info/opiniao-e-analise/artigos/brasil-campeao-de-acoes-trabalhistas-25062017].

qualquer afirmação oriunda de um Ministro do STF, doutrinador e professor respeitável e dono de um invejável currículo, mesmo que não comprovada, torna-se "tese" irrefutável. E passou a ser sistematicamente reproduzida por todos aqueles que têm como objetivo atacar o Direito do Trabalho e a Justiça do Trabalho. Essa afirmação, aliás, foi citada expressamente no relatório produzido pela então senador Ricardo Ferraço, do PSDB, para a Comissão de Assuntos Econômicos do Senado, influenciando de forma direta aqueles responsáveis pela sua aprovação.[477]

Como se nota, o tratamento dessa questão envolve grande capacidade de manipulação das informações. Além de os números absolutos não alcançarem os parâmetros indicados, o exame mais acurado dos dados estatísticos produzidos pelo Conselho Superior da Justiça do Trabalho desfaz outro mito: o de que há abusos no exercício do direito de ação no Judiciário trabalhista. Segundo dados colhidos do Relatório Demonstrativo produzido pelo CSJT, somente 10% de todas as ações ajuizadas na Justiça do Trabalho em 2018 foram julgadas *totalmente improcedentes*.[478] Foram julgadas totalmente procedentes 4% e outras 31% foram consideradas parcialmente procedentes. Ao lado disso, 39% das ações ajuizadas foram solucionadas mediante conciliação.[479]

Esses dados demonstram que, ao contrário do que é frequentemente veiculado, três terços das ações trabalhistas distribuídas em 2018 tiveram resultado favorável aos trabalhadores.[480] E isso não se deu em razão de uma postura "protetiva" dos magistrados, mas representa o fato de que, efetivamente, foram violados direitos

477. Toda a tramitação do Projeto de Lei está em [https://www25.senado.leg.br/web/atividade/materias/-/materia/129049].

478. Os dados apresentados são de 2018 eis que, até o momento da conclusão deste texto, ainda não estava disponível o relatório de 2019.

479. Conselho Superior da Justiça do Trabalho, *Relatório Demonstrativo, In* Relatório Geral da Justiça do Trabalho, 2018 (disponível em [http://www.tst.jus.br/documents/18640430/24641384/Relat%C3%B3rio+Demonstrativo+2018/a8896c73-a3d6-cdf8-3381-6bb6b529fbfd]), p. 109.

480. Estamos aqui pressupondo que a ocorrência de conciliação representaria o reconhecimento da procedência, ao menos parcial, da pretensão do trabalhador.

trabalhistas ensejadores das ações correspondentes. O mesmo relatório permite que se analise, com detalhamento, quais os Assuntos Mais Recorrentes entre os Casos Novos que foram apresentados em 2018 na Justiça do Trabalho. Segundo o levantamento, os principais temas que apareceram nas reclamações trabalhistas foram: *aviso prévio*, com 652.309 processos; *multa do artigo n.º 477 da CLT*, com 576.917 processos; *multa de 40% do FGTS*, com 564.128 processos, *multa do artigo n.º 467 CLT*,com 474.888 processos; *férias proporcionais*, com 429.990 processos e *13º salário proporcional*, com 413.438 processos.[481] Essa demonstração ratifica aquilo que já vem sendo demonstrado há pelo menos cinco anos, ou seja: pelo menos metade das ações trabalhistas brasileiras versam sobre a temática das verbas rescisórias, ou seja, parcelas devidas em razão de dispensa dos trabalhadores, e que não foram pagas regularmente. Não existe, ao contrário do que se afirma, um litigiosidade excessiva; o que ocorre é um sistemático descumprimento da legislação, inclusive em atributos dos mais elementares, como as verbas devidas em razão da extinção do contrato.

Dessa forma, o número de ações é um reflexo do comportamento do mercado de trabalho, que cultiva, em boa medida, o descumprimento regular das obrigações legais de todo empregador. A redução de litigiosidade só poderia ocorrer se houvesse uma repactuação social que se afastasse dessa lógica contumaz que boa parte do empresariado brasileiro ainda preserva, inclusive empresas estatais e grandes corporações, que figuram na relação dos maiores litigantes na Justiça do Trabalho.

A manipulação de informações, baseada em dados falseados ou "interpretados" em conformidade com os interesses do mercado, deu suporte à reformulação do processo trabalhista em pontos essenciais, ainda que não tenha havido alterações quantitativamente relevantes. Vale lembrar que o projeto de lei originário não contemplava nenhuma alteração de natureza processual, mas o já destacado

481. Conselho Superior da Justiça do Trabalho, *Relatório Analítico, In* Relatório Geral da Justiça do Trabalho, 2018 (disponível em [http://www.tst.jus.br/documents/18640430/24641384/Relat%C3%B3rio+Anal%C3%ADtico+2018/80a3fb9b-ca42-dd32-2a7d-89f3092627b7], p. 60, item 3.1.5.

processo legislativo abriu espaço para a formação de um conjunto de regras perversas, descaradamente propostos como forma de inibição do exercício da ação. Nesse sentido, registra-se que não houve nenhuma preocupação sistêmica, voltada a atualizar regras processuais e procedimentais que ainda estão na CLT, mas que se tornaram obsoletas, inclusive pelo advento da tecnologia[482], ou por mudanças normativas substanciais.[483] Do contrário: muitas regras completamente inúteis ou ultrapassadas foram preservadas, pois o foco das mudanças foi exclusivamente o da criação de obstáculos para o acesso à justiça. Mais do que isso, a exemplo do que ocorreu com as normas materiais, o enxerto de novas disposições sequer se preocupou com a coerência hermenêutica, dando ensejo a um número relevante de contradições e inconsistências.

Como já foi anteriormente afirmado, as alterações foram elaboradas cirurgicamente, com o objetivo de transformar o processo do trabalho em uma armadilha para os trabalhadores que buscam a reparação de seus direitos essenciais, a ponto de transformá-lo em devedor do empregador que não os respeito oportunamente. Dito de outro modo, a "reforma" trabalhista operou para ostensivamente inibir o direito de ação, garantindo a impunidade dos maus empregadores.

Por tais motivos, a "reforma" modificou o conteúdo da gratuidade judiciária, em desrespeito ao comando constitucional, que o assegura em sua integridade aos que não podem pagar as despesas dos processos judiciais. Assim, se o trabalhador é sucumbente na ação trabalhista, teria de pagar honorários ao advogado do empregador; os honorários periciais e até custas decorrentes de eventual arquivamento, ainda que esteja enquadrado na proteção constitucional de demandar ser pagar pelas despesas decorrentes. Trata-se de medida perversa, que tenciona estrangular aqueles que

482. Como, p.ex., o fato de que o processo trabalhista tramita eletronicamente há muitos anos e atualmente quase 100% dos feitos estão em plataforma digital.

483. Como a extinção da representação classista, ocorrida em 1999, mas que não redundou na atualização redacional da CLT em seu artigo 850, p.ex.

já foram lesados no curso do contrato, mas que se veem constrangidos a não mais demandarem.

Em contrapartida, a "reforma" fez mudanças processuais nitidamente favoráveis aos empregadores, como aquelas que relativizam a realização do depósito recursal, destinado à garantia da satisfação do crédito reconhecido.[484] Não por outro motivo, vimos realmente uma redução significativa no número de ações trabalhistas ajuizadas após a vigência da "reforma", mas isso não se deu pela inexistência de lesões aos direitos trabalhista. Ocorreu, na realidade, pela coação normativa, configurando o já citado *lawfare* que coíbe um trabalhador prejudicado em seus direitos de ir à Justiça para reclamá-lo, com receio de ser ele próprio condenado. A redução numérica, portanto, foi meramente artificial, não apenas porque as ofensas a direitos trabalhistas prosseguiram como tendem a ser amplificadas: como já explicamos, a "reforma trabalhista" tende a oferecer um grande contributo para aumentar ainda mais a litigiosidade, em razão da quantidade de dispositivos modificados, e pela insegurança gerada em sua implementação.

Ao lado disso, a "reforma" amplifica as possibilidades do cometimento de fraudes trabalhistas, como na figura do "acordo extrajudicial", cujos antecedentes já demonstraram sua verdadeira finalidade[485] e das quitações perante as entidades sindicais.[486] E como se não bastasse, também limitou sensivelmente o poder deuniformização da jurisprudência trabalhistas, criando um condicionamento inexplicável aos tribunais do trabalho. Salienta-se que isso vai na contramão do que consagrou o CPC-2015, que valorizou a cultura dos precedentes. Mas a ânsia de se constranger a magistratura trabalhista foi tão intensa, que o legislador reformista

484. Aqui, o cenário chega a ser bizarro: a mesma gratuidade integral suprimida do trabalhador é concedida ao empregador, que fica dispensado de garantir o juízo para recorrer das decisões que lhe são contrárias.

485. Referimo-nos às Comissões de Conciliação Prévia, previstas na Lei 9.958, de 2000, que foi instrumento de incontáveis fraudes aos direitos dos trabalhadores.

486. Outro instituto temerário, que já fora previsto nas Disposições Transitórias da CF-1988 para os trabalhadores rurais, e cuja eficácia foi limitada, além de também servir de instrumento para práticas ilícitas.

não usou o mesmo critério e manietou de forma discriminatória os integrantes do Trabalho, de maneira singular, não vista nos demais ramos do Judiciário.

Resta evidente um intento declarado de instituição de um sistema de freios à atuação da Justiça do Trabalho, que é um dos poucos segmentos do Judiciário que conseguiu preservar, ao menos parcialmente, seu compromisso constitucional. É certo que há magistrados trabalhistas que celebraram efusivamente a "reforma" e suas regras castradoras de direitos e limitadoras do exercício da jurisdição pelos trabalhadores. São juízes que não se envergonham de defender o capital, invertendo a lógica da proteção, e que ignoram que o enfraquecimento articulado pela "reforma" respinga justamente na própria Justiça Especializada, denotando um claro descompromisso com a instituição a que pertencem e ao Direito do Trabalho. São artífices da restauração de práticas medievais, bem ao gosto de certos protagonistas desse processo.

A "REFORMA" E A NEGOCIAÇÃO COLETIVA: UM DESARRANJO PARTICULAR

A aprovação da "reforma trabalhista" trouxe também modificações significativas no âmbito da negociação coletiva, de forma coordenada com a intenção de destruição do Direito do Trabalho. Essas disposições já constavam, em linhas gerais, do projeto original apresentado em dezembro de 2016. As modificações no célere e celerado processo legislativo não atingiram o núcleo das proposições delineadas na origem que, como dito, foram deflagradas tendo como "carro-chefe" a valorização da negociação coletiva.

A pretensa prevalência do negociado sobre o legislado tal qual estabelecida na Lei, implica a intenção do reconhecimento pleno da autonomia da vontade dos entes coletivos no estabelecimento de normas de regulação do trabalho. A autonomia da vontade dos sindicatos, e em algumas situações, também dos próprios trabalhadores, individualmente considerados, segundo o texto legal aprovado, atuaria de forma plena ainda que as condições de trabalho pactuadas sejam derrogatórias de direitos estabelecidos em lei. Nesse sentido, a Lei 13.467 autorizaria a negociação coletiva precarizante, garantindo que mesmo inexistente qualquer contrapartida recíproca, as normas produzidas pelos entes coletivos são plenamente válidas.

O texto aprovado é estruturado em seis pontos, no que se refere à negociação coletiva:

> *a) determinação de que os instrumentos normativos têm prevalência sobre a legislação (artigo 611-A);*
>
> *b) delimitação dos temas que não podem ser objeto de negociação coletiva supressiva ou redutiva (art. 611-B);*
>
> *c) vedação ao exame judicial de conteúdo dos instrumentos coletivos (art. 611-A, par. 1º);*
>
> *d) dispensa da reciprocidade na negociação coletiva (art. 611-A, par. 2º.);*
>
> *e) proibição da ultra-atividade das normas coletivas (art. 614, par. 3º);*
>
> *f) predomínio das condições estabelecidas em acordo coletivo de trabalho sobre as estipuladas em convenção coletiva de trabalho (art. 620).*

No entanto, para além da previsão explícita do texto normativo aprovado, há um sentido evidente no discurso dos defensores da "reforma": o de valorização da negociação coletiva como forma regulatória primordial das relações de trabalho no Brasil, o que modificaria o paradigma histórico estabelecido desde o início dos anos 1930, em que prevaleceu a regulação pública heteronormativa, delineada, sobretudo, pela CLT.

Aqui reside uma das tantas inverdades que foram propagadas pelos protagonistas e defensores da proposta como tentativa de justificar o seu cabimento e a sua pertinência. Conforme já destacamos, não temos dúvidas a respeito do papel que a negociação coletiva tem assumido dentro das relações de trabalho contemporâneas, sem obviamente, constituindo um dos mais importantes métodos de solução de conflitos existentes na sociedade contemporânea.

Esse quase senso comum dentre os operadores jurídico-trabalhistas parte do primado da autonomia vontade como uma das fontes geradoras das regras do direito. É a já nominada *fonte negocial*, decorrente do poder de estipular negócios para a realização de fins lícitos, mediante a geração de normas jurídicas particulares e individualizadas, que vinculam os participantes da relação jurídica, e que constitui um dos canais mais relevantes da revelação do direito: *"Cresce em importância, tanto no campo internacional como no interno, como meio de solução dos conflitos individuais e coletivos"*, porque *"significa a exteriorização da liberdade como valor supremo do indivíduo, tanto como cidadão quando como produtor."*[487]

No entanto, o que a lei 13.467 menos promove é o incentivo à negociação – que, de resto, deve ser incentivada, como proclama o artigo 5º. da Convenção 154, da OIT.[488] No entanto, o que faz a lei, em seu contexto, é justamente o contrário: além de suprimir duas modalidades de negociação coletiva obrigatórias pacificadas pela jurisprudência trabalhista[489], ainda desqualifica o instituto ao permitir que certa categoria de trabalhador celebre pactuação individual *"com a mesma eficácia legal e preponderância sobre os instrumentos coletivos."*[490] Como acreditar, portanto, que a lei teria

---

487. Nascimento, Amauri Mascaro. 2005. *Compêndio de direito sindical*. 4ª. Edição. São Paulo: LTr, 2005, p. 307.

488. Artigo 5º, da Convenção 154, da OIT - *"1. Deverão ser adotadas medidas adequadas às condições nacionais no estímulo à negociação coletiva. 2. As medidas a que se refere o parágrafo 1 deste artigo devem prover que: a) a negociação coletiva seja possibilitada a todos os empregadores e a todas as categorias de trabalhadores dos ramos de atividade a que se aplique a presente Convenção; b) a negociação coletiva seja progressivamente estendida a todas as matérias a que se referem os anexos a), b) e c) do artigo 2 da presente Convenção; c) seja estimulado o estabelecimento de normas de procedimento acordadas entre as organizações de empregadores e as organizações de trabalhadores; d) a negociação coletiva não seja impedida devido à inexistência ou ao caráter impróprio de tais normas; e) os órgãos e os procedimentos de resolução dos conflitos trabalhistas sejam concedidos de tal maneira que possam contribuir para o estímulo à negociação coletiva."*

489. Referimo-nos, em primeiro lugar, ao artigo 59-A, que permite a celebração de acordo individual fixando o regime de 12x36, tema que o TST já pacificara (Súmula 444), desde que definido por negociação coletiva. O segundo caso é o da despedida coletiva, cuja validade já fora condicionada, pelo TST, à prévia negociação coletiva, o que, pelo novo texto, seria dispensada (artigo 477-A).

490. "Artigo 444, parágrafo único - *"A livre estipulação a que se refere o* caput *deste artigo aplica-se às hipóteses previstas no art. 611-A desta Consolidação, com*

vindo para prestigiar a negociação coletiva quando ela suprime, em pelo menos três casos, a prática da negociação? Não há dúvidas de que esse argumento foi um mero artifício conceitual voltado não apenas a induzir a erro ouvidos menos sensíveis como também uma forma de frustrar aquilo que poderia ser efetivamente um processo de incremento nas relações trabalhistas.

De outra parte, a maneira como construída a reforma trabalhista evidencia uma nítida incompatibilidade com o que determina o artigo 7º., da Convenção 154, da OIT[491], segundo o qual *"as medidas adotadas pelas autoridades públicas para estimular o desenvolvimento da negociação coletiva deverão ser objeto de consultas prévias e, quando possível, de acordos entre as autoridades públicas e as organizações patronais e as de trabalhadores."* Como se sabe, a proposta de "reforma" trabalhista, desde sua origem, e por todo o processo legislativo, foi marcada pela completa *ausência de participação dialógica* com a sociedade, especialmente com aqueles que seriam mais diretamente interessados no tema. Se algum segmento atuou concretamente, foi apenas a representação sindical de empregadores, que exerceu influência decisiva na construção de um modelo regulatório totalmente favorável ao patronato.

Há, com isso, uma violação literal ao disposto no texto convencional indicado, que condiciona a validade das medidas de incentivo à negociação coletiva à prévia consulta e até mesmo a eventuais acordos com as entidades representativas de trabalhadores e de empregadores[492], o que foi flagrantemente ignorado pelos poderes Executivo e Legislativo. Com isso, e não sendo produto do amadurecimento das relações de trabalho, que ainda preservam resquícios escravocratas, há uma franca tendência de que seja ainda mais reforçado o paradigma da artificialidade da

---

a mesma eficácia legal e preponderância sobre os instrumentos coletivos, no caso de empregado portador de diploma de nível superior e que perceba salário mensal igual ou superior a duas vezes o limite máximo dos benefícios do Regime Geral de Previdência Social."

491. Ratificada pelo Brasil em 10.7.92, promulgada pelo Decreto n. 1.256, de 29.9.94 e vigente a partir de 10 de julho de 1993.

492. Na linha do que determina, aliás, a Convenção 144, da OIT, igualmente ratificada pelo Brasil em 27/09/1994.

negociação coletiva, presente nas relações de trabalho no Brasil praticamente desde sua origem.

Ao lado disso, é praticamente um consenso dentre todos os que se dedicam a estudar as relações de trabalho no Brasil, que qualquer mudança no padrão regulatório teria de ser precedido de uma reforma sindical, amplamente discutida com a sociedade e, sobretudo, com os interessados, capazes de redimensionar o modelo que, em linhas gerais, vigora desde a década de 1930. Esse modelo estático de representação sindical, no mais das vezes desconectado da representatividade, tende a favorecer a conflagração de um sistema artificial de atuação, o que é completamente dissonante com aqueles nos quais a negociação coletiva é a principal forma de regulação. A Lei 13.467 passou ao largo disso, mas teve a sutileza de atacar um dos preceitos corporativos mais significativos, que, no entanto, tende apenas a prejudicar a organização sindical de trabalhadores, mormente porque a medida foi adotada de maneira isolada e de forma descontextualizada.[493] A produção real de efeitos só seria verificada se houvesse a possibilidade – previamente debatida e, preferencialmente, acordada – de se fazer uma mudança severa no modelo de organização sindical, ainda que gradual.

Se esse conjunto já não fosse suficiente para desqualificar a "reforma" – ao menos segundo a lógica a partir da qual ela teria sido gestada – uma análise detida dos dispositivos enxertados na CLT ou modificados no texto original, tornam o modelo completamente inapto para produzir qualquer efeito concreto relacionado à propalada "modernização" da legislação trabalhista.

---

493. Estamos nos referindo à extinção da compulsoriedade da contribuição sindical, promovida pela modificação do artigo 578 e seguintes da CLT. Ainda que seja um sério resquício corporativo e atentatório à liberdade sindical, vinha sendo praticamente a única fonte de receitas dos sindicatos de empregados, impedidos de cobrar outras contribuições dos não-associados pela jurisprudência dominante. O problema é que o modelo de unicidade compulsória também obriga os sindicatos a representar a totalidade dos integrantes da categoria, criando um desequilíbrio econômico capaz de inviabilizar o funcionamento do sindicato. Essa medida não atinge boa parte das organizações empresariais que, além de ter maior receita com contribuições de associados, ainda permanecem beneficiárias de outras contribuições, que não foram extintas, como as relacionadas ao chamado "Sistema S".

Isso porque uma leitura direta desses dispositivos desvela notórias incompatibilidades com a Constituição Federal e com instrumentos normativos internacionais, todas elas capazes de invalidar, no plano formal, a tentativa de mudança compulsória de regulação do mercado de trabalho.

Iniciando a análise pelo *caput* do artigo 611-A, assinala-se a existência de um dispositivo desnecessário, redundante e contraditório. Com efeito, a lei ignorou que a Constituição Federal, em seu art. 7º, XXVI, já manifestou o reconhecimento das convenções e acordos coletivos, tornando-se inócua a afirmação em lei ordinária. É, igualmente, redundante, porque os instrumentos normativos sempre tiveram "força de lei"[494], como deriva do artigo 611 do texto original da CLT: ali consta a afirmação de que as Convenções Coletivas de Trabalho são *"acordos de caráter normativo"*, conceito que, naturalmente, se estende aos Acordos Coletivos disciplinados em seu § 2º. E o Direito do Trabalho sempre teve como característica um critério próprio de hierarquia das normas, não distinguindo sua eficácia a partir de sua origem.

Por fim, é contraditório porque, se a espinha dorsal do projeto que foi transformado em lei fosse realmente a valorização da negociação coletiva, não faria qualquer sentido que houvesse a descrição dos temas que podem ser objeto de negociação, ainda que mencionado um impróprio "entre outros". Essa contradição é tão latente que nem mesmo entidades empresariais ficaram satisfeitas com a sua inserção no projeto de lei, sedentas que estavam para que houvesse uma legislação pretendia que consagrasse a possibilidade de negociação ampla, plena e incondicionada, a partir de uma leitura equivocada da Constituição.[495]

494. Conforme estabelecia a redação original do projeto de lei.

495. É o caso, dentre tantos outros, da ABINEE - Associação Brasileira da Indústria Elétrica e Eletrônica. Apesar das severas críticas ao modelo regulatório brasileiro, a entidade demonstrou preocupação, ainda na fase de apresentação do PL 6787, com as disposições do artigo 611-A que, segundo ela, *"cria limites ao negociado, o que não existe no texto constitucional."* (Texto colhido em [http://www.abinee.org.br/informac/arquivos/act.pdf], em 14/09/2017).

Em complemento a essa ideia malsucedida, o artigo 611-B estabeleceu que a supressão ou a redução dos direitos ali elencados constituem objeto ilícito de convenção coletiva ou de acordo coletivo de trabalho. Usou, no entanto, o advérbio "exclusivamente", com o claro intento de induzir a uma conclusão de que outros temas poderiam ser negociados em prejuízo do trabalhador. Essa leitura, a nosso juízo, é completamente equivocada, evidenciando um dispositivo igualmente inútil e redundante, dado que os limites para a negociação supressiva já estão lavrados na Constituição. Não por acaso, quase todos os incisos que estão ali relacionados reproduzem o texto constitucional, denunciando sua redundância.

Nesse sentido, conforme já afirmamos anteriormente, o legislador constituinte determinou o caráter emancipatório da negociação coletiva, ao consagrar, no *caput* do artigo 7º., da Constituição, que o rol de direitos constantes de seus incisos haveriam de ser suplementados por outros que visem à melhoria de sua condição social. Sendo assim, e considerado o plurinormativismo próprio das relações trabalhistas, resta latente que os patamares mínimos assegurados constitucionalmente devem ser respeitados pela lei, pelos instrumentos normativos, pelos contratos, pelos regulamentos empresariais e quaisquer outras fontes formais do Direito. A Constituição somente permite medidas supressivas quando expressamente autoriza, conforme dispõem alguns de seus incisos do artigo 7º., já citado. Da singela leitura do texto, pode-se extrair, sem sombra de dúvidas, que só resta autorizada a negociação coletiva reducionista ou supressiva daqueles direitos que estão ali exceptuados. Em qualquer outro tema garantido constitucionalmente, a negociação coletiva somente pode adaptar ou incrementar direitos, nunca suprimi-los ou relativizá-los.[496]

Essa mesma análise compromete qualquer interpretação que se pretenda conferir ao artigo 611-B no sentido de que somente

496. Nesse sentido, vale reafirmar que a decisão proferida pelo Supremo Tribunal Federal, no RE 590.415, já citada anteriormente não permite prevalência incondicional da negociação coletiva sobre os direitos assegurados por lei nem admite pactuação redutiva de quaisquer direitos, conforme afirmado pelo TST. Como a questão foi tratada no plano da interpretação constitucional, qualquer mudança legislativa é irrelevante.

seriam ilícitas cláusulas negociais envolvendo os temas ali inscritos. Do contrário: além dos direitos que já previstos na Constituição, e que são infensos à negociação supressiva, o texto legal trouxe outros, que àqueles se unem como sendo impassíveis de qualquer pactuação em prejuízo do empregado. A título de exemplo citamos duas situações: o inciso I, que inviabiliza a normas de identificação profissional, inclusive as anotações na CTPS do empregado e o inciso XXX que, dentre outros direitos, assinalou a intangibilidade dos direitos previstos nos artigos 396 e 400 da CLT.[497] Tais direitos, antes não preservados constitucionalmente, passam a ser expressa mentes imunizados de negociações coletivas precarizantes.

Por outro lado, vale assinalar que as normas internacionais de Direitos Humanos ratificadas pelo Brasil possuem *status* normativo de supralegalidade[498], como determinado pela jurisprudência do Supremo Tribunal Federal.[499] Com esse vetor, tendo em vista o seu caráter de normas supralegais, os tratados e convenções internacionais prevalecem, sobre as normas legais. Da mesma mancira, "*O Poder Judiciário, nesse processo hermenêutico que prestigia o critério da norma mais favorável (que tanto pode ser aquela prevista no tratado internacional como a que se acha positivada no próprio direito interno do Estado), deverá extrair a máxima eficácia das declarações internacionais e das proclamações constitucionais de direitos, como forma de viabilizar o acesso dos indivíduos e dos grupos sociais, notadamente os mais vulneráveis, a sistemas institucionalizados de proteção aos direitos fundamentais da pessoa humana, sob pena de a liberdade, a tolerância e o respeito à alteridade humana tornarem-se palavras vãs.*"[500]

---

497. Respectivamente, que asseguram dois descansos especiais à lactante, para amamentação, bem assim a estrutura mínima para o local destinado a esse fim.

498. À exceção, naturalmente, daquelas ratificadas nos termos do § 3° do artigo 5° da Constituição, que são equivalentes às Emendas Constitucionais.

499. Essa tendência foi estabelecida a partir do julgamento do HC 91.361, que mudou a linha até então adotada pela Corte, e que foi um dos precedentes dos quais resultou a Súmula Vinculante n° 25.

500. Trecho do voto do Ministro Celso de Mello, Relator do HC 91.361.

Dito isso, e considerando-se que a negociação coletiva é um dos direitos fundamentais do trabalho estipulados pela OIT e também está relacionado com a obtenção de *"condições justas e favoráveis de trabalho"* e ao direito de *"organizar sindicatos e a neles ingressar para proteção de seus interesses"*, assinalados na Declaração Universal de Direitos Humanos da ONU[501], parece-nos inquestionável que a análise dos artigos 611-A e 611-B deve ser condicionada à disciplina das Convenções 98[502] e 154, da OIT. Nesse sentido, não se encontra no artigo 4º. da Convenção 98[503] nem tampouco no artigo 2° da Convenção 154, já reproduzido, qualquer autorização convencional para a redução de direitos por intermédio da negociação.

Os textos são claros em estabelecer que seus objetivos são o de regular ou fixar os termos e condições de emprego, não se afirmando, em nenhum momento que a destinação da negociação coletiva é o de suprimir ou reduzir direitos. Nem tampouco autorizam esses dispositivos a que se chegue à conclusão de que o resultado de uma negociação coletiva prevalecerá, incondicionalmente, sobre o que estiver assegurado por lei, se esta condição for mais favorável. Ao determinar que a negociação pode regular ou fixar as condições de emprego, o pressuposto é justamente a sua incidência para os casos nos quais não há regulação, como ocorre nos países que adotam sistemas de intervenção mínima. Em casos como o brasileiro, em que a opção constitucional e a estrutura normativa determinam a convivência entre regulação pública heterônoma e regulação negocial, ***não há autorização convencional para a redução de direitos pela via da negociação.*** Isso apenas reforça o quanto afirmado anteriormente, no sentido de que essa redução

---

501. Artigo XXIII, 1 e 4 da Declaração Universal de Direitos Humanos. Texto obtido em [http://www.onu.org.br/img/2014/09/DUDH.pdf]. Acesso em 14/09/2019.
502. Ratificada pelo Brasil em 18 de novembro de 1952, promulgada pelo Decreto nº 33.196, de 29.6.53, e vigente desde 18 de novembro de 1953.
503. Artigo 4°, Convenção 98, da OIT — *"Deverão ser tomadas, se necessário for, medidas apropriadas às condições nacionais, para fomentar e promover o pleno desenvolvimento e utilização dos meios de negociação voluntária entre empregadores ou organizações de empregadores e organizações de trabalhadores com o objetivo de regular, por meio de convenções, os termos e condições de emprego."*

só poderá ocorrer nos casos eleitos pela Constituição, justamente pela sua supremacia frente às normas supralegais.

Por fim, deve-se considerar que, na principiologia do Direito do Trabalho, ocupa lugar de destaque o princípio da norma mais favorável, o qual determina que *"no caso de haver mais de uma norma aplicável, deve-se optar por aquela que seja mais favorável, ainda que não corresponda aos critérios clássicos de hierarquia das normas."*[504] Nesse sentido, admite-se a *"prevalência das cláusulas mais favoráveis de uma convenção coletiva em face de normas de uma lei trabalhista que regule a mesma matéria, assim como a prevalência das cláusulas mais favoráveis de um contrato individual, diante das de uma convenção coletiva e das normas de uma lei."*[505] Nota-se que desde há muito tempo essa ideia é de uma clareza luminar: em razão das suas características peculiares, o Direito do Trabalho adota um critério hierárquico próprio, que demanda o uso da norma mais favorável ao destinatário da proteção, independentemente da sua hierarquia. Em outras palavras, não importa a natureza da fonte formal do Direito, pois sempre prevalecerá a que for mais favorável ao empregado.

Isso destrói por completo qualquer inferência no sentido de que as alterações promovidas pela Lei 13.467 autorizam a predominância do resultado da negociação coletiva sobre as garantias legais. Se não pelos já sustentados argumentos – de constitucionalidade e de convencionalidade –pela total incompatibilidade dessa interpretação com o princípio enunciado. De outra parte, ainda que a lei tivesse manifestação expressa a respeito – o que, como visto, não tem – não poderia ser aplicada de maneira contrária

---

504. Plá Rodriguez, Américo. *Princípios de Direito do Trabalho.* São Paulo: LTr, 1997, p. 43. Na realidade, o célebre professor assinala, diferentemente de outros autores, que esse preceito seria uma regra, mas derivada do princípio *master* do Direito do Trabalho, que é o princípio da proteção. Esse aspecto, no entanto, não invalida os argumentos que estamos desenvolvendo, em razão da matriz principiológica presente nas duas situações.

505. *Idem*, p. 55. Essa análise coincide com a de Mário Deveali, reproduzida pelo autor, que *"admite a possibilidade de derrogações por dispositivos de menor hierarquia, quando estes se tornem mais benéficos para os sujeitos protegidos, ou seja, para os trabalhadores."*

a um princípio dessa natureza. Como ensina a melhor doutrina, princípios são "*linhas diretrizes que informam algumas normas e inspiram direta ou indiretamente uma série de soluções, pelo que, podem servir para promover e embasar a aprovação de novas normas, orientar a interpretação das existentes e resolver os casos não previstos.*"[506] Se esse conceito já tinha relevância quando formulado, mais significativo ainda se torna a partir da prevalência das tendências pós-positivistas que conferem aos princípios um caráter normativo equivalente ao das regras.[507] No entanto, exatamente pelas funções assumidas pelos princípios, eles exercem um papel mais relevante na análise sistêmica de um determinado contexto normativo.[508] Dessa maneira, para garantir a harmonia e o funcionamento do sistema, a norma sempre haverá que ser interpretada de acordo com os princípios próprios desse sistema.

Isso também se aplica ao que consta do artigo 620 da CLT alterada. Uma sutil mudança, inverte a ordem de predominância (convenção prevalece sobre acordo) e substitui a expressão "*quando mais favoráveis*" pela palavra "*sempre*", produzindo uma falsa ideia de que as estipulações feitas em pactos específicos de um sindicato com uma empresa suplantariam aquelas convencionadas pelas representações das categorias. A leitura à luz do princípio já assinalado induz a outra conclusão. O texto original, a rigor, era redundante, mas já traduzia a ideia de haver uma tendência na valorização da negociação local[509], salvo se a norma mais abrangente fosse mais favorável ao trabalhador. A alteração, como dito, é inócua, pois a

---

506. *Ibidem*, p. 16.

507. Nesse sentido, o clássico Ronald Dworkin (*Levando os direitos a sério*. São Paulo: Martins Fontes, 2002). Vale lembrar que a Constituição brasileira assimilou essa tendência ao assinalar diversos princípios estruturantes e, inclusive, conferir-lhes força normativa.

508. Novamente Dworkin, para quem princípio é "*um padrão que deve ser observado não porque ele avançará ou assegurará um estado econômico, político ou social altamente desejável, mas porque ele é uma exigência de justiça ou equidade (fairness) ou de alguma outra dimensão da moralidade*". (Dworkin, Ronald Miles. É o direito um sistema de regras?. Estudos Jurídicos, São Leopoldo, RS , v. 34, n. 92 , set./dez. 2001, p. 127/128).

509. Como foi, aliás, a intenção explícita da instituição dos Acordos Coletivos, pelo Decreto-Lei 229/67.

diretriz principiológica do Direito do Trabalho continuará a ser a mesma enunciada: independentemente da posição hierárquica da norma, sempre prevalecerá aquela que for mais favorável ao trabalhador, sujeito histórico da proteção.

Dessa sorte, a interpretação desses dispositivos não autoriza a conclusão inequívoca de que a negociação sempre prevalecerá sobre o que está assegurado por lei e nem tampouco que o conteúdo do acordo coletivo predomine sobre convenções coletivas. Sua aplicação deve ser realizada a partir da coerência e harmonização com três elementos: a) as regras constitucionais, ressalvados os casos ali autorizados; b) as determinações e garantias das normas supralegais; c) os princípios do Direito do Trabalho, mormente o da proteção e o da norma mais favorável. De outra parte, o artigo 611-B além de reproduzir parcialmente os incisos do artigo 7º. da Constituição, apresentou outras figuras que, a partir da vigência da lei, tornaram-se intangíveis à negociação coletiva supressiva.

Se é verdadeiro que todo o conjunto das alterações promovidas pela Lei 13.467/17 indicam um viés precarizante e destinado a proteger o capital, a inserção do artigo 611-A, § 1º exterioriza um grave sintoma do desarranjo institucional em que vivemos. Conjugado com a propalada ideia de que o sistema instituído conferiria plenitude da prevalência da negociação coletiva sobre a regulação heteronormativa – o que, como vimos, continua incompatível com o modelo jurídico adotado pelo Brasil – a norma em comento cria, hipoteticamente, uma imunização das regras assim obtidas da apreciação pelo Poder Judiciário. Na realidade, o próprio texto só se complementa com a leitura do artigo 8º., § 3°, da CLT, igualmente inserido pela lei que ora se examina, como ele mesmo indica. Assim, procura-se afirmar que "*no exame de convenção coletiva ou acordo coletivo de trabalho, a Justiça do Trabalho analisará exclusivamente a conformidade dos elementos essenciais do negócio jurídico, respeitado o disposto no art. 104 da Lei no 10.406, de 10 de janeiro de 2002 (Código Civil), e balizará sua atuação pelo princípio da intervenção mínima na autonomia da vontade coletiva.*"

A inconstitucionalidade desse dispositivo é evidente, pois a garantia de inafastabilidade da jurisdição impede que se estabeleçam recortes prévios à atuação jurisdicional.[510] Não é preciso ter muita perspicácia para se identificar que a principal motivação da inscrição desse princípio na Constituição é exatamente evitar a instituição legal de figuras imunes ao controle jurisdicional, como fez, p.ex., o Ato Institucional nº 5, de 13/12/1968. O registro do § 3º do artigo 8º, da CLT, e a remissão feita pelo artigo 611-A, §1º, ambos introduzidos pela Lei 13.467 podem ser equiparados, sem nenhuma redução, à proclamação do artigo 11 do indigitado ato, de infausta memória.[511] Sua análise leva à conclusão de que fora criada nova categoria de norma jurídica, uma verdadeira "supernorma", incapaz de ser analisada em sua completude. O sentido pretendido tenderia a tornar as convenções e acordos coletivos mais intangíveis que a própria lei, porquanto se é verdadeiro que qualquer magistrado pode declarar inconstitucional um ato legislativo, não poderia, em tese, fazê-lo com relação a elas.[512] Assim, uma lesão a direitos individuais ou coletivos decorrentes da aplicação de um instrumento normativo não poderia ser levado à apreciação judicial, violando expressamente o texto constitucional. É interessante notar-se que a disposição é tão absurda que produz uma tautologia. Com efeito, como já afirmamos, o artigo 611-B, da CLT, explicita situações nas quais a pactuação coletiva seria ilícita, por reduzir direitos. No entanto, se compreendido em toda a sua extensão a diretriz do artigo 611-A, § 1º, como isso poderia ser reconhecido, se o conteúdo da negociação – lícito ou ilícito – estaria imunizado do controle jurisdicional?

---

510. Artigo 5º, XXXV da Constituição - *"A lei não excluirá da apreciação do Poder Judiciário lesão ou ameaça a direito".*

511. O artigo 11 do referido ato assim proclamava: "Excluem-se de qualquer apreciação judicial todos os atos praticados de acordo com este Ato institucional e seus Atos Complementares, bem como os respectivos efeitos." Não duvidamos que, dentre os defensores da "reforma" trabalhista situem-se pessoas que participaram, direta ou indiretamente, da ditadura militar, ou que proferem manifestações saudosas daquele período terrível da história brasileira. No entanto, parece totalmente incompatível com o modelo constitucional adotado pelo Brasil qualquer norma que dela se aproxime.

512. Essa assertiva permitiria, por exemplo, que uma lei que viesse a estabelecer um salário mínimo diferenciado (violando a unidade nacional descrita na Constituição) pudesse ser declarada inconstitucional; mas se isso fosse feito por uma norma coletiva, não o poderia.

Por tais motivos, esse dispositivo jamais poderá ser interpretado com a extensão proclamada desde sua gestação. A expressão "exclusivamente" que nele está inscrita padece de gravíssima inconstitucionalidade, porquanto retiraria do Poder Judiciário a possibilidade de apreciação do conteúdo das negociações coletivas, mormente das possíveis lesões que vierem a advir de seu texto. Por certo que, como todo e qualquer ato jurídico, o questionamento judicial de instrumento normativo pode ser fundado na inobservância das disposições formais do artigo 104, do Código Civil, cuja incidência desde sempre foi compatível com o Direito do Trabalho, como autoriza o artigo 8º., parágrafo 1º., da CLT.[513] Mas essa não pode ser a única possibilidade de apreciação judicial, que deve, ademais, ser pautada até mesmo pelas outras diretrizes constantes do mesmo código, como, p.ex., a existência de qualquer dos defeitos previstos nos artigos 138 a 157, igualmente aplicáveis ao Direito do Trabalho. Dito de outra maneira, a par da latente inconstitucionalidade da vedação ao exame de conteúdo, as disposições do Código Civil - repita-se, aplicáveis às relações trabalhistas por força do 8º., parágrafo 1º., da CLT - determinam a total pertinência da análise de elementos materiais dos instrumentos normativos, o que continuará a ser devidamente praticado pelos magistrados comprometidos com o Direito do Trabalho e com suas funções constitucionais.

Não fosse suficiente essa impropriedade, o dispositivo inserido traz outra risível disposição. Segundo o texto, a atuação da Justiça do Trabalho no exame dos instrumentos normativos será regido *"pelo princípio da intervenção mínima na autonomia da vontade coletiva"*. O fato mais relevante nessa quadra é que esse princípio não existe no mundo jurídico. Ou melhor, só passa a

513. Era o antigo parágrafo único, ora renumerado. A alteração apenas suprimiu a necessidade de compatibilidade com o Direito do Trabalho, o que não afeta rigorosamente nada, pois o diálogo normativo de origens diversas sempre pressupõe essa harmonia. No caso, a aplicação do artigo 104 deverá, naturalmente, merecer as devidas adequações peculiares, como o fato de que a titularidade da representação dos signatários de uma norma coletiva é da entidade sindical que representa a categoria, e que deverá respeitar, inclusive, os requisitos ainda previstos na CLT, como submissão prévia do texto a assembleia.

existir, no plano formal, com a vigência da lei. Não existe nenhuma construção teórica que justifique a sua existência nem tampouco qualquer validação conceitual que torne pertinente a sua inserção em um texto legal. Com efeito, é sabido que um princípio não precisa estar inscrito em nenhum texto de lei para ser uma norma, conforme já assinalado. Por outro lado, é igualmente verdadeiro o fato de que uma lei não tem o condão de "criar" um princípio que, nos dizeres de Miguel Reale, são "*verdades fundantes de um sistema de conhecimento, como tais admitidas por serem evidentes ou por terem sido comprovadas, mas também (...) como pressupostos exigidos pelas necessidades da pesquisa e da práxis.*"[514]

Logo, para que se identifique um princípio há necessidade de que ele tenha normatividade suficiente e, além disso, possa ser comprovado ou se mostre evidente pelas necessidades da práxis de um dado sistema de conhecimento. Não existe nenhuma dessas hipóteses no caso em exame, mormente pelo fato de que, em sistemas como o brasileiro, em que devem conviver normas de regulação heterônoma com normas de regulação autônoma, o espaço ocupado por essas últimas sempre dependerá da sua compatibilidade com as primeiras.

O próprio texto da Lei 13.467 evidencia isso, ao assinalar as figuras inseridas no artigo 611-B, como infensas à negociação redutiva. Se se justificasse cientificamente o tal princípio, seria desnecessária uma regra como a citada. Portanto, só se pode concluir que o "princípio" em questão constitui uma injustificada criação legislativa que não produz qualquer efeito prático, já que inexiste conteúdo jurídico que o fundamente. Demais disso, a ausência de normatividade impede que ele possa ser aplicado de maneira objetiva, ainda que modulada pela regras de incidência. Trata-se de um artifício grotesco, igualmente com a finalidade de tentar interditar a atuação propositiva dos juízes do trabalho.[515]Sendo

514. Reale, Miguel. *Lições Preliminares de Direito*. 27ª ed. São Paulo: Saraiva, 2003, p. 37.

515. É o que Lênio Streck chama de pan-principiologismo, que pode ser traduzido como hábito de "juristas descomprometidos com a deontologia do direito" construírem preceitos de forma voluntarista e, claro, sem qualquer validação

assim, e não tendo força normativa nem tampouco deontológica para ser afirmado como princípio, a diretriz constante do art. 8°, § 3° da CLT reformada não deve ser considerado na interpretação das cláusulas convencionais.

Ao lado desse paradigma genérico, e pelas mesmas razões já expostas, há que se considerar que o exame de qualquer instrumento normativo também deve levar em conta a compatibilidade das suas cláusulas com as normas internacionais do trabalho, para que possam, ser, igualmente submetidas ao controle de convencionalidade. O afastamento dessa possibilidade por lei ordinária subverte o processo hermenêutico, dado que uma norma inferior impossibilitaria o aplicador de analisar a compatibilidade do texto com norma superior. Por sua própria condição hierárquica, as normas internacionais estão situadas acima da lei ordinária e, por isso, não se submetem às condições por ela estabelecidas.

Um dos exemplos mais evidentes desse desassombro se extrai do constante do parágrafo único do art. 611-B, da CLT. Ao descrever situações de ilicitude de negociação supressiva, o legislador teve a infelicidade de consignar que *"regras sobre duração do trabalho e intervalos não são consideradas como normas de saúde, higiene e segurança do trabalho para os fins do disposto neste artigo."* Além de contrariar a lógica, o texto viola expressamente a Declaração Universal de Direitos Humanos, que reconhece, em seu artigo 24, a fundamentalidade do direito a repouso e lazer, inclusive a limitação razoável das horas de trabalho e a férias remuneradas periódicas. Trata-se de restrição completamente desprovida de validade formal, porquanto ofensiva ao principal instrumento global de proteção aos direitos humanos.

Por fim, uma grande e relevante preocupação. Como já foi sobejamente explorado, a "reforma" trabalhista padece de legitimi-

---

teórica. Além dessa aberração que integra a Lei 13.467, já ouvimos referência a um pseudo-princípio nominado de "princípio da subsdiariedade da intervenção do Estado nas relações de trabalho", igualmente folclórico (Streck, Lênio. *Verdade e Consenso*. São Paulo: Saraiva, 2011 São Paulo: LTr, 2006).

dade e, por certo, não foi concebida e produzida com a intenção de assegurar direitos fundamentais dos trabalhadores. Do contrário, foi estabelecida para construir um sistema apto a trucidar quaisquer resquícios de civilidade nas relações de trabalho. Dessa maneira, em que pese os artigos 510-A a 510-D pudessem visar à regulamentação do disposto no artigo 11 da Constituição, sua inserção no mundo jurídico brasileiro deve ser vista com extrema cautela, justamente para que não seja instrumentalizado de forma a comprometer a atividade sindical das organizações de trabalhadores e, sobretudo, criar condições precárias de trabalho.

Com efeito, a chamada representação no local de trabalho é um instituto dos mais importantes em termos de organização operária, constituindo uma diretriz elementar nos países que adotam o sistema de dupla representação dos trabalhadores.[516] Presente em países europeus desde o fim do século XIX, ainda hoje é usada em muitos sistemas para definir o credenciamento do sindicato, nos casos onde prevalece a pluralidade[517], sendo objeto de proteção específica pelo art. 3º., b, da Convenção 135, da OIT, de 1971.[518] No entanto, a adoção de sistemas de representação no local de trabalho não pode resultar na substituição nem tampouco no enfraquecimento dos sindicatos, como estabelece o artigo 5º. da mesma Convenção 135.[519] Sobre o prisma do Direito Interna-

516. Quais sejam, a comissão de representantes no local de trabalho e o sindicato.

517. É o caso, por exemplo, de Portugal e da Alemanha, países nos quais a quantidade de trabalhadores eleitos para as comissões de empresas interfere na definição do sindicato considerado mais representativo, que é o credenciado para, preferencialmente, conduzir as negociações coletivas em prol de seus associados. Vale dizer que o critério do credenciamento é reconhecido como válido pelo Comitê de Liberdade Sindical da OIT, como consta dos Verbetes 346, 348 e 359, da Recompilação de 2006.

518. Ratificada pelo Brasil em 18 de maio de 1990, Promulgada pelo Decreto n. 131, de 22.5.91 e vigente desde 18 de maio de 1991. O dispositivo assegura proteção eficiente contra quaisquer medidas que poderiam vir a prejudicá-los, em situação equivalente à dos dirigentes sindicais (art. 3º., a).

519. Art. 5º da Convenção 135, da OIT — *"Quando uma empresa contar ao mesmo tempo com representantes sindicais e representantes eleitos, medidas adequadas deverão ser tomadas, cada vez que for necessário, para garantir que a presença*

cional do Trabalho, portanto, a existência de representação local é um fator de aprimoramento nas relações institucionais, mas sem jamais implicar comprometimento da atuação sindical, devendo as instituições atuar de maneira cooperativa, sempre em favor dos interesses dos trabalhadores.

Nossa preocupação resulta da maneira como foi arquitetada a "reforma" trabalhista: foi conduzida por um governo de legitimidade discutível; no âmbito de um Congresso Nacional de matriz conservadora; patrocinada por entidades empresariais de grande porte e defendida por alguns integrantes da própria Justiça do Trabalho que, historicamente, demonstraram desprezo pelos direitos sociais dos trabalhadores, inclusive em decisões judiciais, obras literárias e manifestações públicas. Em um quadro caótico como esse, não se pode esperar boas intenções na regulamentação de um instituto complexo, previsto constitucionalmente há três décadas e, naturalmente, sem nenhum debate democrático com os interessados – trabalhadores e seus sindicatos.

Nesse sentido, o cenário legislativo pode ter sido produzido com o propósito de criar condições para que determinadas empresas – sobretudo as maiores organizações, que são as mais infensas à regulação heteronormativa das relações de trabalho – procurem se esvair da representação sindical em favor da comissão de representantes no local de trabalho. Isso, naturalmente, atingiria as entidades que, a despeito do modelo estático de representação, adquiriram um *status* de representatividade que as qualifica como sendo capazes de promover negociações emancipatórias, refutando a tradicional prática de usá-las para fins de precarizar direitos. Dito de outro modo, o texto poderia incentivar que algumas empresas passassem a promover negociações diretas com a comissão de empregados[520], deixando de lado os sindicatos mais combativos e

---

de representantes eleitos não venha a ser utilizada para o enfraquecimento da situação dos sindicatos interessados ou de seus representantes e para incentivar a cooperação, relativa a todas as questões pertinentes, entre os representantes eleitos, por uma Parte, e os sindicatos interessados e seus representantes, por outra Parte."

520. Não é preciso muita criatividade para concluir que os integrantes da comissão de empregados, ainda que gozando das proteções previstas na Convenção

infensos ao seu poder econômico. Isso não pode ser considerada uma hipótese absurda, diante do fato de que a jurisprudência trabalhista chegou a reconhecer a possibilidade de negociação direta com comissão de empregados (não compulsória, por certo), a partir de uma leitura equivocada do artigo 617 da CLT.[521] Esse quadro perverso seria completado com a insustentável tese da prevalência do que foi negociado coletivamente sobre o que está regulado na legislação, já por nós refutado.

Por certo que, se essas práticas vierem a ser adotadas, deverão ser de plano refutadas, inclusive no âmbito jurisdicional. Com efeito, além das disposições previstas na Convenção 135, a atuação das comissões de empresas também é condicionada pelo constante no artigo 3º. da Convenção 154, da OIT. Assim, o item 1 estabelece que, quando houver reconhecimento da existência de representantes de trabalhadores na empresa (nos termos do item b do artigo 3º. da Convenção 135), deve haver igualmente delimitação sobre a extensão da "negociação coletiva" àquelas feitas com eles. De outra parte, o item 2 do mesmo artigo estabelece que, quando isso ocorrer, deverão ser adotadas, se necessário, medidas apropriadas para garantir que a existência destes representantes não seja utilizada em detrimento das organizações de trabalhadores interessadas, reprisando a regra já constante na citada Convenção 135.

Embora o artigo 510-B tenha relacionado algumas atribuições das comissões de empregados que se aproximam do conceito de

---

135, são mais passíveis de sofrer pressões e constrangimentos por parte do empregador, justamente pela relação contratual com eles mantida. Agrava-se o quadro com a previsão do § 1º. do art. 510-C, que veda a "interferência" do sindicato da categoria no processo eleitoral, que será presidido por uma comissão eleitoral, integrada por cinco empregados, não candidatos, muito mais sujeitos ainda à interferência direta do empregador que, embora igualmente vedada, não estará sujeita a controle, sobretudo se não houver acompanhamento sindical.

521. A nosso sentir, a autorização do artigo 617 da CLT - não alterado pela Lei 13.467 - só permite a negociação direta quando houver *recusa à negociação* por parte do sindicato e, sucessivamente, da federação e da confederação. Não autoriza que assim se proceda quando o sindicato se recusa a aceitar a proposta do empregador, situação muito comum e que, infelizmente, foi diversas vezes referendada pela jurisprudência, inclusive do Tribunal Superior do Trabalho.

"negociação coletiva" preconizado na Convenção 154[522], a norma não estabeleceu efetivo poder de celebrar acordos coletivos com as empresas, como exige o citado artigo 3º., 1, da mesma Convenção. E nem poderia fazê-lo, diante do conflito expresso com o disposto no artigo 8º., VI, da Constituição. A par disso, pode-se afirmar, com segurança, que praticamente todos os incisos do artigo 510-B são inconstitucionais. Afinal, sendo o objetivo dos dispositivos inseridos disciplinar a figura da representação no local de trabalho prevista no artigo 11 da Constituição, não poderia ultrapassar os limites de atribuição nele definidos. Pelo texto, sua finalidade exclusiva é a *"de promover-lhes o entendimento direto com os empregadores"*, o que afasta por completo qualquer possibilidade de realizar negociações coletivas ou mesmo as demais atribuições constantes no dispositivo que estão em conflito com o texto constitucional.

Portanto, a despeito da instituição das comissões de empregados e de eventual intenção maléfica que disso poderia resultar, a diretriz constitucional continua a determinar que *somente o sindicato de empregados pode exercer o poder negocial em nome da categoria que representa*, não havendo delegação a qualquer outra instituição ou entidade. Dito isto, qualquer instrumento normativo que venha a ser firmado por comissão de empregados, criada conforme o artigo 510-A é nula de pleno direito, inclusive por um defeito formal que é a falta de legitimidade.[523]

Destaca-se que a Medida Provisória 808, editada poucos dias depois do início da vigência da Lei 13.467 procurava atenuar essas possibilidades, ao reafirmar, no art. 510-E, a exclusividade da

---

522. Como "representar os empregados", "promover o diálogo e o entendimento no ambiente de trabalho", "buscar soluções para os conflitos" e "!encaminhar reivindicações específicas dos empregados".

523. A despeito disso, entendemos que os sindicatos de trabalhadores devem atuar, de forma incisiva, para que, nas negociações coletivas celebradas com os sindicatos patronais ou empresas, sejam mais bem definidas as atribuições das comissões de empregados, justamente para fazer com que predominem as diretrizes constitucionais e das normas internacionais já mencionadas. Além disso, devem demandar, igualmente, que possam acompanhar efetivamente todo o desenvolvimento do processo eleitoral, para evitar ou prevenir a prática de atos fraudulentos, como já ocorre com as eleições para a CIPA, frequentemente disciplinadas em instrumentos normativos.

representação sindical para atuar na negociação coletiva. Embora desnecessário – eis que essas garantias estão inseridas na Constituição e, portanto, prevalecem sobre as normas infraconstitucionais – o registro normativo próprio não deixava margem para qualquer dúvida, delimitando o papel das comissões locais de representação.

A caducidade da MP, no entanto, eliminou esse dispositivo, restaurando a redação original da Lei 13.467 que, como dito, é alvo de nossas preocupações, em que pese não possa resistir a uma interpretação constitucional legítima.

Em conclusão, a "reforma trabalhista", proclamada pela Lei 13.467 é um dos pilares do atual estágio de desconstrução social, voltado ao comprometimento da pequena parcela construída no decorrer história. Além dos prejuízos diretos e imediatos a um número crescente de trabalhadores e trabalhadoras, com a instituição de medidas e mecanismos de precarização nos contratos de trabalho, aumentará a produção do "precariado brasileiro", consistente em uma classe rodeada pela pobreza e pela dificuldade de acesso aos bens essenciais à satisfação nas necessidades elementares de qualquer cidadão.

Essa tendência acarretará consequências graves do ponto de vista macroeconômico, com interdição definitiva do ciclo de crescimento outrora existente, fundado em elementos completamente abandonados no contexto da "reforma", dentre eles a perda do poder de compra dos trabalhadores. Ao cabo de alguns anos de disseminação dessa precariedade, os efeitos deletérios da legislação tende a atingir as principais atividades produtivas nacionais, em prejuízo do próprio capitalismo.

A "reforma", eivada de vícios constitucionais e conflitante com normas internacionais do trabalho, partiu de premissas das mais rasas para transformar o Direito do Trabalho brasileiro de maneira completamente ilegítima, voltada exclusivamente aos interesses do capital. Uma imponderável associação de fatores fez com as que as elites políticas e econômicas do país conspirassem para a ruptura de um pacto tácito, que permitiu às classes desfavorecidas que tivessem um mínimo de dignidade, ainda que distante do cenário ideal. A lógica escravocrata dessas elites não suportou vislumbrar uma modestíssima mobilidade social, e não teve escrúpulos para atacar de forma cruel as instituições de proteção aos mais pobres.

O mais grave disso é que a irresponsabilidade dessas elites abriu as comportas para a barbárie, pois os fatos que se sucederam estão conduzido o Brasil para a sua pior conformação social, política e econômica de sua história.

EPÍLOGO

No Brasil o fundo do poço é apenas uma etapa.
Luís Fernando Veríssimo

UM ESPECTRO PAIRA SOBRE O BRASIL

Um espectro paira sobre o Brasil. E infelizmente, não é espectro do comunismo, como anunciaram Marx e Engels. Oxalá estivéssemos sob o "risco" de uma doutrina que preconiza ser *"de capital importância que à classe dominada não faltem condições mínimas de sobrevivência, ao menos, ao nível de escravos."*[524] Impressiona o fato de que palavras que eram revolucionárias em 1848, permaneçam necessárias no Brasil de 2020, quando uma legião de brasileiros e de brasileiras voltaram a ocupar a linha da pobreza. Impressiona ainda mais saber que isso é fruto de um retrocesso devidamente patrocinado pelas classes dominantes, de presença hegemônica na vida política do país.

Em tempos de obscurantismo, parece haver um esforço sobrenatural para se reescrever o passado. Mais do que isso: uma legião de insensatos, ocultando-se na própria ignorância, tem a capacidade de ressuscitar práticas, projetos e até mesmo *slogans* usados pela ditadura civil-militar de 1964, como se nela houvesse alguma coisa minimamente digna a ser elogiada. Nesse percurso, apesar de já ter

---

524. Marx, Karl e Engels, Friedrich. *Manifesto do Partido Comunista.* 6ª. ed., São Paulo: Global, 1986, p. 28.

sido chamado de "ditabranda" ou de mero "movimento", o golpe de 64 deixou como principais legados tortura, desaparecimento e morte, e a falta de escrúpulos das elites brasileiras nem sequer permitiu a instituição completa de uma Justiça de Transição para a retomada democrática.

O resultado desse processo inconcluso é um verdadeiro Teatro do Absurdo, capaz de produzir desde elogios públicos a torturadores reconhecidos pela Justiça a movimentos irracionais pedindo a "volta" do Ato Institucional nº 05. Essas pessoas conseguem a façanha de não aprenderem com o passado e, além de tudo, ignorá-lo por completo.

O Brasil de 2020 está muito mais próximo do fascismo, e não ostenta vestes inocentes, como diz Umberto Eco: embora não admitam ser fascistas, eles não mais se preocupam em esconder suas preferências, seus preconceitos e sua tirania. Talvez o fascismo esteja muito mais perto do que esteve na década de 1930, e deste vez com o objetivo substancial de destruir o Estado Social brasileiro. A desconstrução que começa com o Golpe de 2016 e passa pela Emenda Constitucional 95 e pela "reforma" trabalhista, continua seu ciclo com a "reforma" da Previdência Social, mais uma vez voltada a garantir o ajuste fiscal do Estado às custas dos mais pobres.

O governo que coabita com o fascismo não desiste de atacar as instituições do Estado Social. Integrado por próceres de um liberalismo ultrapassado, ostensivamente fiscalista e rentista – e, por isso, digno representante das elites econômicas do Brasil – trabalha duro para completar a derruição iniciada pelo seu antecessor. Nesse contexto, o ato simbólico de rompimento com a cultura do respeito ao valor social do trabalho está na extinção do Ministério do Trabalho e a transferência das suas principais atribuições para o Ministério da Economia. Não se tem dúvidas de que sua criação estava associada à ideia central consagrada pelo Estado Novo, ou seja, de regulação e controle da atividade sindical e do mercado de trabalho. Todavia, a Constituição de 1988 permitiu uma ressignificação importante do Ministério do Trabalho, assim como ocorreu com o Ministério Público do Trabalho e com a própria Justiça do Trabalho. Não é casual o fato de que essa tríade institucional protagonizou alguns dos principais avanços civilizatórios no que diz respeito às relações de trabalho no Brasil. Um dos exemplos mais gritantes nesse sentido é o combate ostensivo às práticas de trabalho forçado, que só produziu resultados eficientes mediante a atuação coordenada de magistrados, procuradores e auditores-fiscais do trabalho. Igualmente não são casuais as manifestações recorrentes – inclusive de pessoas do próprio governo e de alguns de seus defensores – em favor da extinção da Justiça do Trabalho, o que afetaria igualmente a existência do Ministério Público do Trabalho. Dentro da visão típica da elite brasileira, a existência de instituições que atuam para reprimir essas práticas constitui obstáculo ao seu projeto de acentuação dos abismos sociais.

A extinção do Ministério do Trabalho, portanto, tem efeito simbólico de desqualificar uma instituição sólida e, além disso, colocá-la subordinada a uma pasta ministerial cuja preocupação central é a de defender os interesses do mercado. Dito de outra forma, a extinção operou a efetiva subordinação do trabalho ao capital, em desrespeito flagrante à Constituição e em resgate a concepções dos primórdios do liberalismo, que redundou no aprofundamento de desigualdades de tragédias sociais nos séculos XVIII e XIX.

No sentido prático, no entanto, essa extinção representou a interdição de um importante instrumento de combate a fraudes e outras práticas ilícitas no âmbito trabalhista. Se a estrutura da fiscalização do trabalho já era deficitária, a nova conformação sucateou de vez o trabalho dos auditores, abrindo espaços para a disseminação da impunidade aos contumazes descumpridores da legislação trabalhista. A essa medida associou-se um processo crescente de reformulação das Normas Regulamentadoras, responsáveis pela definição de diretrizes relacionadas à saúde e à segurança no trabalho, de modo a "atenuar" as obrigações das empresas, justamente em um país com altíssimo índice de acidentes de trabalho e doenças ocupacionais. Tais medidas evidenciam grave desrespeito à dignidade do trabalhador e ofensa sistêmica às obrigações assumidas pela ratificação da Convenção 81, da OIT.[525]

---

525. A Convenção 81 foi aprovada na 30ª reunião da Conferência Internacional do Trabalho, em 1947 e entrou em vigor em 1950. Foi aprovada em 1956 pelo

O primado dos interesses do mercado foi escancarado com a apresentação da Medida Provisória 881, mais conhecida como "MP da Liberdade Econômica", cuja finalidade seria *"a desburocratização e simplificação de processos com o objetivo de estimular a economia e o empreendedorismo."* O texto, no entanto, trouxe alterações em diversos dispositivos legais, não voltados somente para os fins indicados, mas também para afetar diretamente direitos trabalhistas, como a modificação no critério para exigência de controle de jornada (passando a ser para empresas com mais de 20 empregados e não de 10); possibilidade de haver expediente bancário aos sábados; possibilidade de implantação do controle de jornada por exceção e modificações na desconsideração da personalidade jurídica das sociedades.[526]

Ainda em 2019, outro ataque frontal ao mercado de trabalho protegido: confirmando o fora veiculado na campanha eleitoral[527], o governo editou a Medida Provisória 905, instituidora do eufemístico "Contrato de Trabalho Verde e Amarelo", que seria *"modalidade de contratação destinada à criação de novos postos de trabalho para as pessoas entre dezoito e vinte e nove anos de idade, para fins de registro do primeiro emprego em Carteira de Trabalho e Previdência Social"*, consoante explicita sua ementa. A par da ridícula designação – que, mais uma vez, evoca o nacionalismo exacerbado, próprio dos fascistas – essa modalidade contratual redundou na eliminação de alguns direitos trabalhistas, promovendo lastimável retrocesso social. Segundo o discurso oficial, a intenção desse tipo de contrato seria desonerá-los para tornar mais

---

Congresso Nacional, sendo ratificada em abril de 1957, para vigência a partir do ano seguinte. No entanto, em 1971 foi denunciada, mas a ratificação foi revigorada pelo Decreto n. 95.461, de 11.12.87.

526. A MP converteu-se na Lei 13.874, e foi publicada em 20-09-2019.

527. Com sua conhecida eloquência, o então candidato afirmou que o brasileiro precisa escolher entre "ter muitos direitos e pouco emprego, ou menos direitos e mais empregos". Disse, ainda, que "é horrível ser patrão no Brasil" e que a reforma trabalhista deve ser aprofundada com medidas mais favoráveis aos empregadores para gerar vagas. ([https://economia.estadao.com.br/noticias/geral,recebi-projetos-sobre-previdencia-e-pouco-sera-aproveitado-diz-bolsonaro,70002599184]).

barata a contratação aos empresários e gerar mais empregos. Dessa forma, "incentivaria" a concessão de emprego aos jovens até vinte e nove anos, por prazo de até 24 meses, com rendimento limitado a 1,5 salário mínimo. Assim, as empresas que adotassem esse tipo de contratação teriam isenção sobre a folha de pagamentos dos contratados da cota patronal da contribuição previdenciária de 20% destinada à Seguridade Social, e a contribuição ao FGTS seria de somente 2% – e não 8% –, independentemente do valor da remuneração.

Como se nota, a proposição é recheada de inverdades, e a primeira delas é a mera repetição do discurso de que a modificação do paradigma regulatório do mercado de trabalho seria destinada à criação de novos empregos. Conforme já discorremos em outros capítulos, a regulação de trabalho não guarda relação direta e imediata com a criação de empregos. Isso só se alcança com a adoção de uma política econômica desenvolvimentista que envolva, inclusive, ampliação da renda e redução da desigualdade, com vistas ao aquecimento do mercado consumidor. A ampliação de postos de trabalho é uma consequência natural de uma economia focada no desenvolvimento produtivo, como ocorreu na primeira década dos anos 2000. Não houve nenhuma atitude no atual governo voltada para essa finalidade: do contrário, sempre que agiu, o foi movido pelos interesses do mercado financeiro, que atua no sentido oposto ao do desenvolvimento. É hipócrita, portanto, justificar a adoção de medidas restritivas de direitos trabalhistas, para fomentar a criação de empregos, quando a política econômica não atua para o favorecimento dessa prática.

Demais disso, as experiências anteriores comprovam essa afirmação. Medidas análogas foram adotadas na década de 1990[528], e sem resultados eficientes. O mesmo discurso justificou a "reforma trabalhista", sobretudo no que tange às modalidades de contratação precária e à ampliação da terceirização, e igualmente não houve incremento no mercado de trabalho. Dados do IBGE indicam que em 2017 havia 12,689 milhões de desempregados no Brasil, e dois

528. Como a suspensão do contrato de trabalho para fins de qualificação profissional; o contrato por prazo determinado, dentre outras.

anos depois da "reforma" esse número reduziu para 12,515 milhões. Ou seja, houve uma redução de pouco mais de 1%, absolutamente insignificante para o tamanho do mercado de trabalho brasileiro e, especialmente, com a dimensão das mudanças legislativas e suas promessas. Falando em promessa, a "reforma" também proclamava a potencial redução da informalidade com a adoção das novas medidas, mas isso igualmente não se concretizou: em outubro de 2017 o Brasil tinha 17,8 milhões de trabalhadores sem carteira assinada e outros 22,8 milhões trabalhavam por conta própria. Em setembro de 2019 havia 18,9 milhões sem carteira assinada e 24,4 milhões trabalhando por conta própria, denotando aumento relevante em ambas as classes, ao contrário do que se proclamava.[529]

Duas conclusões são possíveis, a partir dessa constatação: ou os gestores brasileiros nada aprenderam com a experiência ou insistem na disseminação de falsas notícias para fundamentar suas medidas de precarização do trabalho. Não temos dúvidas de que a opção mais pertinente é a segunda, mesmo porque os atuais ocupantes do Palácio do Planalto são ávidos promotores de *fake news*. O discurso é modulado para convencer a sociedade, inclusive os próprios trabalhadores que estão excluídos do mercado de trabalho, de que a sua reinserção só é possível com a redução de direitos, como atesta a frase proverbial do então candidato a Presidente antes anunciada. Nesse contexto, a MP 905 promoveu alterações em 130 artigos da CLT, revogando mais de 40 dispositivos, deixando latente que os seus propósitos transcendiam, e muito, aquele apontado na ementa da norma. Ademais, a MP também trouxe regras favorecedoras da leniência empresarial, como a extinção de registros profissionais de diversas categorias – o que passou a ser um permissivo para o exercício ilegal de certas profissões – e a restrição para a atividade fiscalizatória no ambiente de trabalho, comprometendo mais um pouco da já combalida atuação preventiva.

Mas o ponto crucial da MP diz respeito exatamente à citada "desoneração". As mais significativas obrigações patronais suprimidas foram as contribuições previdenciária (cota patronal) e FGTS

529. Dados colhidos em [https://www.ibge.gov.br/].

(redução do percentual). A redução da contribuição ao FGTS também foi acompanhada do corte, pela metade, da indenização compensatória pela despedida injusta, prevista na Lei 8.036, o que representa, na realidade, a pura e simples eliminação de direitos. Dito de outro modo, a anunciada desoneração da folha de pagamento não recaiu sobre os tributos nela incidentes, mas sim sobre parcela devida aos trabalhadores por ocasião do fim do contrato de trabalho. A pretexto da dita redução de encargos, a modulação se deu exatamente na garantia econômica conferida aos trabalhadores quando ficam desempregados.

De outra parte, a eliminação da contribuição patronal para a Seguridade Social é um contrassenso na medida em que, como dito, não foram poupados esforços para se promover (mais uma) "reforma da Previdência Social" sob o fundamento da necessidade de seu equilíbrio fiscal. Só que isso se deu mediante o endurecimento de regras para aposentadoria, supressão de benefícios e ampliação do tempo de contribuição, na contramão do beneplácito concedido pela MP 905 aos empregadores. O cenário de crueldade se completa com a instituição de uma inacreditável contribuição incidente sobre o seguro-desemprego, o que sintetiza uma das mais bem-acabadas distorções da sociedade brasileira: em um país repleto de desigualdades e com uma altíssima concentração da renda, as elites políticas se recusam a tributar as grandes fortunas, mas taxam os desempregados, para compensar o caixa previdenciário com as isenções às empresas. Trata-se de medida tão absurda e insensível, que sua existência só pode ser de responsabilidade de um governo apenas comprometido com os interesses do capital, sem qualquer apreço pelas classes mais pobres.

A despeito das flagrantes inconstitucionalidades das inúmeras críticas recebidas, a MP só não foi convertida em lei pela incapacidade política do governo federal. Atropelado pelos fatos desde o reconhecimento da pandemia do novo coronavírus, entrou em rota de colisão com o Congresso Nacional e tomou medida mais inusitada ainda: revogou a Medida Provisória antes que seu prazo decaísse[530], o que foi interpretado como uma tentativa de se esquivar da restrição do § 10 do art. 62, da Constituição[531], o que ainda não se concretizou. O pior disso é que a falta de apreciação completa pelo Congresso não ensejou a possibilidade de serem disciplinadas as relações jurídicas ocorridas no período de vigência da MP, como preconiza o § 3º do art. 62, da CF. Dessa maneira, as situações concretas de pessoas contratadas sob esse regime encontram-se sem nenhuma regulação normativa, o que faz supor que elas irão desembocar no Judiciário em breve futuro.

E O MUNDO NÃO É PLANO MESMO...

Desde o reconhecimento da pandemia do novo coronavírus, pela Organização Mundial da Saúde, a maior parte das nações têm dirigido os seus principais esforços ao combate aos efeitos mortais e à atenuação das repercussões econômicas, sobretudo causadas pelo indispensável isolamento social. Em alguns países, no entanto, conduzidos por certo fundamentalismo, adotou-se política *negacionista*, com minimização da doença e das mortes que causa, especialmente para justificar medidas contrárias às necessárias restrições da atividade econômica. Não é mera casualidade que os defensores dessa postura são aqueles que se aproximam dos "terraplanistas", seres iluminados que renegam o formato esférico da Terra.

A despeito da injustificável refutação das evidências da ciência, a pandemia escancarou a face mais cruel do capitalismo: sua capacidade de produzir iniquidades. Ainda que vozes eloquentes tenham bradado a universalidade com que o vírus e a doença podem atingir as pessoas, o ponto de chegada está longe de ser o mesmo. Para as parcelas mais favorecidas das sociedade os sacrifícios decorrentes do isolamento social são compensados com outros prazeres acessíveis para que tem condições econômicas e

530. A revogação se deu pela Medida Provisória 955, de 20 de abril de 2020.

531. Art. 62, § 10, da Constituição - É vedada a reedição, na mesma sessão legislativa, de medida provisória que tenha sido rejeitada ou que tenha perdido sua eficácia por decurso de prazo.

infraestrutura. Mas que tipo de vida em isolamento pode-se exigir de quem mora em condições precárias, juntamente com diversas pessoas, nem todas da mesma família? Se o acesso à internet permite remotamente o trabalho, o lazer e a formação, como ficam os 70 milhões de brasileiros e brasileiras que possuem acesso precário – ou nenhum acesso – à rede mundial?[532] Como exigir medidas de proteção sanitária como o uso de máscaras e de álcool gel e lavar habitualmente as mãos para quem não tem água ou esgoto tratados? E para os moradores de rua, que se alimentam de restos de comida apanhados nas lixeiras das grandes cidades? Se é verdadeiro que a pandemia se mostrou "democrática" na escolha das suas vítimas, as possibilidades de reação são significativamente diferentes, de acordo com as classes sociais atingidas. A desigualdade latente tornou-se visível até para quem tem menor sensibilidade social.

Pareceria inevitável que, nesse momento, houvesse uma reflexão mais profunda sobre o papel do Estado nas relações sociais. Em tempos de revigoramento do discurso neoliberal em diversos países do mundo, acentuaram-se as críticas à atuação estatal destinada a regular o mercado ou, de alguma forma, intervir nos processos de formação da economia. Os "valores" do livre mercado são vendidos como sinônimo de pujança e desenvolvimento, contrapondo-se artificialmente com o "atraso" representado por políticas de inclusão social, em regras associadas à leniência. No entanto, bastou o surgimento de algo completamente fora do controle do poder econômico para que ele reconsiderasse a demonização do papel interventivo do Estado. Não que o fizesse de maneira ostensiva e universal, reconhecendo a relevância de atitudes institucionais propositivas para o bem da sociedade. As elites econômicas não têm o costume de agir de forma tão altruísta: em seu individualismo cínico, clamam por ajuda do Estado apenas para proteger seus interesses, mas pretendem continuar criticando seu "paternalismo" quando ajudam os mais pobres.

A situação gerada pandemia deveria servir para que o papel do Estado fosse ressignificado, e dele se recuperasse uma das suas

532. [https://www1.folha.uol.com.br/mercado/2020/05/cerca-de-70-milhoes-no-brasil-tem-acesso-precario-a-internet-na-pandemia.shtml].

principais funções: a de assegurar a paz e a justiça social. Mas do pouco que se observa, não parece ser essa a tendência, ao menos em países como o Brasil, que cada vez mais abraça a destruição do Estado Social mal-acabado que aqui se formou. Aliás, ao contrário do que se propugnava quando do início da pandemia, é pouco provável que ocorram mudanças no plano individual ou coletivo, a não ser em poucas e honrosas exceções. Ao tempo em que escrevemos estas linhas, não são raros os exemplos de pessoas, em regra integrantes das classes dominantes – ou da classe que pretende estar em eterna ascensão – que exalam arrogância e irresponsabilidade, com atitudes de desrespeito ao isolamento social por mero diletantismo. O noticiário é recheado de relatos de pessoas flagradas em bares clandestinos, veleiros, festas e confraternizações, exibindo seus sinais externos de mediocridade, que fazem questão de compartilhar em redes sociais, de modo a perenizar sua imbecilidade. Enquanto isso, milhares de pessoas pobres se submetem a um risco imposto pela necessidade do trabalho, usando o tradicionalmente apinhado transporte coletivo, desta feita não apenas cheio de pessoas, mas provavelmente também lotado do vírus infectante e mortal.

Ao lado desses, um caso peculiar: os trabalhadores intermediados por aplicativos, que estão sustentando parte da economia não atingida pela pandemia e literalmente socorrendo os integrantes das classes mais bem posicionadas. Quem tem recursos financeiros para tanto, substituiu almoços e jantares em restaurantes por entregas a domicílio. Também recebe encomendas de farmácias e supermercados e as compras feitas pela internet. Para isso, conta com um exército de trabalhadores invisibilizados por um sistema jurídico que não os protege, eis que boa parte da jurisprudência trabalhista ainda se recusa a reconhecer a óbvia relação de emprego entre eles e as plataformas. Alienados da proteção, esses trabalhadores e trabalhadoras passam fome enquanto transportam comida para os usuários e se submetem ao risco de contágio, sem que o Estado tenha sequer um olhar em sua direção.[533]

533. Algumas decisões da Justiça do Trabalho determinaram o fornecimento de equipamentos de proteção esses trabalhadores, mesmo sem que houvesse

Todas essas evidências retratam que, em países como o Brasil, a pandemia potencializou a irracionalidade e desfraldou a desigualdade, estando muito distante de se tornar um evento capaz de moldar seres humanos melhores. Muito mais longe de ser uma sociedade que valorize o papel do Estado e a importância de sua atuação em momentos de crise, inclusive produzidas pelo próprio capitalismo. Coerente com essa visão, as respostas do governo foram completamente débeis, voltando as medidas adotadas para a precarização do trabalho e atendimento às grandes corporações. É certo que, além da crise sanitária, o Brasil já enfrentava grave crise econômica, como resultante da recessão dos últimos anos e da falta de capacidade deste mesmo governo – e dos dois que o antecederam – de enfrentá-la de maneira eficiente. À ambas adicionou-se uma infindável crise política, produzida por um governo fraco e inconsistente, produtor de conflitos autofágicos e com os demais poderes, e que demonstra a cada dia maior incapacidade de conduzir um país com a importância do Brasil.

A resposta que todos esperavam envolvia a efetiva proteção do emprego e da renda, alcançando não apenas os trabalhadores do mercado formal de emprego, mas, sobretudo, os chamados "informais" e aqueles marginalizados, como os citados trabalhadores com intermediação eletrônica, por exemplo. Conforme foi exposto, a preservação da renda dessa massa seria fundamental para assegurar a sobrevivência da maior parte da população brasileira, inclusive oferecendo meios para preservar o consumo essencial. Ao lado disso, seria indispensável a adoção de mecanismos de proteção específica para os pequenos empreendedores e para as pequenas e médias empresas, com pequeno capital de giro, patrimônio reduzido e apertada margem de lucro, que precisam de incremento da atividade produtiva no cenário de isolamento social e suprimento dos prejuízos sofridos nesse período.

---

discussão a respeito da natureza de sua relação jurídica. O foco, no caso, foi a proteção à sua vida e à vida dos consumidores. A maioria delas, no entanto, foi cassada sob fundamentos genéricos, como a irreversibilidade do "dano" à plataforma.

A postura do governo, no entanto, foi em sentido diametralmente oposto: adotando práticas genocidas, de incentivo à contaminação, criou uma artificiosa dicotomia entre a proteção à vida e a preservação da economia, ignorando por completo que a disseminação da doença e da morte de indivíduos são elementos naturalmente comprometedores do desenvolvimento econômico. Movido pelo fundamentalismo associado à ignorância e à medíocre percepção das elites econômicas, o governo federal agiu ostensivamente contra o isolamento social, com vistas à retomada das atividades do comércio, da indústria e dos serviços, como se isso fosse promover a recuperação do país. A resposta governamental foi a supressão de direitos trabalhistas, retirando total ou parcialmente os salários dos trabalhadores, o que só compromete ainda mais a atividade econômica, especialmente das empresas menores.

Tornou-se evidente que o foco das medidas do governo foi o atendimento às grandes corporações, o que sequer foi disfarçado em fala do Ministro da Economia, Paulo Guedes, durante reunião ministerial ocorrida em abril, e cuja gravação foi tornada pública por decisão do STF.[534] A concessão de um modesto abono emergencial e de uma linha de crédito insuficiente e inacessível para pequenas e médias empresas foram acompanhadas de medidas provisórias precarizantes e desestruturantes do mercado de trabalho, travestidas de "medidas de emergência".

Em um cenário extremamente grave e preocupante, o mundo do trabalho é seriamente afetado pela pandemia. Os profissionais da saúde, que atuam na linha de frente do combate ao vírus, são expostos diariamente aos riscos de sua contaminação e de sua família. Os que atuam em atividades tidas como essenciais têm de correr riscos para prover a sociedade daquilo que é indispensável. Sofrem, ainda, os dissabores possíveis durante o deslocamento para o trabalho, sem obrigatoriedade de fornecimento de proteção

---

534. A fala do Ministro foi "Nós vamos botar dinheiro, e vai dar certo e nós vamos ganhar dinheiro. Nós vamos ganhar dinheiro usando recursos públicos pra salvar grandes companhias. Agora, nós vamos perder dinheiro salvando empresas pequenininhas". Veja mais em [https://noticias.uol.com.br/politica/ultimas-noticias/2020/05/22/guedes-vamos-usar-recurso-publico-com-grandes-empresas-e-ganhar-dinheiro.htm?cmpid=copiaecola].

específica para esse fim. A eles se associa um número significativo de trabalhadores em atividades não-autorizadas pelo poder público, mas que funcionam de forma clandestina e colocam em risco seus trabalhadores. Ademais, há os trabalhadores informais e os marginalizados, mas nenhum desses foi considerado no regramento emergencial. As hipóteses trazidas pelas MPs vão ao encontro do interesse das grandes empresas, inclusive as que tiveram lucros históricos e que foram as pioneiras na adoção das autorizações normativas para redução de direitos. Um sintoma dessa política é o fato de que há previsões que nada têm a ver com a pandemia: são desejos confessos de um governo que flerta com o fascismo e é comprometido com a destruição total do Direito do Trabalho.

COM SUPREMO, COM TUDO...

As medidas governamentais relacionadas às relações trabalhistas ficaram concentradas nas MPs 927, de 22 de março e 936, de 01 de abril de 2020. Como vem sendo natural na gestão, a primeira delas teve um dispositivo que só durou 24 horas: o art. 18 da MP tratava da suspensão pura e simples do contrato de trabalho, e as críticas que recebeu fizeram com que fosse revogado no dia seguinte.

A despeito de se usar como fundamento o estado de calamidade pública definido pelo Decreto Legislativo 6, de 2020, o propósito dessas medidas não disfarça o intento precarizante, inclusive pela adoção de regras que não decorrem, de forma alguma, das necessidades derivadas da pandemia. Na realidade, a resposta governamental foi lenta, o que é incompatível com a premência dos fatos e da necessidade de um enfrentamento eficiente deles. Talvez como sintoma do negacionismo federal sobre a gravidade da pandemia, somada à incompetência dos gestores para lidar com uma crise dessa dimensão, o que se abstrai da formatação dessas medidas é a improvisação, o que resultou em disposições descomprometidas com a boa técnica e sem nenhuma formulação de estudos que pudessem justificar sua existência. Como já afirmamos, a retração econômica decorrente do necessário distanciamento social, que interditou o funcionamento da maior parte das atividades produtivas, exige respostas de incremento estatal para suprir os danos sofridos pelos trabalhadores e pelos pequenos empreendedores. Por mais que isso cause arrepios nos adoradores do fiscalismo, é justamente em momentos como esses que o Estado deve desembolsar recursos para socorrer a sociedade. No Brasil de 2020, no entanto, isso só foi feito para beneficiar grandes corporações, inclusive do sistema financeiro[535], o mesmo que criou incontáveis obstáculos para o acesso ao crédito às pequenas e médias empresas, como previsto na Medida Provisória 444.[536] O improviso se torna evidente com a edição de duas MPs no espaço de dez dias, sem que houvesse entre elas qualquer harmonização sistêmica, além do já citado episódio da revogação parcial da primeira.

Ao lado disso, e na mesma estratégia inaugurada pela "reforma" trabalhista de 2017, foi completamente ignorado o princípio do tripartismo consagrado pela Convenção 144 da OIT. A despeito de serem medidas de forte impacto nas relações de trabalho e com efeitos macroeconômicos severos, não foram previamente discutidas com as representações dos trabalhadores. Isso torna completamente inconvencionais as medidas provisórias, pois elaboradas sem essa indispensável interlocução. A exemplo do que já vinha sendo realizado nos últimos tempos, a conduta do governo brasileiro evidencia um franco desrespeito aos compromissos do Brasil perante a OIT. Há, assim, um grave déficit de democracia na adoção dessas medidas emergenciais, que afetam diretamente os interesses dos trabalhadores, sem dialogar com a sua representação. Isso também não chega a surpreender, dado que o discurso

---

535. No final de março, o Banco Central anunciou que havia disponibilizado R$ 1,216 trilhão para os bancos brasileiros, para "combater os efeitos negativos da epidemia de coronavírus sobre o sistema financeiro". O montante, correspondente a 16,7% do Produto Interno Bruto (PIB), é absurdamente superior ao destinado ao Auxílio Emergencial para os que perderam renda e ao Benefício criado pela MP 936 para atenuar a redução ou a supressão salariais. Vide matéria completa em [https://economia.uol.com.br/noticias/estadao-conteudo/2020/03/23/com-crise-bc-ja-anunciou-r-12-trilhao-em-recursos-para-bancos.htm?cmpid=copiaecola].

536. [https://theintercept.com/2020/05/18/bancos-emprestimos-crise-coronavirus/].

oficial demoniza a atividade sindical e as próprias medidas editadas desconsideram quase que por completo o papel dos sindicatos.

À margem disso tudo, a MP 927 foi apresentada como um conjunto de *"alternativas trabalhistas para enfrentamento do estado de calamidade pública"*, explicitando as medidas *"que poderão ser adotadas pelos empregadores para preservação do emprego e da renda e para enfrentamento do estado de calamidade pública reconhecido pelo Decreto Legislativo nº 6, de 20 de março de 2020, e da emergência de saúde pública de importância internacional decorrente do coronavírus (**covid-19**), decretada pelo Ministro de Estado da Saúde, em 3 de fevereiro de 2020, nos termos do disposto na Lei nº 13.979, de 6 de fevereiro de 2020."* Tais medidas seriam a adoção do teletrabalho; a antecipação de férias individuais; a concessão de férias coletivas; o aproveitamento e a antecipação de feriados; a implantação do banco de horas; a suspensão de exigências administrativas em segurança e saúde no trabalho; o direcionamento do trabalhador para qualificação[537]; e o diferimento do recolhimento do Fundo de Garantia do Tempo de Serviço – FGTS.

Além dessas possibilidades, o parágrafo único do art. 1º. assinala que o estado de calamidade pública apontado no *caput* constitui hipótese de força maior, nos termos do disposto no art. 501 da CLT. E, o mais grave disso tudo: o art. 2º aponta que *"durante o estado de calamidade pública a que se refere o art. 1º, o empregado e o empregador poderão celebrar acordo individual escrito, a fim de garantir a permanência do vínculo empregatício, que terá preponderância sobre os demais instrumentos normativos, legais e negociais, respeitados os limites estabelecidos na Constituição."* Sem sombra de dúvidas, este é o dispositivo mais perigoso da Medida Provisória. Ele subverte toda a lógica do Direito do Trabalho, ao contrariar o princípio da norma mais favorável e consegue ir além da "reforma" trabalhista no seu intento de derrogar a legislação trabalhista. Se naquela ocasião anunciamos a impropriedade de se entender que o "negociado prevalece sobre o legislado", com maior razão denunciamos a mais completa perversidade da sujeição de

537. Embora não tenha sido formalmente revogado, este inciso ficou sem regulamentação, diante da revogação do art. 18 da MP.

todas as demais regras infraconstitucionais ao "acordo individual de trabalho". Afinal, todos sabem que as relações de trabalho são naturalmente desequilibradas e os ajustes contratuais são celebrados no interesse precípuo do empregador. Não fosse dessa forma, as normas de proteção previstas nas regras e princípios do Direito do Trabalho não teriam justificativa. A disposição indicada, além de contrariar o princípio já mencionado, igualmente colide com os artigos 9º., 444 e 468, da CLT, denotando sua notória incongruência sistêmica.

O fato concreto é que esse dispositivo, conquanto integre Medida Provisória justificada por razões excepcionais, e aponte a sua aplicação exclusiva *durante o estado de calamidade pública*, nada tem a ver com a pandemia. Não há nenhuma justificativa econômica ou jurídica para o conteúdo do art. 2º. da MP. A relativização da importância dos demais documentos normativos, inclusive aqueles negociados coletivamente, não é algo demandado para permitir um melhor enfrentamento dos problemas econômicos das empresas em razão da excepcionalidade do momento. O intento, nesse caso, é escancarar as hipóteses de supressão de direitos, que dispensaria até mesmo modificações legislativas para se concretizar. Dito de outro modo, ele permite aquilo que foi duramente combatido pelas pessoas comprometidas com o Direito do Trabalho nos últimos trinta anos, que é a ampla flexibilização completa da legislação trabalhista.

Trata-se de desejo confesso do Ministro da Economia que, em mais de uma oportunidade, revelou sua preferência por um modelo privado de regulação do trabalho, marcado pela contratação direta entre empregados e empregadores, sem a participação do Estado ou dos sindicatos. No entanto, esse modelo é incompatível com regime constitucional brasileiro e com a história das nossas relações laborais, que desconsidera o contexto da transição do trabalho escravo para o livre, já analisado em outro capítulo. Mas não falamos, aqui, de ignorância, mas de cálculo preciso: trata-se do caminho mais curto para a instalação da precariedade como regra no mercado brasileiro, bem ao gosto dos escravocratas como o referido Ministro, que não se envergonhou de carregar todo o seu preconceito contra a classe trabalhadora, como fez no episódio "Disneylândia".[538]

A suspensão do contrato de trabalho, retirada da MP 927, voltou com toda carga na MP 936, juntamente com a possibilidade de redução salarial, e com um acréscimo libidinoso: a possibilidade de serem realizadas mediante "acordo individual de trabalho", na esteira do que já constava da outra MP. Revela-se aqui o grande equívoco conceitual do combate aos efeitos da pandemia: até o mês de junho de 2020, a adoção das medidas governamentais provocou R$ 52 bilhões em perdas salariais, conforme estudos realizados Instituto de Pesquisa Econômica Aplicada (IPEA). De acordo com a pesquisa, a renda média dos trabalhadores com carteira assinada foi reduzida para 82% do montante original, evidenciando uma perda significativa do seu poder de compra.[539] Isso vai na contramão da necessidade de se preservar a economia dos pequenos negócios, como já foi dito anteriormente. E boa parte das reduções salariais foram praticadas por empresas de segmentos pouco atingidos pelos efeitos da pandemia.

Em um contexto de normalidade institucional, medidas como essas não sobreviveriam ao exame de constitucionalidade. Mas o Estado brasileiro rompeu com esse pacto, e o próprio Direito passou a não mais servir à Constituição, desde que preceitos fundamentais nela inscritos passaram a ser relativizados em nome de conceitos jurídicos indeterminados. Qualquer exame superficial de normas que comportam o alijamento dos sindicatos da definição da regulação do trabalho; a subversão da hierarquia própria do Direito do Trabalho e o desprezo por temas relacionados à saúde e segurança no trabalho levariam à conclusão de sua incompati-

538. O Ministro, autêntico representante das elites econômicas, destilou seu preconceito ao falar do câmbio, talvez para ocultar sua incompetência para controlá-lo. Em fevereiro de 2020, ironizou o suposto fato de que empregadas domésticas, nos tempos de câmbio mais favorável, viajavam ao famoso parque estadunidense. Veja mais em [https://noticias.uol.com.br/colunas/leonardo-sakamoto/2020/02/12/guedes-reclama-de-domestica-na-disney-e-prova-ser-ministro-de-bolsonaro.htm].

539. A pesquisa completa está em [https://www.ipea.gov.br/portal/images/stories/PDFs/conjuntura/200702_cc_48_mercado_de_trabalho.pdf].

bilidade com a ordem constitucional. Mas não foi esse o resultado da análise preliminar das Ações Diretas de Inconstitucionalidade imediatamente ajuizadas contra as medidas.

Fazendo cumprir a profecia do Senador Romero Jucá, a maior parte das regras das MPs foi ratificada pelo STF, que não vislumbrou as flagrantes ofensas à Constituição. Em nome do "estado de emergência", o STF relativizou regra explícita da Carta Política de 1988, que só permite a redução salarial – e, com muito mais razão, a sua supressão – por negociação coletiva. Invocando o caráter excepcional da medida, o Supremo suprimiu a exigência constitucional para afastar a necessidade da negociação coletiva com essa finalidade, instituindo uma nova modalidade de direitos: os direitos fundamentais líquidos. A exemplo do que já fizera com a garantia constitucional da presunção de inocência, o STF buscou elementos circunstanciais para afastar direitos dotados de fundamentalidade material. Ignorou por completo que essa gama de direitos é assim reconhecida justamente porque pertence a um núcleo intangível de proteção ao indivíduo e à coletividade, não apenas contra os arbítrios do Estado, mas a todas as conjecturas temporais e espaciais porventura existentes. Sua fundamentalidade é reconhecida exatamente para que o cidadão não fique à mercê das injunções políticas, sociais ou econômicas, e tenha um arsenal que preserve o elementar para a sua dignidade.

Na interpretação que prevaleceu, todavia, os direitos fundamentais foram liquefeitos, à mercê dos interesses do mercado. Os principais argumentos usados na defesa da indefensável constitucionalidade estão associados à necessidade de preservação da saúde das empresas, mas pouco se destinou aos trabalhadores e trabalhadoras atingidos gravemente pelas medidas. O fundamento da "preservação do emprego" é insustentável, eis que somente uma atuação consistente e providencial do Estado seria capaz de suportar os ônus da recessão econômica que se desenha. Mas a opção foi a descarregar esse encargo nas costas dos que pouco têm, fazendo-se uso de uma técnica muito comum na interpretação constitucional brasileira contemporânea: a jurisprudência de ocasião, moldada de acordo com os interesses exclusivos das classes dominantes. Pouco importa, nesse caso, que os interesses da maioria sejam desconsiderados, e muito menos que são exatamente os mais pobres que estão fragilizados durante a pandemia, porque a cada dia se encontram mais desprotegidos.

Com isso, completa-se o processo definitivo para a perenização da desigualdade: a destruição do Direito do Trabalho em meio a uma pandemia mortal agem de maneira incisiva para promover a chamada "gestão dos indesejáveis", eliminando da vida social aqueles cuja existência digna jamais foi admitida pelas elites.

BIBLIOGRAFIA

ABENDROTH, Wolfgang. *A história social do movimento trabalhista europeu.* [trad.] Ina de Mendonça. Rio de Janeiro: Paz e Terra, 1977.

ALVES, Giovanni. *O novo (e precário) mundo do trabalho. Reestruturação produtiva e crise do sindicalismo.* São Paulo: Boitempo, 2000.

ALMEIDA, Maria H. T. de. *Crise Econômica e Interesses Organizados:* O sindicalismo no Brasil dos anos 80. São Paulo: EDUSP, 1996.

ANTUNES, Ricardo. *Adeus ao trabalho. Ensaio sobre as Metamorfoses e a Centralidade do Mundo do Trabalho.* 7ª. ed. São Paulo: Cortez; Unicamp, 2000.

________. *Classe Operária, Sindicatos e Partido no Brasil: Da Revolução de 30 até a Aliança Nacional Libertadora.* 2ª. ed. São Paulo: Cortez; Ensaio, 1988.

________. O neoliberalismo e a precarização estrutural do trabalho na fase de mundialização do capital. [A. do livro] Alessandro da Silva *et al. Direitos humanos: essência do Direito do Trabalho.* São Paul: SP, 2007, pp. 38-48.

________. *O novo sindicalismo.* São Paulo: Brasil Urgente, 1991.

________. *Os sentidos do trabalho. Ensaio sobre a afirmação e a negação do trabalho.* 2ª. ed. São Paulo: Boitempo, 2000.

AQUINO, Rubim Santos Leão de *et al. Sociedade Brasileira:* Uma história através dos movimentos sociais. São Paulo: Record, 2000.

ARENDT, Hannah. *As origens do totalitarismo.* [trad.] Roberto Raposo. Rio de Janeiro: s.n., 1979.

________. *Da revolução.* São Paulo; Brasília: Ática; Unb, 1988.

________. *O sistema totalitário.* Lisboa: Publicações Dom Quixote, 1978.

Aristóteles. 2006. *A política.* São Paulo: Martins Fontes, 2006.

BARROS, Alice Monteiro de. *Curso de Direito do Trabalho.* 2ª. ed. São Paulo: LTr, 2006.

BELCHIOR, Luisa; RUSSO, Rodrigo; VILA-NOVA, Carolina; e MARINHEIRO, Vaguinaldo. *Indignados unidos.* Reportagem do Jornal Folha de São Paulo, página A22, publicada dia 05/06/2011.

BELTRAN, Ari Possidônio. *A autotutela nas relações de trabalho.* São Paulo: LTr, 1996.

BIAVASCHI, Magda Barros. *O Direito do Trabalho no Brasil – 1930-1942 – A construção do sujeito de direitos trabalhistas.* São Paulo: LTr, 2007.

BIDET, Jacques e TEXIER, Jacques. *La crise du travail.* paris: Presses Universitaires de France, 1995.

BIHR, Alain. *Da grande noite à alternativa. O movimento operário europeu em crise.* [trad.] Wanda Caldeira Brant. São Paulo: Boitempo, 1999.

BITTAR, Eduardo *O Direito na pós-modernidade.* 2ª. ed., rev. ampl., Rio de Janeiro: Forense Universitária, 2009.

BOITO JR., Armando (org.). *O sindicalismo brasileiro nos anos 80.* São Paulo: Paz e Terra, 1991.

_________, Armando. *Política neoliberal e sindicalismo no Brasil.* São Paulo: Xamã, 1999.

BOLTANSKI, Luc e CHIAPELLO, Ève. *O novo espírito do capitalismo,* São Paulo: Martins Fontes, 2009.

BONAVIDES, Paulo. *Do Estado liberal ao Estado social.* 4ª. ed. Rio de Janeiro: Forense, 1980.

BRITO FILHO, José Cláudio Monteiro. *Direito Sindical.* 2ª. ed. São Paulo: LTr, 2007, p. 35.

CANÊDO, Letícia Bicalho. *A Revolução Industrial.* 23ª. ed. São Paulo: Atual, 1994.

CANOTILHO, José Joaquim Gomes. *Direito Constitucional e Teoria da Constituição.* 7ª. ed. Lisboa: Almedina, 2003.

CARVALHO, Laura. *Valsa Brasileira – Do boom ao caos econômico.* São Paulo: Todavia, 2018.

CASARA, Rubens, *Estado pós-democrático,* Rio de Janeiro: Civilização Brasileira, 2017.

CATHARINO, José Martins. *Compêndio de direito do trabalho.* São Paulo: Saraiva, 1981. Vol. 1.

CATTANI, Antonio David (org.). *Trabalho e tecnologia. Dicionário crítico.* 2ª. ed. Petrópolis: Vozes, 1997.

CENTRAL DOS TRABALHADORES E TRABALHADORAS DO BRASIL. *Princípios e objetivos da CTB.* Disponível em [http://portalctb.org.br/site/a-ctb/princos-mainmenu-9].

CENTRAL ÚNICA DOS TRABALHADORES. Resoluções do 2º. Congresso. Rio de Janeiro: CUT, 1986.

CLARO, Maria Ângela Marques Del. *A autonomia privada coletiva como fonte de normas trabalhistas no Brasil, durante os últimos seis anos do século XX, in* Direito do Trabalho contemporâneo – Flexibilização e efetividade. São Paulo: LTr, 2001.

CONSELHO SUPERIOR DA JUSTIÇA DO TRABALHO, *Relatório Analítico, In* Relatório Geral da Justiça do Trabalho, 2018. Disponível em: [http://www.tst.jus.br/documents/18640430/24641384/Relat%C3%B3rio+Anal%C3%ADtico+2018/80a3fb9b-ca42-dd32-2a7d-89f3092627b7].

CONSELHO SUPERIOR DA JUSTIÇA DO TRABALHO, *Relatório Demonstrativo, In* Relatório Geral da Justiça do Trabalho, 2018. Disponível em: [http://www.tst.jus.br/documents/18640430/24641384/Relat%C3%B3rio+Demonstrativo+2018/a8896c73-a3d6-cdf8-3381-6bb6b529fbfd].

CORRÊA, Maíra Baumgarten. Reestruturação produtiva e industrial. [A. do livro] Antonio David (org.) Cattani. *Trabalho e Tecnologia. Dicionário Critico.* 2ª. Petrópolis; Porto Alegre: Vozes; UFRGS, 1999.

COSTA, Emília Viotti da. *Brasil:* Da Monarquia à República. São Paulo: Brasiliense, 1985.

COTRIM, Gilberto. *História global. Brasil e Geral.* São Paulo: Saraiva, 2008.

COUTINHO, Aldacy Rachid. *Trajetória do Sindicalismo Brasileiro: análise do suporte legislativo. In* Araújo, Silvia Maria de; Ferraz, Marcos. *Trabalho e Sindicalismo*: tempo de incertezas. São Paulo: LTr, 2006. pp. 271-272.

CRUZ, Antônio. *A janela estilhaçada – a crise do discurso do Novo Sindicalismo.* Petrópolis: Vozes, 2000.

Delgado, Mauricio Godinho. *Capitalismo, trabalho e emprego – Entre o Paradigma da Destruição e os Caminhos de Reconstrução.* São Paulo: LTr, 2006.

________. *Curso de direito do trabalho.* 16ª. ed. São Paulo: LTr, 207.

________. *Democracia e justiça.* São Paulo: LTr, 1993.

________. *Direito Coletivo do Trabalho.* 3ª. ed. 2ª tiragem. São Paulo: LTr, 2010.

________. Direitos fundamentais na relação de trabalho. [A. do livro] Alessandro da Silva, *et al. Direitos humanos: essência do Direito do Trabalho.* São Paulo: LTr, 2007, pp. 67-87.

________. Globalização e hegemonia: cenários para a desconstrução do primado do trabalho e do emprego no capitalismo contemporâneo. [A. do livro] Cristiano Paixão, Douglas Alencar Rodrigues e Roberto Figueiredo Caldas. *Os novos horizontes do direito do trabalho.* São Paulo: LTr, 2005, pp. 282-302.

________. *Princípios de direito individual e coletivo do trabalho.* São Paulo: LTr, 2001.

DEUTSCHER, Isaac, *Trotksy – o profeta banido.* Rio, Civilização Brasileira, 1968.

DIAS, Carlos Eduardo Oliveira. *A efetivação jurisdicional da liberdade sindical,* Tese de Doutoramento, Faculdade de Direito da Universidade de São Paulo, 2014.

________. *A terceirização no Direito do Trabalho: o PL 4.330 e a desconstrução dos direitos sociais,* ISantos, Lorival, *et alii,* (org) *O Direito do Trabalho e o Processo do Trabalho no século XXI – livro comemorativo dos 30 anos do TRT da 15ª. Região,* São Paulo: LTr, 2016, pp. 165-176.

________. *et alii. Comentários à Lei da Reforma Trabalhista,*2ª. ed. São Paulo: LTr, 2018

________. *Entre os cordeiros e os lobos.* São Paulo: LTr, 2009.

DINIZ, Maria Helena. Dicionário Jurídico. São Paulo: Saraiva, 1998. Vol. 1, verbete "Autonomia da vontade".

DWORKIN, Ronald Miles, Levando os direitos a sério. São Paulo: Martins Fontes, 2002.

DWORKIN, Ronald Miles. É o direito um sistema de regras?. Estudos Jurídicos, São Leopoldo, RS, v. 34, n. 92 , set./dez. 2001, p. 127/128.

ECO, Umberto. *O fascismo eterno.* 5ª. ed., São Paulo: Record, 2019.

ENGELS, Friedrich. *A situação da classe trabalhadora na Inglaterra.* São Paulo: Global, 1986.

FAORO, Raymundo. Os donos do poder. Formação do patronato político brasileiro. 7ª. Rio de Janeiro: Ed. Globo, 1987.

FAUSTO, Boris.*História do Brasil.* São Paulo: Edusp, 2006.

FEDERAÇÃO DO COMÉRCIO DE BENS, SERVIÇOS E TURISMO DO ESTADO DE SÃO PAULO. *Veredicto – boletim jurídico* nº. 07. São Paulo: FECOMERCIO, abr/maio de 2012.

FELIPE, Marcio Sotelo. *Fascismo no Brasil Hoje. In* Revista EMERJ, Rio de Janeiro, v. 18, n. 67, jan-fev. 2015, pp. 456-457.

FERRER, Florencia. *Reestruturação capitalista. Caminhos e descaminhos da Tecnologia da Informação.* São Paulo: Moderna, 1998.

FIGUEIREDO, José Ricardo. 2004. *Modos de ver a produção do Brasil.* São Paulo: Autores associados; Educ; Fapesp, 2004.

FIORI, José Luiz. 1999. *Estados e moedas no desenvolvimento das nações.* 2ª. Petrópolis: Vozes, 1999.

FORÇA SINDICAL. *Os princípios da Força.* São Paulo: Força Sindical, 1991.

FREITAS JR., Antônio Rodrigues de. Perspectivas de mudança e fatores de resistência do sistema sindical no Brasil. *Revista Magister de Direito Trabalhista e Previdenciário,* v. 28, Porto Alegre, Magister, 2009.

________. *Sindicato: domesticação e ruptura; um estudo da representação sindical no direito brasileiro.* São Paulo: OAB/SP – Departamento Editorial, 1989.

________. Trabalho e direito numa economia globalizada. *Revista Nacional de Direito do Trabalho.* v. 51. Ribeirão Preto: Nacional de Direito, jul/2002, p. 62.

FREITAS, Manoel Mendes de. Convenção e acordo coletivos. *In* Franco Filho, Georgeonor de Sousa (org). *Curso de Direito Coletivo do Trabalho* – Estudos em Homenagem ao Ministro Orlando Teixeira da Costa. São Paulo: LTr, 1998.

FRENCH, John D. *Afogados em leis* – A CLT e a cultura política dos trabalhadores brasileiros. São Paulo: Fundação Perseu Abramo, 2001.

GALBRAITH, John Kenneth. *Dias de boom e de desastre.* [A. do livro] John Morris Roberts. *História do Século XX.* s.l.: Presença, 2007, Vol. II, pp. 285-301.

GALVÃO, Andréia. O sindicalismo de prestação de serviços e a flexibilização dos direitos trabalhistas. In *Revista do Departamento de Direito do Trabalho e da Seguridade Social*, vol.3, número 05, São Paulo, Universidade de São Paulo, 2008, jan. a jul.

GASPARI, Elio. *A ditadura derrotada. O sacerdote e o feiticeiro.* São Paulo: Companhia das Letras, 2003.Gianotti, Vito e Neto, Sebastião. *CUT – Por dentro e por fora.* Petrópolis: Vozes, 1990.

GASPARI, Elio. *A ditadura derrotada. O sacerdote e o feiticeiro.* São Paulo: Companhia das Letras, 2003.

GENRO, Tarso. *Contribuição à Crítica do Direito Coletivo do Trabalho.* São Paulo: LTr, 1988.

GILLISSEN, John. 1979. *Introdução Histórica ao Direito.* Lisboa: Fundação Calouste Gulbenkian, 1979.

GIMENEZ, Denis Maracci, *A questão social e os limites do projeto liberal no Brasil.* Tese de Doutorado do Instituto de Economia da Unicamp. Campinas, SP: 2007.

GIUGNI, Gino. Direito Sindical. [trad.] Eiko Lúcia Itioka. São Paulo: LTr, 1991.

GOMES, Orlando e GOTTSCHALK, Elson. 1991. *Curso de Direito do Trabalho.* 12ª ed. Rio de Janeiro: Forense, 1991. Vol. I e II.

HOBSBAWM, Eric J. *A Era das Revoluções (1789-1848).* Rio de Janeiro: Paz e Terra, 1982.

________. *A Era do Capital (1848-1875).* [trad.] Luciano Costa Neto. 13ª. ed. Rio de Janeiro: Paz e Terra, 2007.

________. *Da revolução industrial inglesa ao imperialismo.* 5ª. ed. Rio de Janeiro: Forense Universitária, 2003.

________. *Mundos do Trabalho.* [trad.] Waldea Barcelos e Sandra Bedran. 2ª. ed. Rio de Janeiro: Paz e Terra, 1997.

HUBERMAN, Leo. *História da riqueza do homem.* 14ª. ed. Rio de Janeiro: Zahar Editores, 1978.

JAVILLIEr, Jean-Claude. *Manual de Direito do Trabalho.* São Paulo: LTr, 1988.

KREIN, José Dari. *As relações de trabalho no Brasil na primeira década do século. In* Carta Social e do Trabalho, nº 22, Campinas: CESIT, abr-jun, 2013.

LAFER, Celso. *A reconstrução dos direitos humanos.* São Paulo: Companhia das Letras, 1999.

LARANJEIRA, Sonia M. G.*Fordismo e Pós-fordismo.* [A. do livro] Antonio David Cattani. *Trabalho e Tecnologia – Dicionário Crítico.* 2ª. ed. Rio de Janeiro; Porto Alegre: Vozes: Editora da UFRGS, 1999, pp. 89-93.

LE GOFF, Jacques.*História e memória,* Campinas: Papirus, 1996.

LIEDKE, Elida Rubini. Processo de trabalho. [A. do livro] Antonio David Cattani. *Trabalho e Tecnologia. Dicionário Crítico.* 2ª. ed. Petrópolis; Porto Alegre: Vozes; Editora da UFRGS, 1999, pp. 181-182.

LIMA, Mário de Almeida. *Origens da legislação trabalhista brasileira.* Porto Alegre: Fundação Paulo do Couto e Silva, 1991.

LUKÁCS, Georg. *História e Consciência de Classe.* São Paulo: Martins Fontes, 2001.

MAGANO, Otávio Bueno. *Manual de Direito do Trabalho.* V. 3. São Paulo: LTr, 1993.

________. Limitações à autonomia da vontade coletiva. Trabalho e Doutrina. Março de 1999, Vol. 20, p. 35.

MARX, Karl. s/d. *Capítulo VI Inédito de O Capital – Resultados do processo de produção imediata.* São Paulo: Moraes, s/d.

________. *O capital – Crítica da economia política.* São Paulo: Nova Cultural, 1985.

________. *Trabalho assalariado e capital & Salário, preço e lucro.* São Paulo: Expressão Popular, 2006.

MARX, Karl e ENGELS, Friedrich. 1986. *Manifesto do Partido Comunista.* 6ª. ed. São Paulo: Global, 1986.

MATTOS, Marcelo Badaró. *Trabalhadores e sindicatos no Brasil.* São Paulo: Expressão Popular, 2009.

MENDONÇA, Joseli Maria Nunes. Evaristo de Moraes – militância política na história da vida. *In* Ferreira, Jorge e Reis, Daniel Aarão. *A formação das tradições: 1889-1945.* Rio de Janeiro: Civilização Brasileira, 2007.

MIGUEL, Luiz Felipe. *O colapso da democracia no Brasil – Da Constituição ao golpe de 2016.* São Paulo: Fundação Rosa Luxemburgo: Expressão Popular, 2019.

MISAILIDIS, Mirta Gladys Lerena. *Os desafios do sindicalismo brasileiro diante das atuais tendências.* São Paulo: LTr, 2001.

MORAES, Evaristo. *Apontamentos de Direito Operário.* São Paulo: LTr, 1971.

MOREIRA, Vital. *O Futuro da Constituição.* [A. do livro] Eros Grau e Willis Santiago (org.) Guerra Filho. *Direito Constitucional – Estudos em homenagem a Paulo Bonavides.* São Paulo: Malheiros, 2001, pp. 313-336.

NETO, Lira. *Getúlio: Do Governo Provisório à Ditadura do Estado Novo (1930-1945).* São Paulo: Companhia das Letras, 2013.

NASCIMENTO, Amauri Mascaro. Compêndio de direito sindical. 4ª. Edição. São Paulo: LTr, 2005.

________. *et alii. História do trabalho, do direito do trabalho e da Justiça do Trabalho:* homenagem a Armando Casimiro Costa. São Paulo: LTr, 1998.

NOGUEIRA, Arnaldo José França Mazzei. *A modernização conservadora do sindicalismo brasileiro – A experiência do sindicato dos metalúrgicos de São Paulo.* São Paulo: EDUC; Fapesp, 1997.

NORONHA, Eduardo. A explosão das greves na década de 80. In Boito Jr., Armando (org.) *O sindicalismo brasileiro nos anos 80.* São Paulo: Paz e Terra, 1991.

NOVA CENTRAL SINDICAL DOS TRABALHADORES. *Carta de Princípios.* Disponível em: [http://www.ncst.org.br/cartaprincipios.pdf].

OLIVEIRA, Roberto Véras de. Reforma e persistência da estrutura sindical. In Boito Jr., Armando (org.). *O sindicalismo brasileiro nos anos 80.* São Paulo: Paz e Terra, 1991.

PASSOS, Edésio. *Efeitos da Convenção nº 87 da OIT no Sistema Sindical Brasileiro. In* O Direito Coletivo, a Liberdade Sindical e as Normas Internacionais. Nicoladeli, Sandro Lunard, *et alii* (orgs.). Vol. I, São Paulo: LTr, 2013.

PALOMEQUE-LOPEZ, Manuel Carlos. *Derecho del Trabajo.* Madrid: Ceura, 2005.

PARAIN, Charles. A evolução do sistema feudal europeu. [A. do livro] Theo Santiago. *Do feudalismo ao capitalismo – uma discussão histórica.* 9ª. São Paulo: Contexto, 2003, Vol. 2, pp. 20-36. Coleção Textos e Documentos.

PEIXOTO, Aguimar Martins. Negociação coletiva. Trabalho e Doutrina. março de 1999, Vol. 20, pp. 3-12.

PERONE, Giancarlo. A Ação Sindical nos Estados-Membros da União Europeia. São Paulo: LTr, 1996.

PERRAULT, Gilles (org). *O livro negro do capitalismo.* [trad.] Ana Maria Duarte, et al. Rio de Janeiro: Record, 1999.

PINTO, Almir Pazzianotto. *Central única. Por que não?* São Paulo: Global, 1980.

PIOVESAN, Flávia. *Direitos Humanos e Justiça Internacional.* São Paulo: Saraiva, 2006.

PISTORI, Gerson Lacerda. *História do Direito do Trabalho.* São Paulo: LTr, 2007. 978-85-361-0940-4.

PLÁ RODRIGUEZ, Américo. Princípios de Direito do Trabalho, São Paulo: LTr, 1997.

POCHMANN, Márcio. *Debates contemporâneos, economia social e do trabalho: a superterceirização do trabalho.*São Paulo: LTr, 2012.

PRIORE, Mary del. e Venâncio, Renato Pinto. *O livro de ouro da História do Brasil.* Rio de Janeiro: Ediouro, 2001.

PROCURADORIA GERAL DO ESTADO DE SÃO PAULO. 1997. *Instrumentos internacionais de proteção dos direitos humanos.* São Paulo: Centro de Estudos da PGE, 1997.

PROSCURCIN, Pedro. *O trabalho na reestruturação produtiva.* São Paulo: LTr, 2001.

RAMOS, José Calixto. *Estrutura sindical brasileira – origem e evolução. In* Inácio, José Reginaldo (org.). *Sindicalismo no Brasil – os primeiros 100 anos?* Belo Horizonte: Crisálida, 2007.

REALE, Miguel. Lições Preliminares de Direito. 27ª ed. São Paulo: Saraiva, 2003, p 37.

REY, Joaquín Perez e GUAMÁN, Adoración, *Derecho del trabajo del enemigo: aproximaciones histórico-comparadas al discurso laboral neofacista. In* Neofascismo La bestia neoliberal. Guamán, Adoración, et alii (orgs). Madrid: Siglo XXI, 2019, pp. 156-157.

RIFKIN, Jeremy. *A era do acesso. A transição de Mercados Convencionais para Networks e o Nascimento de uma Nova Economia.* [trad.] Maria Lucia G. L. Rosa. São Paulo: MAKRON Books, 2001.

RODRIGUES, Leôncio Martins. A*s tendências políticas na formação das centrais sindicais.* In Boito Jr, Armando (org.). *O sindicalismo brasileiro nos anos 80.* Rio de Janeiro: Paz e Terra, 1991.

________. *O sindicalismo corporativo no Brasil. In* Rodrigues, Leôncio Martins, *Partidos e sindicatos:* escritos de sociologia política. São Paulo:Ática, 1990. pp. 63-65.

RODRIGUES, Leôncio Martins; CARDOSO, Adalberto Moreira. *Força Sindical - Uma análise sócio-política.* São Paulo: Paz e Terra, 1993.

RUPRECHT, Alfredo J. Relações Coletivas de Trabalho. São Paulo: LTr, 1995.

QUINALHA, Renan Honório. O modelo legislado de relações de trabalho brasileiro – uma classificação para além do corporativismo. In *Revista LTr* 76-03. São Paulo: LTr, março/2012.

SANTOS, Boaventura de Sousa (org). *A globalização e as ciências sociais.* São Paulo: Cortez, 2002.

SARCEDO, Cristiana Lapa Wanderley. *Representatividade sindical e negociação coletiva.* São Paulo: LTr, 2011.

SCHERER, André Luís Forti. 1999. Globalização. [A. do livro] Antonio David Cattani. *Trabalho e Tecnologia. Dicionário Crítico.* 2ª. Edição. Petrópolis; Porto Alegre: Vozes; UFRGS, 1999, pp. 114-119.

SILVA, Walküre Lopes Ribeiro da. *Direito do Trabalho Brasileiro: Principais Aspectos de sua Evolução Histórica e as Propostas de Modernização. In Revista do TST*. jul/dez de 2003, vol. 69.

SKIDMORE, Thomas E. *Brasil:* de Castelo a Tancredo (1964-1985). Rio de Janeiro: Paz e Terra, 1988.

SODRÉ, Nelson Werneck. *Contribuição à história do PCB*. São Paulo: Global, 1984.

SOUTO MAIOR, Jorge Luiz. *O direito do trabalho como instrumento de justiça social.* São Paulo: LTr, 2000.

SOUZA, Jessé, *A elite do atraso - Da escravidão à Lava jato,* Rio de Janeiro: Leya, 2017.

STANDING, Guy. *O precariado: a nova classe perigosa*. Belo Horizonte: Autêntica, 2015.

STRECK, Lênio. *Verdade e Consenso*. São Paulo: Saraiva, 2011.

SUSSEKIND, Arnaldo. 2000. *Direito Internacional do Trabalho.* 3ª. ed. São Paulo: LTr, 2000.

SUSSEKIND, Arnaldo, et al. 1997. *Instituições de Direito do Trabalho.* 16ª. ed. São Paulo: LTr, 1997.

________. *Instituições de Direito do Trabalho*. 2º. Vol. 16ª. ed. São Paulo: LTr, 1996.

TEIXEIRA FILHO, João de Lima. *A obrigação de paz e os instrumentos normativos. Relações Coletivas de Trabalho – Estudos em homenagem ao Min. Arnaldo Süssekind*. São Paulo: LTr, 1989, p. 404.

TELLES, Jover. *O movimento sindical no Brasil.* 2ª. ed. São Paulo: Livraria Editora Ciências Humanas, 1981.

TRINDADE, Antonio Augusto Cançado. *Direito internacional e direito interno: sua interação na proteção dos direitos humanos* – Prefácio. [A. do livro] Procuradoria Geral do Estado de São Paulo. *Instrumentos internacionais de proteção dos direitos humanos.* São Paulo: Centro de Estudos da PGE, 1997, pp. 17-18.

TRINDADE, José Damião de Lima. *Anotações sobre a história social dos direitos humanos*. [A. do livro] Procuradoria Geral do Estado de São Paulo. Grupo de Trabalho de Direitos Humanos. *Direitos humanos: Construção da Liberdade e da Igualdade.* São Paulo: Centro de Estudos da Procuradoria Geral do Estado, 2000.

VASCONCELOS, João Paulo Pires de. *Década de 1960: a construção e os efeitos de um golpe. In* Inácio, José Reginaldo. *Sindicalismo no Brasil – os primeiros 100 anos?* Belo Horizonte: Crisálida, 2007.

VIANA, Márcio Túlio. *Conflitos coletivos de trabalho. Revista do Tribunal Superior do Trabalho.* janeiro-março de 2000, Vol. 66, 01, p. 116.

________. *Direito de Resistência.* São Paulo: LTr, 1996.

________. *Poder diretivo e sindicato: entre a opressão e a resistência.* [A. do livro] Cristiano Paixão, Douglas Alencar Rodrigues e Roberto Figueiredo Caldas. *Os novos horizontes do direito do trabalho.* São Paulo: LTr, 2005, pp. 384-411.

VILLATORE, Marco Antônio César. *Organização Internacional do Trabalho e suas Convenções Internacionais.* [A. do livro] Wagner Menezes. *Estudos de Direito Internacional.* Curitiba: Juruá, 2005, Vol. IV, pp. 525-534.

VILLAVERDE, João. *Em 20 anos, Força Sindical vai de Collor a Lula.* São Paulo: Valor Econômico, 14/03/2011. Disponível em: [www.fsindical.org.br/portal/noticia.php?id_con=11534].

VIÑA, Jordi García. *Derecho sindical – cuestiones actuales em España.* Curitiba: Juruá, 2006.

ZAFFARONI, Eugenio Raul. *El enemigo en el Derecho Penal.* Buenos Aires: Ediar, 2018.

EDITORA *Jus*PODIVM
www.editorajuspodivm.com.br
RENOVA GRAF
www.renovagraf.com.br